教育部高等学校高职高专汽车类专业教学指导委员会规划教材
总主编 仪垂杰

汽油发动机电控系统原理与维修

主　编　肖　健
副主编　林　平　蒋卫东
参　编　闫忠孝　曾令全　郑善亮
主　审　尹万建

山东大学出版社

内容简介

本书系统地阐述了汽油发动机各电控系统的功用、结构原理和故障诊断与检修方法。全书共分八章，主要内容包括：汽油机电子控制技术基础、汽车传感器、电控燃油喷射系统、进气控制系统、电控点火系统、排放控制系统、自诊断系统、汽油机电控系统常见故障诊断与排除。

为便于教学，本书每章附有学习目标、考核标准、教学建议、拓展阅读和复习思考。本书主要作为高职汽车类专业教材，也可供中职汽车类专业学生和企事业单位从事汽车检测与维修相关专业技术人员参考。

图书在版编目(CIP)数据

汽油发动机电控系统原理与维修/肖健主编．—济南：山东大学出版社，2011.8
教育部高等学校高职高专汽车类专业教学指导委员会规划教材/仪垂杰总主编
ISBN 978-7-5607-3742-3

Ⅰ．①汽…
Ⅱ．①肖…
Ⅲ．①汽车—发动机—电子系统：控制系统—理论—高等职业教育—教材
②汽车—发动机—电子系统：控制系统—车辆修理—高等职业教育—教材
Ⅳ．①U472.43

中国版本图书馆 CIP 数据核字(2011)第 159186 号

山东大学出版社出版发行
(山东省济南市山大南路 20 号　邮政编码：250100)
山 东 省 新 华 书 店 经 销
曲阜师范大学印刷厂印刷
787×1092 毫米　1/16　14.75 印张　334 千字
2011 年 8 月第 1 版　2011 年 8 月第 1 次印刷

定价：24.00 元

总　序

进入新世纪以来，我国加快了转变经济发展方式的步伐，从而有力地推动着各领域的科学发展。随着科技创新能力的不断提高，科学技术的产业化进程日益加快，制造业不断优化结构，改善品种质量，并淘汰落后产能，汽车制造业尤其如此。《中华人民共和国国民经济和社会发展十二五规划纲要》提出的培育发展新能源汽车等新兴产业的战略目标就充分体现了这一点。

2010 年，中国汽车产销量已超过 1800 万辆，居全球首位，市场潜力巨大。中国汽车与装备制造业已进入了一个新的发展阶段。汽车工业的飞速发展带动了汽车与制造相关产业链的发展，为汽车和机械制造类相关专业毕业生提供了广阔的就业空间和很好的发展前景。然而，老版本的汽车类教材已经远远不能满足汽车专业的教学需求，为广大汽车专业的师生提供一套新版教材成为当务之急。同时，为贯彻《教育部财政部关于实施国家示范性高等职业院校建设计划加快高等职业教育改革与发展的意见》（教高[2006]14 号）和《教育部关于全面提高高等职业教育教学质量的若干意见》（教高[2006]16 号）的精神，进一步推动职业教育由“重视规模发展”向“注重提高质量”的工作重心转变，适应我国现代汽车工业和职业教育发展的需要，教育部高等学校高职高专汽车类专业教学指导委员会决定在工学结合课程开发和教材建设方面进行探索，组织高校富有经验的教师和企业专家共同编写一套理论性和实践性相结合的汽车类专业教材。

教学质量是学校的生命线。提高教学质量，专业建设是龙头，课程建设是关键。高职教育的课程改革是一项长期的工作，它不是片面的课程内容的解构与重构，必须以人才培养模式创新为核心，以双师素质教师团队建设、实训条件建设、实训项目开发、教学方法改革、教学实施创新等一系列条件为支撑。多年来，在教育部高等学校高职高专汽车类专业教学指导委员会指导下，各高职高专院校进行了广泛的调研，以课程建设为抓手，以校企合作、工学结合为突破口，狠抓课程实施，在教材建设方面做出了高等职业教育的特色。本套教材既注重技能的提高，又兼顾理论的提升，力求满足广大高职高专汽车类专业学生学习的需要，为学生的就业和继续深造打下坚实的基础，充分体现了工学结合的职业教育特色。

经过各分册编写者和主审们的辛勤劳动，本套教材即将陆续面世。希望教育部高等学校高职高专汽车类专业教学指导委员会的工作可以为各高职院校提供一些借鉴，并通过这套教材进一步推动各地的高职高专教学与课程改革。同时，也希望业内专家和同仁对本套教材提出指导性和建设性意见，以便在教学实践中共同完善和提高。

在本套教材编写过程中，得到了教育部领导、行业专家、各高职高专院校和企业专家的支持，山东大学出版社对教材的出版给予了大力支持和帮助，在此一并致谢。

教育部高等学校高职高专汽车类专业
教学指导委员会主任委员　仪垂杰

2010年12月于青岛

前 言

《汽油发动机电控系统原理与维修》是高职汽车检测与维修专业的主干专业课。在编写过程中，参照《汽车修理工国家职业标准》，根据汽车机电维修工岗位任职要求，按照高职“1221”办学和人才培养模式的指导思想，以“系统学习理论知识，系统培养操作技能，用理论知识指导实际操作，在操作中加深对理论的理解、巩固理论知识”的思路编写本教材。

本书对各系统的介绍以功能为主线、以检测诊断为目的，系统讲述各系统的结构、原理，系统介绍检测诊断方法和步骤，思路清晰，操作性强。本书内容以国内主流车型先进技术为主，对于已经淘汰的技术不再赘述，作为技术的延续，仅点到为止。

全书共分 8 章，其中第 1 章由蒋卫东编写，第 2 章由曾令全编写，第 3 章由肖健编写，第 4 章、第 8 章由林平编写，第 5 章由蒋卫东、郑善亮编写，第 6 章、第 7 章由闫忠孝编写。本书由肖健担任主编、尹万建担任主审。

在本书编写过程中，编者参考了大量的书籍、论文等文献资料，在此，谨向原作者和关心、支持本书写作的同行表示感谢。

由于编者水平有限，书中难免存在错误或疏漏之处，欢迎广大读者批评指正。

编者

2010 年 12 月

目 录

第 1 章 汽油机电子控制技术概述

学习目标

1. 了解汽车电子控制技术的发展过程。
2. 了解发动机电子控制系统的主要控制项目。
3. 理解汽车电子控制单元及其各组成部分的功用。
4. 掌握汽车电子控制系统的组成及简单工作原理。

考核标准

知识要求：

1. 掌握车用电控单元的基本知识。
2. 开环、闭环控制的基础知识及在汽车上的应用。

技能要求：对发动机电子控制系统有一个总体认识。

教学建议

教具：带有发动机、底盘电控系统的整车。

建议：4 学时，安排 1 学时汽车电子控制系统的感性认识。

1.1 汽车电子控制技术的发展简介

1.1.1 汽车电子控制技术简介

汽车作为重要的交通工具，已成为人们生活的必需品。随着汽车在全球的普及，汽车数量急剧增加，汽车在造福人类的同时，也带来了能源紧缺、排气和噪声污染、交通堵塞和交通事故等一系列社会问题。因此，人们对汽车动力性、燃油经济性、排放性、安全性、操纵稳定性和乘坐舒适性等方面提出了更高的要求，传统的汽车技术已经不能满足需要。

汽车电子控制技术又称汽车电子技术，是汽车技术与电子技术相结合的产物。它以电子技术、计算机技术、新材料、新工艺、新技术为基础，以解决汽车能源、环境保护和交通安全等社会问题为主要目的，旨在提高汽车动力性、经济性、安全性、操纵性、舒适性、通过性和排放性等使用性能。

随着汽车工业与电子工业的不断发展，在现代汽车上，电子技术的应用越来越广泛，汽车电子化的程度越来越高。汽车电子化程度的高低，已经成为当今世界衡量汽车先进水平的重要标准。对汽车制造厂而言，增加汽车电子装置的数量，促进汽车电子化是夺取未来汽车市场的有效手段；对汽车设计人员而言，电子技术在汽车上的运用，已经成为汽车设计研究部门考虑汽车技术更新的主要手段。现在，在普通汽车上，每辆车上电子装置的平均成本已经达到整车成本的30%以上；在一些豪华轿车上，电子装置的平均成本甚至超过整车成本的50%。例如，在宝马公司(BMW AG)2004年推出的BMW7系列轿车上，装备了70多个电控单元(电脑)，利用了8种车载局域网将这些电脑按照不同的控制要求连接起来。可以说，今天的汽车已进入了电子控制的时代，且日趋成熟和可靠，并向自动化、智能化和网络化方向发展。

1.1.2 汽车电子技术的发展过程

20世纪50年代，汽车上最初采用的电子装置只是晶体管收音机。20世纪60年代初期，开发了起点较低的交流发电机用的整流器，从此开始在汽车上采用交流发电机。20世纪60年代中期，开始采用晶体管电压调节器和晶体管点火等装置，接着又逐步实现其集成化。这一阶段的电子装置主要是代替单个机械部件的作用。这些革新往往是局部的，且电子装置多是由分立元件构成，体积大，可靠性也不太高。

20世纪60年代到70年代初期，开始采用模拟电路的电子控制单元，单独对汽车的某一系统，如电子控制燃油喷射系统、电子控制点火系统等进行控制，在降低燃料消耗、减少排气污染、提高动力等方面具有明显的优越性。因为采用的是模拟电路，这时的电子控制系统多采用单独控制系统，即一个ECU控制汽车的一个系统，就是只能控制燃油喷射或只能控制点火，两个系统是完全独立的。多个系统采用多个ECU，当几个系统都需要同一种信号时，必须同时配备几个相同的传感器，这必然造成结构、线路复杂，控制效果差，成本高，维修困难。如果一个ECU要同时控制两种以上项目，就要追加实现相应功能的逻辑电路，电子控制单元的尺寸就变得非常大，对安装空间受限制的汽车来说是不现实的。

20世纪70年代后期，随着电子技术的发展，特别是数字电路、集成电路、大规模集成电路和超大规模集成电路的发展，微型计算机的出现，功能强、响应敏捷、可靠性高、价格便宜的电子产品在汽车上广泛应用，汽车电子控制技术得到了快速发展。1977年，美国通用汽车公司开始采用数字点火控制系统，称为迈塞(MISAN)系统，该系统体积较小，由中央处理器(CPU)、存储器(RAM、ROM)和模/数(A/D)转换器等组成，是一种真正的计算机控制系统。由于微机的应用，电子控制单元的体积显著减小，可靠性明显提高，使增加控制功能变得相当容易，所以同年，美国福特汽车公司开发了能同时控制点火时刻、废气再循环和二次空气供给的发动机电子控制系统。随后，日本、欧洲一些国家也相继开发了自己的汽车发动机电子控制系统。

20世纪80年代，汽车电子控制技术在汽车上得到了广泛的应用。汽车电子控制装置开发最早、最主要部分是从发动机控制开始的。它从单一项目的控制，发展到多功能的控制，即从单一的控制点火时刻或控制燃油喷射开始，逐步扩展到控制发动机怠速、废气再循环、二次空气供给、涡轮增压等多项内容的发动机综合控制系统，称为发动机集中控制系统。由于电子控制技术在发动机控制中取得了成功经验，随着消费者对汽车多种多样的需求，汽车厂家越来越自觉地在汽车上展开全面应用。现在电子控制技术已渗透到汽车的各个组成部分，如我们熟悉的制动防抱死系统、自动变速系统、安全气囊、电子控制悬架系统、电子控制动力转向系统、信息显示系统等。据有关资料介绍，有的高级的轿车上，已使用多达 30 个微处理器。由于汽车上越来越多地采用这些电子控制装置，因而在提高汽车的动力性、经济性、降低排放，以及提高安全性、操纵性、可靠性、舒适性等方面，都显示出它的优越性。由于微机在汽车上的应用发展迅速，且日益普及和完善，可以说，在发达国家，汽车已进入电子控制时代。

20 世纪 90 年代后期，由于汽车电子技术作为工程技术已经成熟，能大批生产更先进的传感器和执行器、具有大容量的内存、16 位或 32 位字长的微机系统等；由于汽车上电子控制系统越来越多，许多发达国家开始研发整车控制技术，采用了汽车内部网络来解决分散控制问题，被称为汽车局域通信网络。整车控制技术以大规模集成电路和微机控制网络为特征，车内各电子控制系统之间，能够进行信息交换，可以做到信息共享，各电子控制系统能做到全面协同，保持系统之间的一致性，达到优化控制，实现了汽车高度集中控制，并具有集中诊断故障的能力。另外，就是解决汽车与社会连接问题，使汽车本身能与外界信息发生源之间进行通信，把汽车与外面道路、交通及有关信息源之间联系起来，能从外界获得尽可能多的信息，汽车可以与道路及有关信息源之间保持双向通信，构成汽车交通与通信网络系统，从而使汽车更加智能化。

国产汽车电子控制技术的开发和应用相对较晚，20 世纪 90 年代初期，只有少数汽车厂家，如一汽的奥迪、北汽的切诺基汽车上开始采用电子控制燃油喷射发动机，而且基本上是对外国生产的部件进行组装。在汽车电子控制技术上，与国外的先进汽车生产厂差距较大。随着形势的发展，如城市汽车数量的增多，汽车尾气造成的污染日趋严重等；国家有关新的安全、油耗、排放法规的公布和国产汽车的排放、安全法规同国际标准接轨；又迫于国际汽车行业的激烈竞争，都大大加快了我国汽车采用电子控制技术的前进步伐。国产汽车电子控制技术的发展速度是非常可喜的，在 2000 年新生产的轿车上，基本上都采用电子控制燃油喷射发动机和三元催化净化装置。另外，其他电子控制装置，如防抱死制动系统、安全气囊、电控自动变速器等，也都陆续安装在国产轿车上。

1.2　汽车电子控制系统的基本组成及工作原理

1.2.1　电子控制系统的组成

电子控制系统由传感器（含各种开关信号）、电子控制单元和执行器三部分组成，如图 1-1 所示。

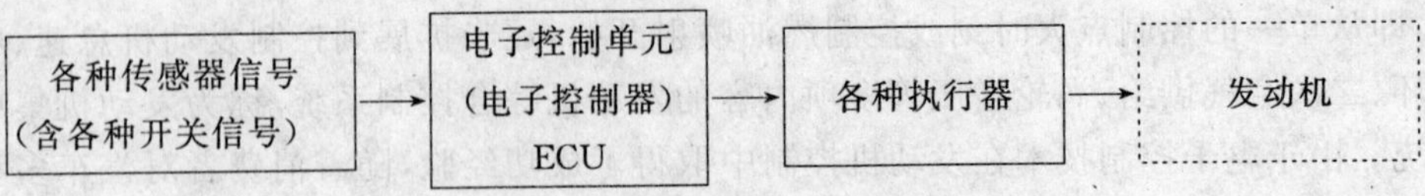

图 1-1 发动机电子控制系统框图

传感器的功能是将发动机运行时的各种状态信息，由非电量转变为电信号输入电子控制单元。它包括各种传感器及一些开关信号，如：空气流量传感器、进气压力传感器、节气门位置传感器、曲轴位置和凸轮轴位置传感器、冷却液温度传感器、进气温度传感器、氧传感器、爆震传感器等，以及起动开关、制动开关、动力转向开关等开关信号。

电子控制单元(ECU)的功能是接收来自各种传感器的信息，经过快速地处理、运算、分析和判断后，适时地输出控制指令，控制执行器动作，以控制发动机。

执行器的功能是接受 ECU 发出的指令，具体执行某项控制任务。执行器一般采用电磁阀或其他电动装置，如：电磁喷油器、电动燃油泵、点火控制器、各种继电器、各种电磁阀等。

1.2.2 电子控制单元的功能与组成

1. 电子控制单元的功能

(1)接受传感器或其他装置输入的信息，将输入的信息转变为微处理器所能接受的信号。

(2)给传感器提供参考(基准)电压：2V、5V、9V、12V(个别为 8V)。

(3)存储信息资料：存储处理程序、该车型的特性参数、运算中的数据(随存随取)及故障信息。

(4)分析处理信息：根据信息参数，经过运算分析，求出执行命令数值。

(5)输出执行命令：把低电压的数字信号转换成可以驱动执行器工作的控制信号。

(6)故障自诊断：将接受到的信号与标准值对比，查出故障并输出故障信息。

(7)自我学习功能(自适应功能)。

2. 电子控制单元的组成

电子控制单元(ECU)又称电脑，它包括硬件和软件两大部分。

(1)电子控制单元的硬件

电子控制单元(ECU)硬件部分的组成如图 1-2 所示，主要由输入回路、A/D(模拟/数字)转换器、微处理器和输出回路四部分组成。

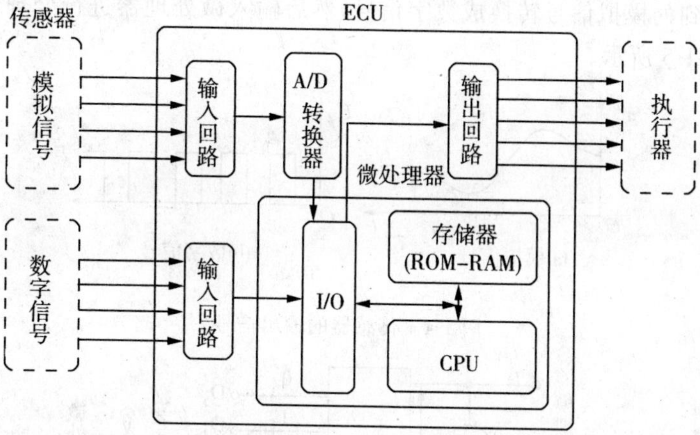

图 1-2　电子控制单元的组成图

1)输入回路

微处理器只能识别 0～5 V 的方波状数字信号。输入回路的作用就是将信号波形的杂波滤去和把其他波(如正弦波)变为矩形波后,再转换成输入电平(0～5 V 的方波状数字信号),如图 1-3 所示。

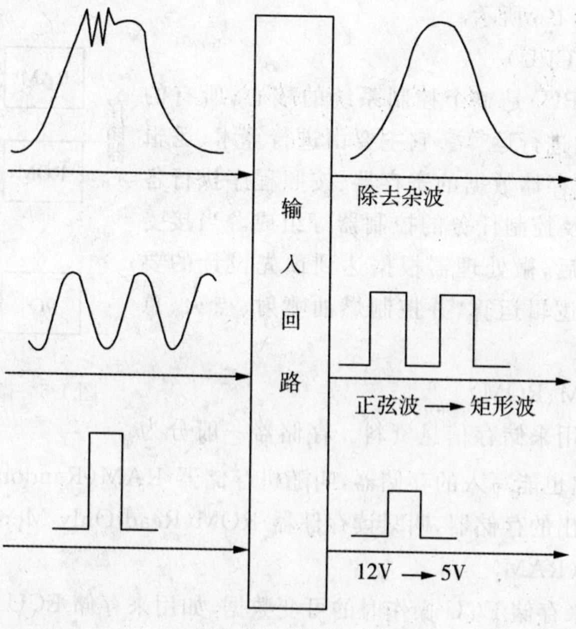

图 1-3　输入回路的作用

2)A/D(模拟/数字)转换器

输入 ECU 的传感器信号有两种(见图 1-4):一种是模拟信号,如节气门位置传感器的输出信号和水温传感器的输出信号等;另一种是数字信号,如霍尔式和光电式传感器输出信号、各种开关信号等。微处理器不能直接处理模拟信号,A/D 转换器的作用就是将从输入回路得到的模拟信号转换成数字信号，然后输入微处理器进行处理。A/D 转换器工作过程如图 1-5 所示。

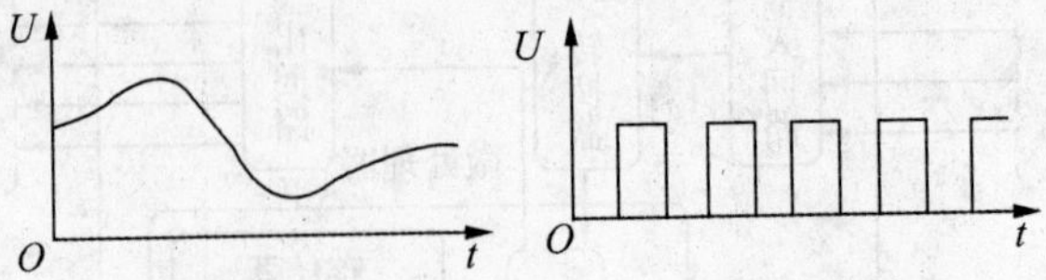

(a)模拟信号　(b)数字信号

图 1-4　传感器的输出信号

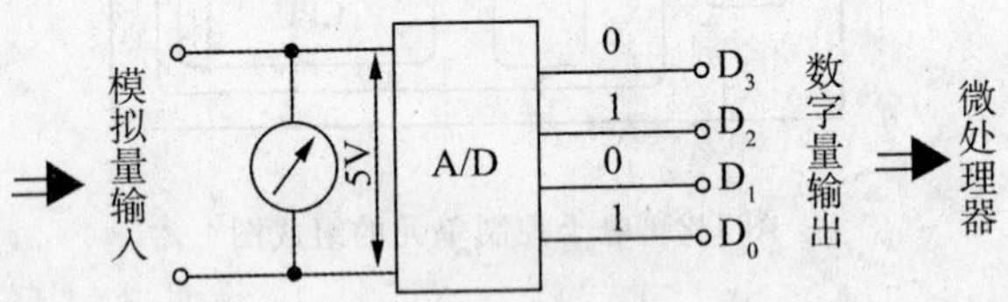

图 1-5　A/D 转换器工作过程示意图

3）微处理器

微处理器主要由中央处理器（CPU）、数据存储器（RAM、ROM）和输入输出（I/O）接口三部分组成，如图 1-6 所示。

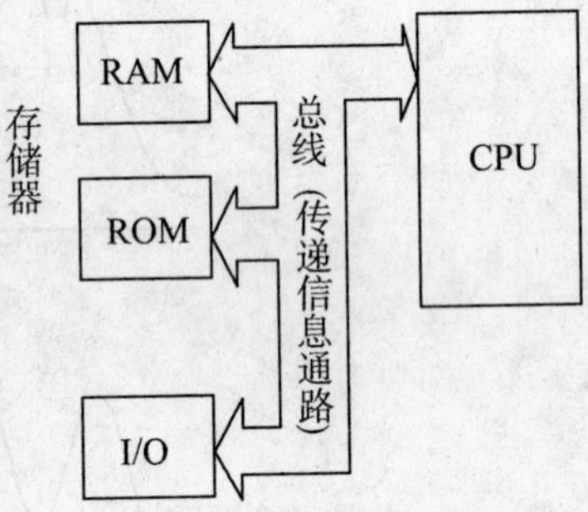

图 1-6　微处理器基本构成图

①中央处理器（CPU）

中央处理器（CPU）是整个控制系统的核心，所有的数据都要在 CPU 内进行运算。它主要由进行算术、逻辑运算的运算器、暂时存储数据的寄存器、按照程序执行各装置之间信号传送及控制任务的控制器等组成。当接受到各传感器的信号后，微处理器根据达到预先设计的要求进行算术运算和逻辑运算，并控制燃油喷射、点火、怠速以及排放等系统。

②存储器（RAM、ROM）

存储器主要是用来储存信息资料。存储器一般分为两种：一种是能读出也能写入的存储器，叫随机存储器 RAM（Random Access Memory）；另外一种是只能读出的存储器，叫只读存储器 ROM（Read Only Memory）。

· 随机存储器（RAM）

RAM 主要用来存储 ECU 操作时的可变数据，如用来存储 ECU 输入、输出数据和计算过程中产生的中间数据等，根据需要，存储的数据可随时调出或更新。RAM 在 ECU 中起暂时存储信息的作用，当电源切断时，所有存入 RAM 的数据会完全丢失。在发动机运行过程中，为了长期保存存入 RAM 的某些数据，如故障代码、空燃比学习修正值等，防止点火开关关闭时这些数据的丢失，RAM 一般都通过专用的电源后备电路与蓄电池直接连接，使它不受点火开关的控制。但如果专用电源后备电路断开或蓄电池上的电源线拔掉时，存入 RAM 的数据也会丢失。

· 只读存储器(ROM)

ROM 用来存储固定数据,即存放各种永久性的程序和永久性、半永久性的数据。如电子控制燃油喷射发动机系统中的一系列控制程序软件、喷油特性脉谱、点火控制特性脉谱以及其他特性数据等。这些信息资料一般都是在制造时由厂家一次性写入,运用中无法改变其中的内容,即 ECU 工作时,新的数据不能写入,需要时能读出写入的原始数据资料。当电源切断时,写入 ROM 的信息不会丢失,通电后又可以立即使用。为了方便使用,又相继开发了几种新的不同类型的只读存储器,如 PROM、EPROM、EEPROM 等。PROM(Programable ROM)为可编程只读存储器,这种存储器可由用户根据需要自行编写程序,但只能编写一次且使用时其信息不能改变。EPROM(Erasable Programable ROM)为可擦除可编程只读存储器,其内部存储的程序可用紫外线照射的方法予以擦除(消除),然后再用专用编程器存入新的程序。EEPROM 为电力擦除可编程只读存储器,这种存储器在通电的情况下,就可进行擦除和重新编程。以上四种只读存储器,不管哪一种,当切断电源时,写入存储器的信息资料都不会丢失。

③输入/输出(I/O)接口

输入/输出接口是 CPU 与输入装置(传感器)、输出装置(执行器)间进行信息交流的控制电路,输入/输出装置一般都通过 I/O 接口才能与电脑连接。根据 CPU 的命令,I/O 接口以所需要的频率接收输入信号,并按发出控制信号的形式和要求,以最佳的速度将输出信号送出(或送入中间存储器)。此外,输入/输出接口还起着数据缓冲、蓄电池匹配、时序匹配等多个作用。

4)输出回路

电脑输出的是电压很低的数字信号,用这种信号一般不能直接驱动执行器工作。输出回路的作用就是将这种低电压的数字信号转换成可以驱动执行器工作的控制信号。输出回路一般采用大功率的电子元件(如三极管、场效应管、达林顿管等),由微处理器输出的信号控制其导通和截止,从而控制执行器的供电或搭铁回路来控制执行器的动作。

发动机控制单元除上述基本装置外,还增设了电源装置、电磁干扰保护装置、自检装置、后备系统等,将它们紧凑地组装在一起,既节省空间又使其工作更加可靠。

(2)电子控制单元的软件

电子控制单元中的软件起着控制决策的作用,还可完成部分硬件的功能,它是控制系统中必不可少的部分。软件包括控制程序和数据两部分。控制软件大多数采用模块化结构,将整个控制系统的程序分成若干个功能相对独立的程序模块,每个模块分别进行设计、编程和调试,最后将调试好的程序模块连接起来。这种结构方式可使程序设计和调试容易,修改变动方便且可按需要进行取舍。

软件中最主要的是主控程序。主控程序可根据使用和控制要求设定内容。主控程序的主要任务是整个系统初始化,实现系统的工作时序、控制模式的设定,常用工况及其他各工况模式下喷油信号和点火信号输出程序。软件中还有转速和负荷的处理程序、中断处理程序及插值程序等。

为了能对发动机进行最优控制,应在发动机台架、排放转鼓试验台和道路上进行匹配试验,得到基本喷油量和基本点火提前角的控制模型,以及其他为匹配各种运行工况而确定的修正系数、修正函数和常数等，都以离散数据的形式存在存储器中，作为控制的依据。

1.2.3 电子控制系统的工作原理和控制方式

1. 电子控制系统的工作原理

从图 1-1 可以看出，各种传感器将发动机的各种信息传给 ECU，ECU 对这些数据信息进行处理，然后发出指令给各执行器，控制燃油喷射量、点火时刻等，使发动机得到最佳控制。例如，进行燃油喷射量控制时，ECU 会根据空气流量传感器检测的空气流量、转速传感器检测的发动机转速，计算出基本喷油时间，然后再根据有关传感器送入的信息，如发动机温度的高低、负荷的大小、加速或减速及蓄电池电压等有关工作参数，对基本喷油时间进行修正，最后得出这一工况运行时的最佳喷油时间，通过控制喷油器精确控制喷油量。

2. 电子控制系统的控制方式

发动机电子控制系统的控制方式主要有两种：开环控制和闭环控制。

(1)开环控制

发动机工作时，ECU 根据传感器的信号对执行器进行控制，而控制的结果(如燃烧是否完全、怠速是否稳定、是否有爆燃发生等)是否达到预期目标无法做出分析，控制的结果对控制过程没有影响，这种控制方式称为开环控制。开环控制的特点是在控制器与被控对象之间只有正向控制作用而没有反馈控制作用。

这种开环控制方式要达到精确控制，其控制系统 ROM 中必须预先存储发动机可能遇到的各种工况及运行条件所需控制参数的精确调整数据，这样才能保证输出的控制信号能产生预期的发动机响应。而控制数据一旦存入 ECU 的 ROM 中，就不再变动。

(2)闭环控制

由上述可知，开环控制系统调整空燃比和点火提前角的准确程度受到发动机技术状况和控制程序及数据的限制。另外，开环控制系统无法将影响空燃比和点火提前角的其他控制参数一一兼顾，因此很难达到精确的控制。

闭环控制实质上就是反馈控制。控制系统根据实际检测到的控制结果的反馈信号来修正输出控制量的大小。闭环控制的特点是在控制器与被控对象之间，不仅存在着正向作用，而且存在着反馈作用，即系统的输出量对控制量有直接影响。

如图 1-7 所示，喷油量控制由 ECU 根据氧传感器输出的排气中的氧浓度信号来判断进入气缸中的可燃混合气的浓度(空燃比)是否合适，从而修正燃油供给量，使混合气空燃比保持在最佳状态下。点火时间的闭环控制是采用爆震传感器检测发动机是否产生爆燃作为反馈信号，从而决定点火时刻是应提前还是推迟，使实际点火时刻能贴近爆燃界限曲线变化。

由于开环和闭环控制各有其特点，现代发动机电控系统大多同时采用开环和闭环两种控制方式。开环控制作为基本控制手段，而闭环控制作为精确控制手段，根据发动机工作需要，相互转换，协调工作。

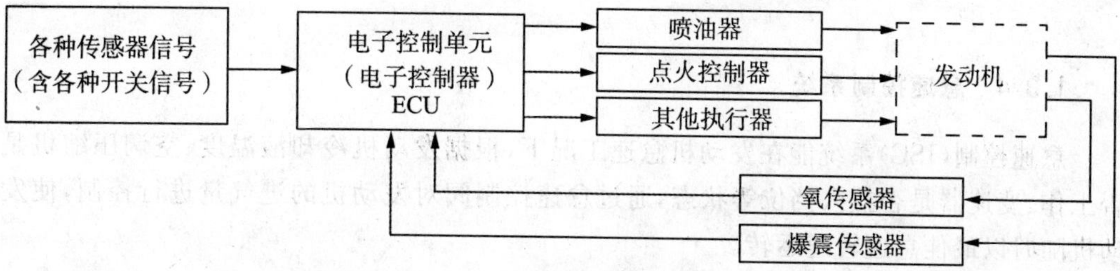

图 1-7　电子控制系统闭环控制框图

1.3　汽油机电子控制系统控制的项目

目前，汽油机上主要的电子控制系统有：电子控制燃油喷射系统、电子控制点火系统、进气控制系统、怠速控制系统、排放控制系统和自诊断系统等。发动机电子控制系统的主要控制功能是燃油控制（控制喷油量和喷油正时）和点火控制（控制点火提前角、闭合角和爆燃控制）。早期的电控系统多采用一个 ECU 控制汽车的某一个系统，如果有多个系统就要采用多个 ECU 控制。现代汽车都采用集中控制系统，利用微处理器使控制功能集中化，将多种控制功能集中到一个 ECU 上，就可以不必设置多个传感器和 ECU。

1.3.1　电子控制燃油喷射系统

该系统主要包括喷油量控制和喷射正时控制。系统中 ECU 主要根据进气流量传感器和转速传感器的信号计算实际进气量来确定基本的喷油量，再根据其他传感器（冷却液温度传感器、节气门位置传感器等）信号对喷油量进行修正，能有效控制混合气空燃比，使发动机在各种工况下空燃比达到较佳值、在各种运行工况下均能获得最佳浓度的混合气，从而实现提高功率、降低油耗、减少排气污染等功效。当采用与发动机作功同步的顺序独立喷射方式时，ECU 还要根据发动机各缸的点火顺序，将燃油喷射时间控制在一个最佳的时刻。另外，系统还能进行断油控制和燃油泵控制。

1.3.2　电子控制点火系统

该系统的主要功能是点火提前角控制、通电时间（闭合角）控制和爆燃控制。系统可使发动机在不同转速、不同负荷条件下，根据各相关传感器信号，判断发动机的运行工况和运行条件，选择最理想的点火提前角点燃混合气，并根据蓄电池电压及转速等信号控制点火线圈初级电路的通电时间，从而改善发动机的燃烧过程，使发动机输出最大的功率和转矩，而将油耗和排放降低到最低程度。

1.3.3　进气控制系统

该系统主要根据发动机转速和负荷的变化，对发动机的进气进行控制，以提高发动机的充气效率，从而改善发动机的动力性。其主要包括电子节气门控制系统、可变气门控制系统、可变进气管控制系统等。

1.3.4 怠速控制系统

怠速控制(ISC)系统能在发动机怠速工况下,根据发动机冷却液温度、空调压缩机是否工作、变速器是否挂入挡位等状态,通过怠速控制阀对发动机的进气量进行控制,使发动机随时以最佳怠速转速运转。

1.3.5 排放控制系统

该系统主要对发动机排放控制装置的工作实行电子控制,实现降低发动机排放污染物的目标。主要包括燃油蒸气回收装置(EVAP)、废气再循环控制系统(EGR)、三元催化转化器(TWC)与空燃比反馈控制系统、曲轴箱强制通风装置(PCV)、二次空气吸入和喷射系统等。

1.3.6 故障自诊断系统

故障自诊断系统利用电子控制单元 ECU 监视电子控制系统各组成部分的工作情况,电子装置出现故障后,自动起动故障运行程序,不仅保证汽车在有故障的情况下可以继续行驶,同时还将存储在存储器中的故障信息(故障码)以一定的方式显示出来,或以数据流的形式通过汽车上配置的诊断插座输出,以便于驾驶员和维修人员发现和排除故障。

1.3.7 其他控制系统

如冷却风扇控制系统、发电机控制系统等。随着人们对汽车和发动机功能要求的不断增加,发动机控制系统还在不断地扩展过程中。

拓展阅读

1. 廖发良.汽车典型电控系统的结构与维修.北京:电子工业出版社,2005.

2. 王遂双.汽车电子控制系统的原理与检修.北京:北京理工大学出版社,2007.

3. 梁朝彦,卢浩义.汽车发动机电控系统的原理与维修.北京:北京航空航天大学出版社,2009.

复习思考

1.汽车电子控制系统由哪几部分组成?各自的功用是什么?

2.汽车电子控制单元由哪几部分组成?各自的功用是什么?

3.简述汽车电子控制系统的工作原理。

4.什么是开环控制?什么是闭环控制?

5.传感器的信号有哪几种类型?它们有何区别?

6.汽油发动机电子控制系统常见的控制项目有哪些?

第 2 章　汽车传感器

学习目标

1. 了解各种传感器的功用，理解各种传感器的工作原理。
2. 会使用工具对汽车用传感器进行拆装。
3. 会使用相应的仪器设备对汽车用传感器进行测试和数据分析，判断其性能好坏。

考核标准

知识要求：熟悉传感器的功用；理解传感器的工作原理。

技能要求：能使用工具对汽车传感器的停车拆装；能使用仪器测试传感器的性能。

教学建议

教具：电控燃油喷射发动机一台；拆装工具一套；数字万用表一个；示波器一台；稳压电源一台；汽车用传感器若干；导线数米；相应汽车维修手册一套。

建议：16 学时。传感器的功用、工作原理在多媒体教室进行教学；汽车传感器的停车拆装、传感器的性能测试在实车上或台架上进行，采用理实一体教学或开设相应实训项目。

2.1　温度传感器

温度传感器用于检测介质的温度，热敏电阻式温度传感器由于其灵敏度高，能够测量微小的温差，结构简单，价格低廉，经济性好，得到了广泛的使用。在发动机电子控制系统中主要有进气温度传感器和冷却液温度传感器。

2.1.1　进气温度传感器

1. 进气温度传感器的结构与工作原理

(1) 进气温度传感器的结构

进气温度传感器通常安装在空气滤清器之后的进气软管上或空气流量传感器上，如

图 2-1 所示。有的还在空气流量传感器和谐振腔上各安装一个，以提高喷油量的控制精度。

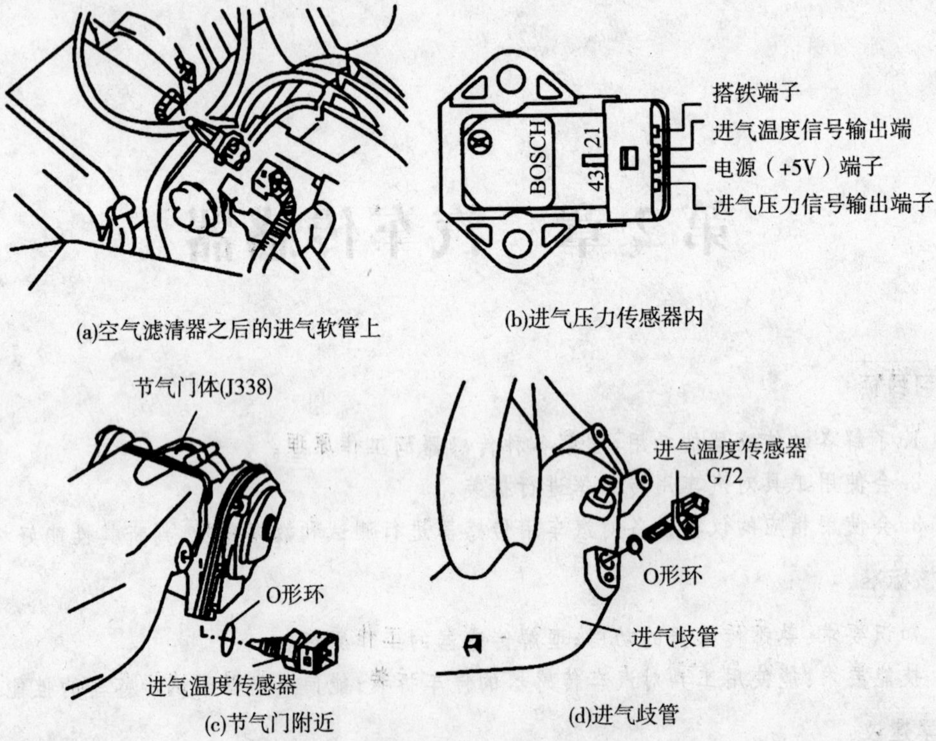

图 2-1　进气温度传感器的安装位置

进气温度传感器在发动机电子控制系统中的作用是用来测量进气温度。因进气密度随温度改变而变化，而喷油量是按空气质量计算的，因此，电控单元(ECU)必须根据进气温度对喷油量进行修正，以获得最佳的空燃比。

进气温度传感器的结构如图 2-2 所示，主要由绝缘套、塑料外壳、防水插座、铜垫圈、热敏电阻等组成。

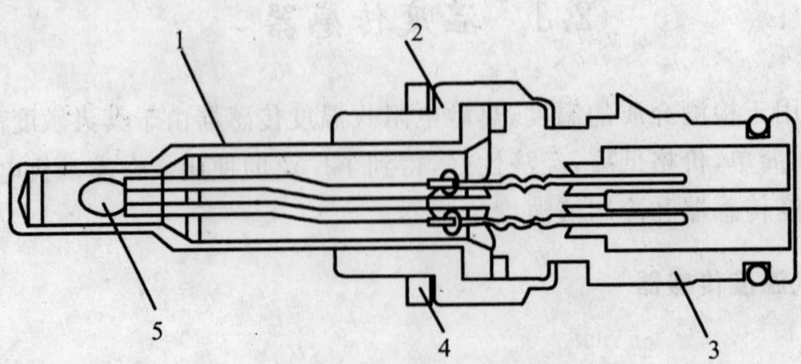

图 2-2　进气温度传感器的结构

1—绝缘套　2—塑料外壳　3—防水插座　4—铜垫圈　5—热敏电阻

(2) 进气温度传感器的工作原理

当进气温度低时，热敏电阻的阻值大，传感器输入 ECU 的信号电压高，ECU 控制发动机增加喷油量；当进气温度高时，热敏电阻的阻值小，传感器输入 ECU 的信号电压低，ECU 控制发动机减少喷油量。进气温度传感器采用负温度系数的热敏电阻作为检测元件，进气温度传感器的工作特性如图 2-3 所示。

进气温度传感器与汽油喷射系统 ECU 的电路连接如图 2-4 所示。

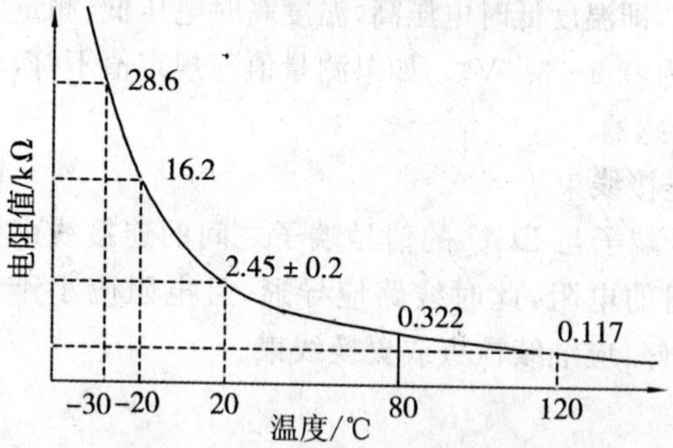

图 2-3　进气温度传感器的工作特性

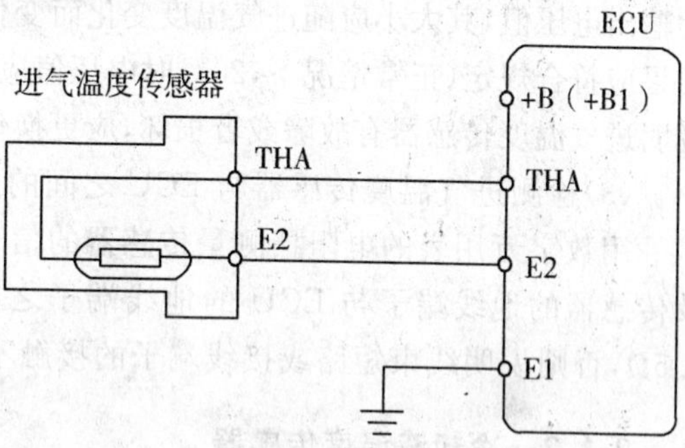

图 2-4　进气温度传感器的接头端子与 ECU 的连接电路

2. 进气温度传感器的检测

当进气温度传感器出现故障时，会使混合气过浓或过稀，使燃烧变坏，出现工作不稳定，这时应该检查进气温度传感器。进气温度传感器的检测方法如下。

(1)检测进气温度传感器的电阻

关闭点火开关，断开进气温度传感器线束连接器，从发动机上拆下传感器。用制冷剂或压缩空气对进气温度传感器降温，也可采用电吹风或放入水中加温的方法对传感器进行加温(见图 2-5)。用万用表电阻挡测量传感器两端子间的电阻，其电阻值随温度变化而变化的规律应与图 2-3 所示的特性曲线的变化规律相一致，如果电阻值不在此范围内，则应更换进气温度传感器。

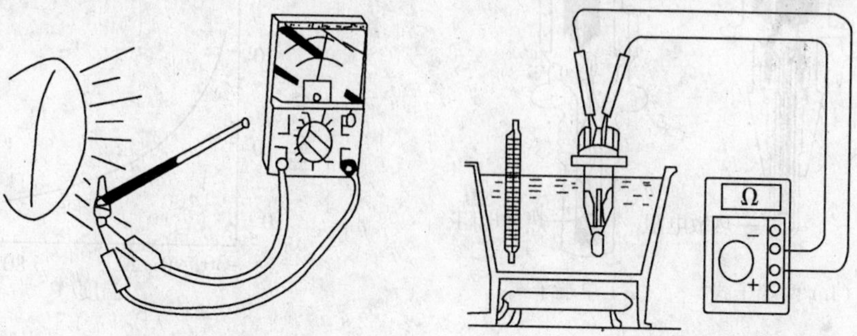

(a) 用电吹风吹传感器　　(b) 用热水加热传感器

图 2-5　进气温度传感器的检测

(2)检测进气温度传感器的电压

拔下传感器插头,接通点火开关,测量插头上 THA 端子与 E2 端子之间的电压应为 5V,若无电压,则应检查 ECU 连接器上 THA 端子与 E2 端子间电压。若此时电压为 5V,则 ECU 与传感器之间线路有故障。若仍无 5V 电压,则为 ECU 有故障。

插回插件,起动发动机,用万用表的两端子分别连接进气温度传感器的信号线或 ECU 的信号线端子与地线端子(即 THA 与 E2),注意正负极,用其电压挡测量不同温度下传感器的输出电压值,其大小应随进气温度变化而变化,即温度低时电压高,温度高时电压低,测量结果应符合规定(正常情况下,20℃时电压值应为 0.5～3.4V)。如果测量值与规定值不符,说明进气温度传感器有故障或者损坏,应更换传感器。

(3)检测进气温度传感器与 ECU 之间的连接线束

用数字万用表的电阻挡测量传感器的信号端子与 ECU 的信号端子之间的连接线束及传感器的地线端子与 ECU 的地线端子之间的电阻,此时线路应导通,且电阻应小于 1.5Ω,否则说明线束短路或接线端子的接触不好,应继续检查或更换线束。

2.1.2 冷却液温度传感器

1. 冷却液温度传感器的结构与工作原理

冷却液温度传感器(也称水温传感器)一般安装在发动机缸体、缸盖的水套或节温器内并伸入水套中。它的结构如图 2-6 所示。

发动机冷却液温度传感器大多用负温度系数热敏电阻制成,水温低时,电阻值大,水温高时,电阻值小。冷却液温度传感器感知到冷却液温度的变化,并将这种变化通过电路的连接转化为电信号输送给 ECU,ECU 根据输入的电信号(即冷却液温度的变化信号),来对电喷发动机的喷油量即喷射时间进行修正,调整空燃比,使进入发动机内的混合气能稳定地燃烧。冷机时供给较浓的可燃混合气,热机时供给较稀薄的可燃混合气,使发动机稳定而良好地工作。冷却液温度传感器的特性如图 2-7 所示。

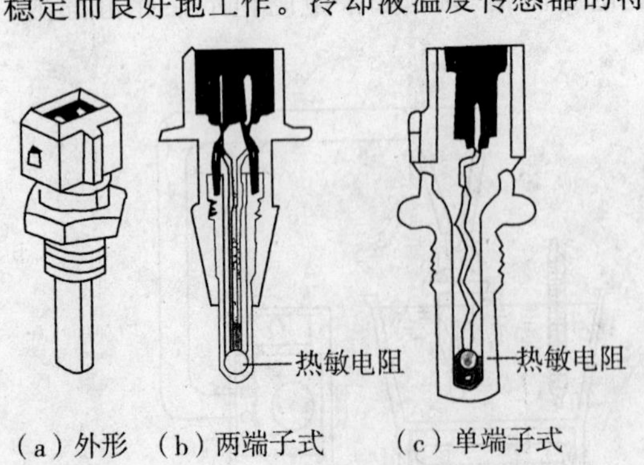

(a)外形　(b)两端子式　(c)单端子式

图 2-6　冷却液温度传感器的结构

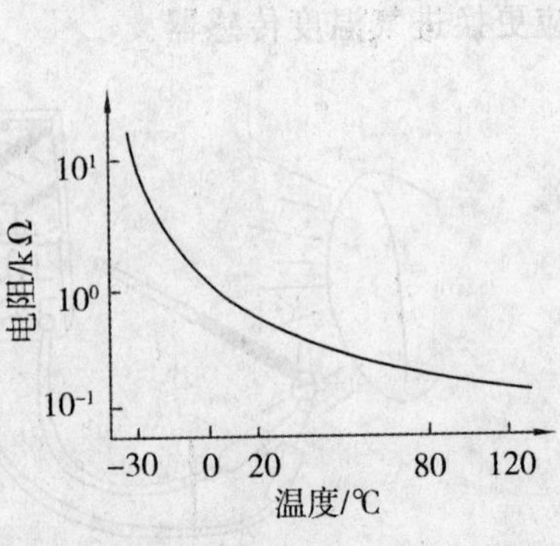

图 2-7　冷却液温度传感器的工作特性

冷却液温度传感器的接头端子与 ECU 的连接电路及电路图如图 2-8 所示,其中,THW 为信号端子,E2 为地线。从图 2-8(b)中可以看出,测温电路用的是分压的方法,灵敏度与分压比关系密切。

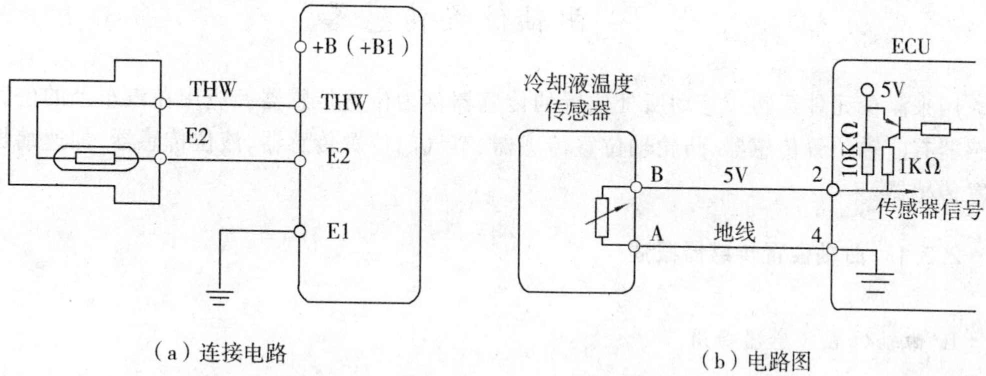

图2-8　冷却液温度传感器的接头端子与ECU的连接电路及电路图

热敏电阻在低温变化大，高温变化小。ECU使5V的电压通过1kΩ电阻和晶体三极管串联后再与10kΩ电阻的并联电路，然后经过传感器接地。在温度较低时，传感器的热敏电阻的阻值较大，此时ECU使晶体三极管截止，5V的电压仅仅通过10kΩ电阻及传感器后接地，由于传感器的热敏电阻的阻值与10kΩ电阻的阻值相差不大，这样传感器所测得的数值比较准确，而当温度达到一个特定值时，热敏电阻的阻值会发生很大的变化，此时其阻值相对10kΩ已经很小，测得的数值不再准确，这时ECU使晶体管导通，这样5V电压就通过1kΩ电阻和晶体三极管串联后再与10kΩ电阻的并联电路，然后经过传感器接地，由于并联后的阻值与1kΩ相差不大，即与温度升高后的温度传感器的阻值相差不大，这样即使温度升高后，也能使测量结果准确。

2. 冷却液温度传感器的检测

冷却液温度传感器工作性能的好坏对发动机的喷油量有很大的影响，进而影响发动机的燃烧性能。当混合气过浓或过稀时，发动机的燃烧情况变坏，会引起发动机不易起动，运转不平稳，这时应检查冷却液温度传感器。检查内容如下：

(1)开路检测

冷却液温度传感器与ECU的连接如图2-8所示。检查冷却液温度传感器电阻时，拔下其插接器或将传感器从发动机上拆下。因其电阻值随温度的变化而变化，因此，需测定不同温度下冷却液温度传感器的电阻，并且测得的电阻应与规定值相符，否则应更换冷却液温度传感器。

(2)在线检测

拔下传感器插头，接通点火开关，测量ECU的电源电压，即THW与E2端子之间电压应为5V。否则，说明线路或ECU有障碍。将插接器接好，将点火开关接通，测量冷却液温度传感器的信号电压，即THW与E2端子间的电压应为0.2～2.5V。

2.2 曲轴位置传感器

用来测量元件运转或运动所处位置的传感器称为位置传感器。应用在汽车上的位置传感器有曲轴位置传感器、凸轮轴位置传感器、节气门位置传感器、液位传感器、加速踏板位置传感器。

2.2.1 曲轴位置传感器概述

1. 曲轴位置传感器功用

曲轴位置传感器(CKP或CPS,Crankshaft Position Sensor),又称为发动机转速与曲轴转角传感器,其功用是采集曲轴转动角度和发动机转速信号,并输入电子控制单元(ECU),以便确定喷射顺序、喷射正时、点火顺序、点火正时,并根据信号监测到的曲轴转角波动的大小来判断发动机是否有失火现象。

早期电控发动机使用的曲轴位置传感器,只能用于测量曲轴旋转速度和角度,因此又称为发动机转速传感器,而不能确定活塞的位置,即分辨不出什么时候活塞到达上止点。因此必须设置用于确定第一缸活塞上止点(注意:不一定是第一缸的压缩上止点位置)的上止点位置传感器,二者经常单独设置。随着汽车技术的发展,出现了曲轴位置传感器和上止点位置传感器整合的新型曲轴位置传感器,即将曲轴位置传感器的触发元件经过特殊设计(如缺齿设计),逐步使一个感测元件实现了测量曲轴转速、转角和确定活塞上止点多种功能,形成了现代意义的曲轴位置传感器。

没有曲轴位置传感器信号,发动机ECU认为发动机没有运转,因此喷油器不能喷油。点火和喷油集中控制的电子控制发动机,还不能控制点火。所以,曲轴位置传感器是发动机电子控制系统中最重要的传感器之一。

2. 曲轴位置传感器安装位置

曲轴位置传感器一般安装于曲轴前端、分电器内、靠近飞轮的变速器壳体上三个位置,个别的车辆还有安装于发动机缸体中部下侧的情况。曲轴位置传感器的安装位置如图2-9所示。

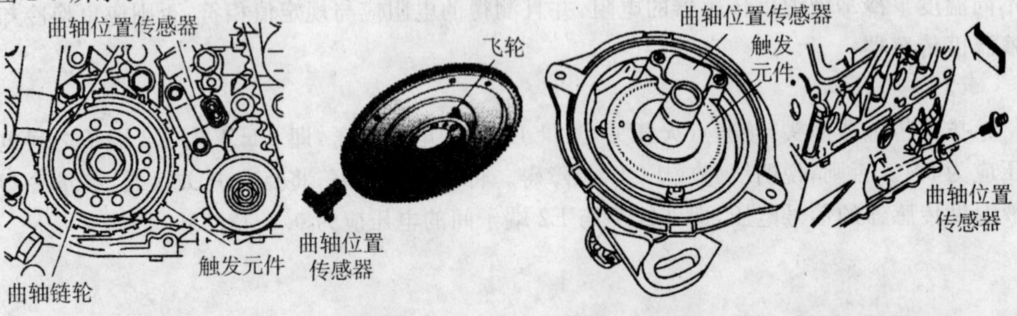

(a)曲轴前端 (b)飞轮壳体上 (c)分电器内 (d)汽缸体中部

图2-9 曲轴位置传感器的安装位置

按照其工作原理的不同，曲轴位置传感器可以分为三种类型：磁电感应式曲轴位置传感器、光电式曲轴位置传感器、霍尔效应式曲轴位置传感器。

2.2.2　磁电感应式曲轴位置传感器

1. 磁电感应式曲轴位置传感器构造与原理

磁电感应式传感器，又称为磁脉冲式传感器、可变磁阻式传感器。磁电感应式曲轴位置传感器的构造如图 2-10 所示，主要由导磁材料制成的信号转子、永久磁铁、信号线圈等组成，传感器的位置是固定的，软磁铁芯与信号转子齿间隙必须保持一定间隙。

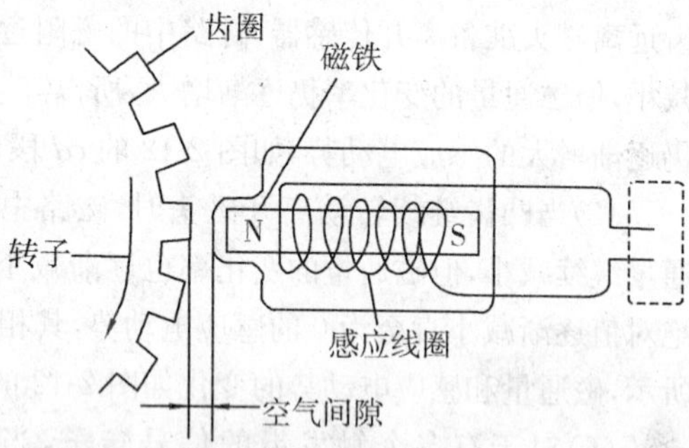

图 2-10　磁电感应式曲轴位置传感器的组成

传感器插头接线形式主要有两线制和三线制两种。两线制的两根线为信号回路线，信号正负交替变化，三线制中多出的一根线为屏蔽线。

(1)当信号转子凸齿靠近传感器时，磁头与齿间隙逐渐缩小，磁路中的磁阻逐渐减小，传感器的磁场便开始产生集中的现象，磁场强度增大，磁通量的变化率也逐渐增大，因此，产生一个逐渐增大的正的感应电动势，磁场的变化愈大，则感应出的电压也愈强。其相对位置如图 2-11(a)所示；磁通量和感应电动势的变化如图 2-12 的 *ab* 段所示。

(2)当凸齿继续靠近磁头时，磁通量仍在增大，但磁通量的变化率在减小，因此产生一个正的、逐渐减小的感应电动势。其相对位置如图 2-11 (b)所示；磁通量和感应电动势的变化如图 2-12 的 *bc* 段所示。

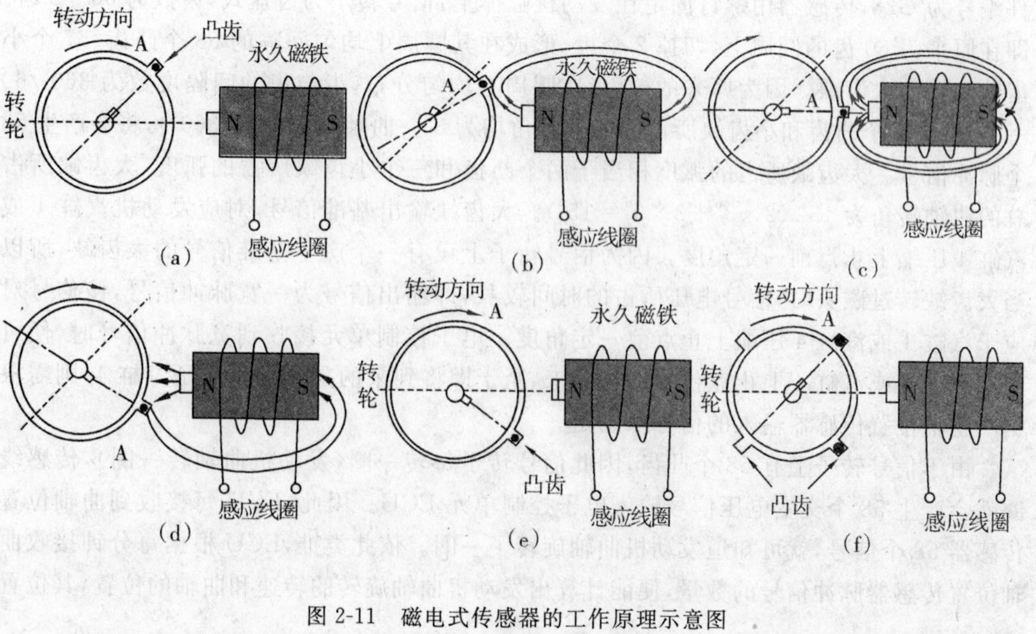

图 2-11　磁电式传感器的工作原理示意图

(3)当信号转子凸齿与传感器尖端对齐成一直线时，磁头与齿间隙最小，磁路中的磁阻最小，磁场强度最强，磁通量最大。但在该点磁场强度没有变化，磁场变化率为0，所以感应电压和电流强度为0。其相对位置如图 2-11 (c)所示；磁通量和感应电动势的变化如图 2-12 的 c 点所示。

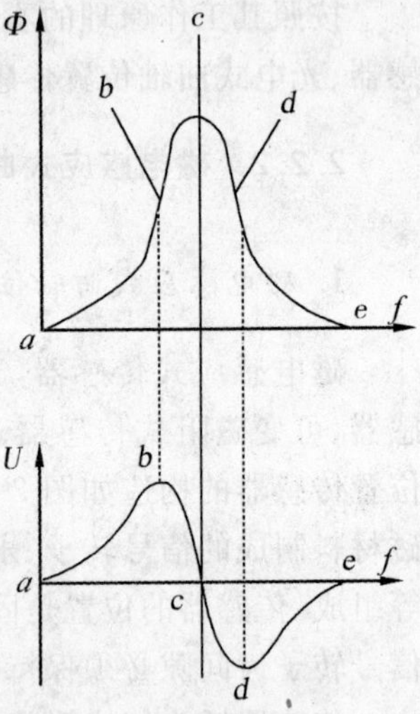

图 2-12　磁通量和感应电动势的变化

(4)信号转子凸齿继续转动，其相对位置如图 2-11 (d)所示，凸齿远离磁头准备离开传感器，磁路中的磁阻逐渐增大，磁通量逐渐减小，但磁通量的变化率仍逐渐增大，所以产生一个负的但绝对值仍逐渐增大的感应电动势，如图 2-12 的 cd 段所示。

(5)当凸齿继续转动离开磁头时，磁路中的磁阻继续增大，磁通量继续减小，但磁通量的变化率也逐渐减小，因此产生一个负的绝对值逐渐减小直至为0的感应电动势，其相对位置如图 2-11 (e)所示，磁通量和感应电动势的变化如图 2-12 的 de 段所示。

(6)对于有多个触发齿的信号转子，当两凸齿中间和传感器尖端对齐时，磁场不发生变化，故也无电压输出。其相对位置如图 2-11(f)所示，磁通量和感应电动势的变化如图 2-12 的 ef 段所示。

信号转子每转过一个凸齿，传感线圈中就产生一个交变电动势，即一个最大值和一个最小值，因此对于有多个触发齿的信号转子，正弦波波形的多少，就代表旋转过了多少个齿，因此可以计算出信号转子旋转的速度和角度。

2. 磁电感应式曲轴位置传感器检修

现以捷达车为例，对磁感应式曲轴位置传感器的检测方法进行介绍。

捷达轿车的磁感应式曲轴位置传感器安装在汽缸体左侧、发动机后端靠近飞轮处，零件编号为 G28，传感器用螺钉固定在发动机缸体上，信号转子为齿盘式，齿数为 60－2 齿。即在原来为 60 齿的圆周上，切掉 2 个齿，形成在其圆周上均匀间隔的 58 个凸齿、57 个小齿缺和一个大齿缺。因为原来的 60 齿在圆周上均匀分布，齿与齿的间隔度数为 360°/60＝6°，因此每个凸齿和小齿缺所占的曲轴转角均为 3°。曲轴旋转一圈(360°)，将会产生 58 个脉冲信号。大齿缺所占的弧度相当于两个凸齿和三个小齿缺所占的弧度，大齿缺所占总的曲轴转角为 15° (2×3°＋3×3°＝15°)。大齿缺输出基准信号，对应发动机汽缸 1 或汽缸 4 压缩上止点前一定角度。因为信号转子上设有一个产生基准信号的大齿缺，所以当大齿缺转过磁头时，信号电压所占的时间较长，即输出信号为一宽脉冲信号，该信号对应于汽缸 1 或汽缸 4 压缩上止点前一定角度。电子控制单元接收到宽脉冲信号时，便可知道汽缸 1 或汽缸 4 上止点位置即将到来，至于即将到来的是汽缸 1 还是汽缸 4，则需根据凸轮轴位置传感器输入的信号来确定。

由于信号转子上有 58 个凸齿，因此信号转子每转一圈(发动机曲轴转一圈)，传感线圈就会产生 58 个交变电压信号输入电子控制单元 ECU。因此，ECU 每接收到曲轴位置传感器 58 个信号，就可知道发动机曲轴旋转了一圈。依此类推，ECU 根据每分钟接收曲轴位置传感器脉冲信号的数量，便能计算出发动机曲轴旋转的转速和曲轴的位置，其位置如图 2-13 所示，输出波形如图 2-14 所示。

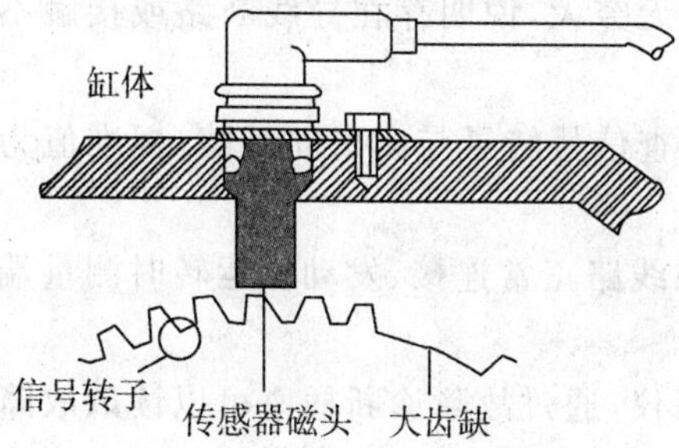

图 2-13　曲轴位置传感器位置

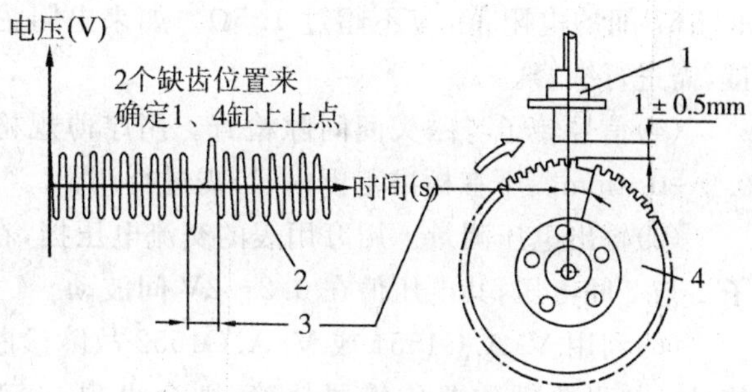

图 2-14　曲轴位置传感器 G28 的结构

1—曲轴位置传感器　2—正常齿波形　3—缺齿波形

曲轴位置传感器 G28 插头位置如图 2-15 所示，与 ECU 控制单元 J220 的连接关系如图 2-16 所示。端子 1 为传感器其中一极，与 ECU 的 56 端子相连；端子 2 为传感器另一极，与 ECU 的 63 端子相连；端子 3 为屏蔽线端子，与 ECU 的 67 端子相连。

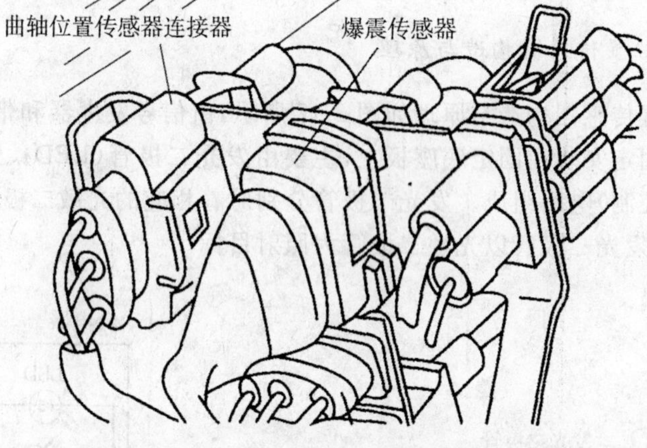

图 2-15　曲轴位置传感器的安装位置

磁电感应式曲轴位置传感器的检测方法如下。

(1)故障征兆检测。在发动机运行中，当曲轴位置传感器出现故障时，会导致信号中断，发动机不能起动或在运行时立即熄火，这时电子控制单元可以诊断到故障并进行故障代码存储。

(2)曲轴位置传感器的电阻检查。关闭点火开关，拔下传感器连接器插头，检查传感器上端子 1 与 2 间电阻，应为 450～1000Ω。若电阻为无穷大，说明信号线圈存在断路，应更换传感器。检查传感器上端子 1 或 2 与屏蔽线端子 3 之间的电阻，电阻值应为无穷大，如果电阻不是无穷大，则应更换传感器。

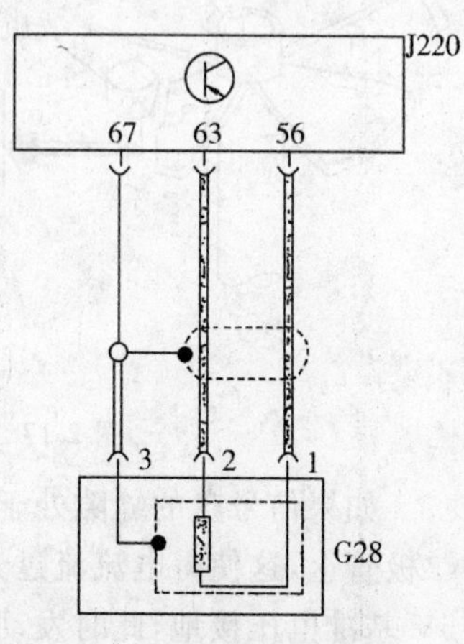

图 2-16　传感器与控制单元的连接

(3)传感器与 ECU 之间的连接线束检查。分别检查端子 1 与 56、端子 2 与 63、端子 3 与 67 间的电阻值,应不超过 1.5Ω。如果电阻为无穷大,说明存在导线断路或接触不良,需进行维修。

(4)信号转子与磁头间间隙检查。用厚薄规检查信号转子与磁头间间隙,标准值为 0.2～0.4mm。不在标准范围内时,需进行调整。

(5)输出电压测量。用万用表的交流电压挡,在线路正常连接、发动机运转时测量端子 1 与 2 间电压,其电压值在 0.2～2V 间波动。

(6)利用 V.A.G1551 或 V.A.G1552 故障诊断仪,通过故障诊断插座可以读取故障信息。如果曲轴位置传感器故障,则会出现 00513——发动机转速传感器(G28)故障代码。

2.2.3 光电式曲轴位置传感器

采用光电式曲轴位置传感器的轿车有日产公爵(安装在分电器内)、日产蓝鸟(安装在排气凸轮轴前端)、日产地平线、日本三菱(安装在进气凸轮上)、韩国现代(安装在分电器内部)等轿车。光电式曲轴位置传感器一般与凸轮轴位置传感器组合安装。

1. 光电式曲轴位置传感器构造与原理

光电式曲轴位置传感器构造与原理如图 2-17 所示,由信号发生器和带光孔的信号盘组成。信号发生器固定安装在固定底座板上,主要由发光二极管(LED)、光敏二极管(光电二极管)和整形(控制)电路组成。发光二极管分别对着相应的光敏二极管,设置在屏蔽板两侧相对的位置,发光二极管以光敏二极管为照射目标。

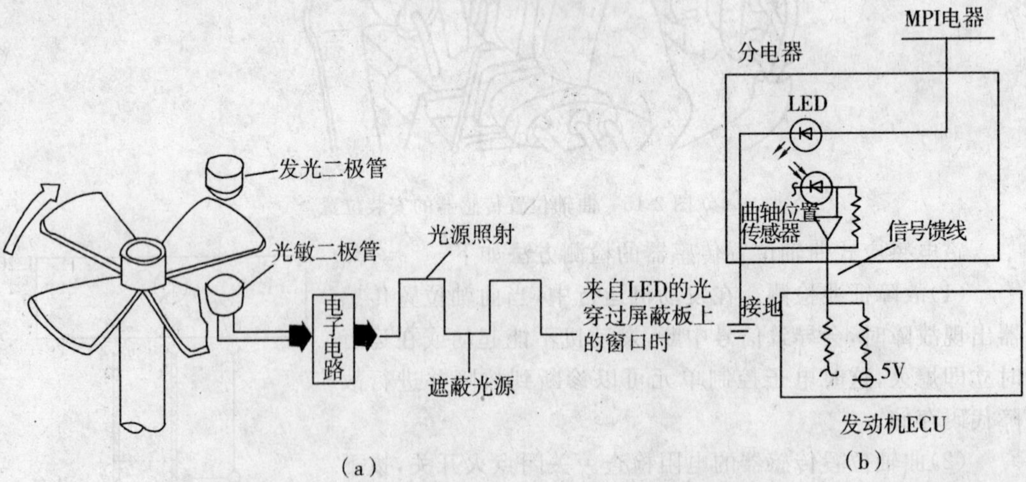

图 2-17 光电式曲轴位置传感器构造和工作原理示意图

如果信号盘的缝隙处于发光二极管和光敏二极管之间,从 LED 发出的光照射在光敏二极管上,这使得电流流过光敏二极管,传感器比较器输出端不能把来自发动机 ECU 的 5V 基准电压接地,此时发动机 ECU 将检测到近似 5V 高电位。如果来自 LED 的光被屏蔽板阻断时，光敏二极管未暴露在光照下，不产生电动势，比较器输出端将来自发动机 ECU 的 5V 基准电压接地，发动机 ECU 将检测到 0V 低电位。信号盘连续转动时，信号盘产生透光与遮光的交替变化时，光敏二极管交替产生与不产生电动势，形成 5V 方波脉冲电压信号，发动机 ECU 以此信号作为转速和转角的信号，该信号的频率随着曲轴的旋转速度而改变。

在实际的使用中，信号盘一般固定在凸轮轴或分电器轴上，与凸轮轴或分电器轴一起转动。光电元件设为两组，与之相配合的信号盘光孔也有内外两圈，分别用于检测曲轴位置和凸轮轴位置，光孔数也因各个厂家车型不同设计精度而有所差别，如日产曲轴位置传感器采用 360 条缝隙，凸轮轴位置传感器采用 6 个光孔；现代汽车曲轴位置传感器采用 4 个缝隙，凸轮轴位置传感器采用 1 个光孔。

就光电式传感器本身来讲，应具有三根导线：一根为 LED 提供 12V 工作电压，一根为控制来自发动机 ECU 具有 5V 参考电压的信号反馈线，一根是搭铁线。但由于光电式的曲轴位置传感器与凸轮轴位置传感器经常组合安装，12V 工作电压和地线共用，加上曲轴位置传感器和凸轮轴位置位置传感器各一根信号线，因此常见的传感器为 4 线。

2. 光电式曲轴位置传感器检测

现代 SONATA 汽车使用光电式曲轴位置传感器。对于带有分电器的汽车，传感器总成装在分电器壳内；对于无分电器的汽车，传感器总成安装在凸轮轴左端部(从车前向后看)，如图 2-18 所示。信号盘外圈有 4 个孔，用来感测曲轴转角并将其转化为电压脉冲信号，电控单元根据该信号计算发动机转速，并控制汽油喷射正时和点火正时。信号盘内圈有一个孔，用来感测第 1 缸压缩上止点(在有些 SONATA 车上，设有两孔，用来感测第 1、4 缸的压缩上止点，目的是为了提高精度)，并将它转换成电压脉冲信号输入电控单元，电控单元根据此信号计算出汽油喷射顺序。

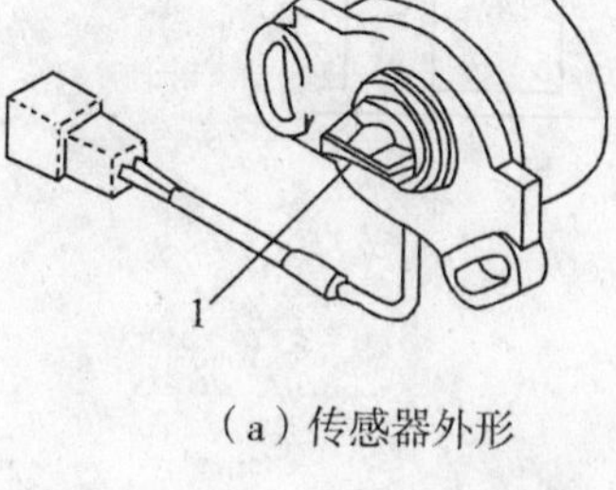

(a) 传感器外形

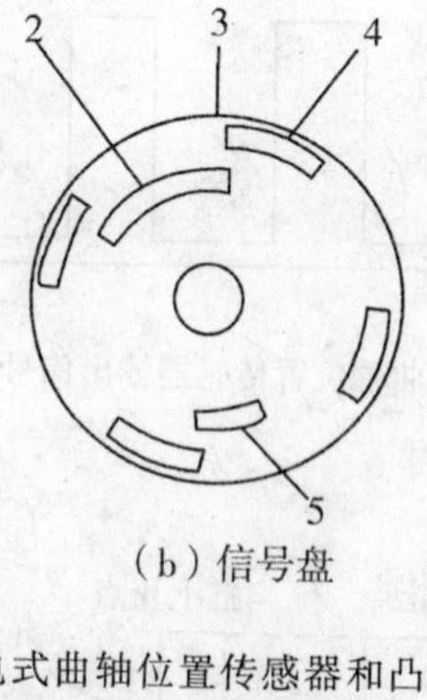

(b) 信号盘

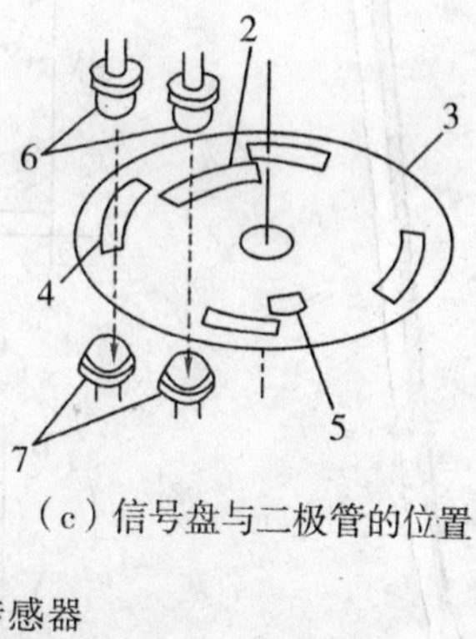

(c) 信号盘与二极管的位置

图 2-18　光电式曲轴位置传感器和凸轮轴位置传感器

1—传感器联轴器　2—凸轮轴位置传感器检测孔(1 缸上止点)　3—信号盘　4—曲轴位置传感器检测孔　5—第 4 缸上止点检测孔　6—发光二极管　7—光敏二极管

现代 SONATA 光电式曲轴位置传感器和凸轮轴位置传感器与发动机 ECU 的连接线路如图 2-19 所示。

曲轴位置传感器和凸轮轴位置传感器的检测方法如下。

(1)工作电压和参考电压的检查

检查时,关闭点火开关,脱开曲轴位置传感器的导线连接器,再把点火开关置于"ON",用万用表的电压挡测量线束侧4端与搭铁间的电压应为12V,线束侧2端和3端与搭铁间电压应为4.8～5.2V,用万用表的电阻挡测量线束侧1端与接地间应导通。

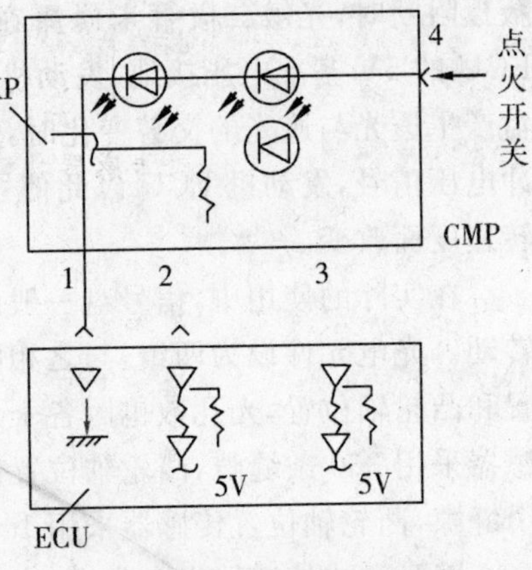

图 2-19 线路连接

(2)输出信号检测

用万用表电压挡接在传感器侧3端和1端上,在线路连接正常情况下,起动发动机,凸轮轴位置传感器的平均电压应为0.2～1.2V。在起动发动机后的怠速运转期间,用万用表电压挡检测2端和1端曲轴位置传感器平均电压应为1.8～2.5 V。若电压不在规定范围内,应更换曲轴位置传感器。

(3)故障代码检测

使用MUT-II或MUT-III,读取故障码,如果曲轴位置传感器损坏,会出现故障码22,凸轮轴位置传感器不良,会出现故障码23。

(4)示波器检查

光电式曲轴位置传感器输出的为方波频率信号,曲轴每转一圈,将有两个活塞运动到上止点,正常输出波形应与图2-20(a)相同。光电式凸轮轴位置传感器输出的也为方波频率信号,只是在发动机一个工作循环内,应该产生两个脉冲宽度不同的方波信号,正常输出波形应与图2-20(b)相同。

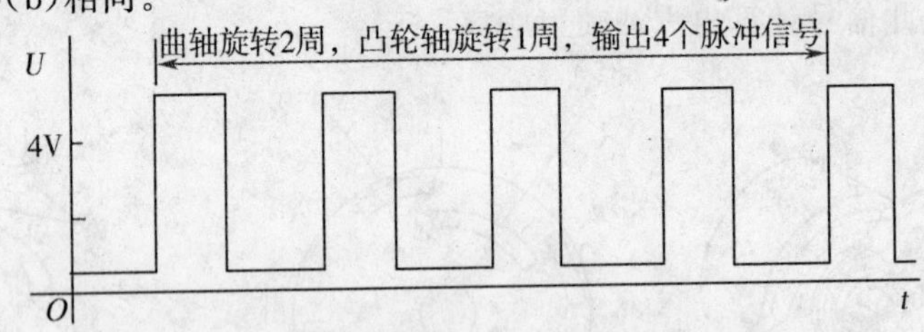

(a)曲轴位置传感器输出信号波形

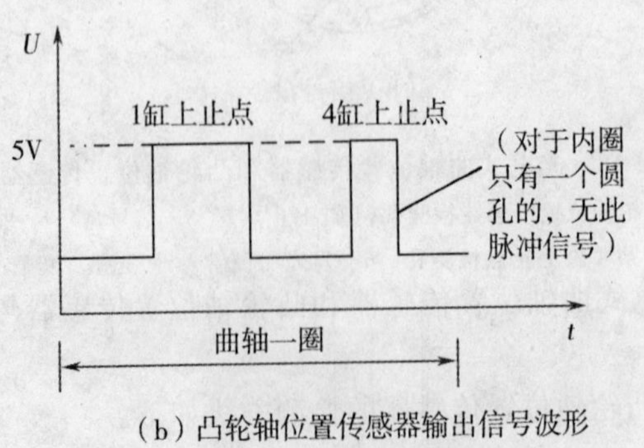

(b)凸轮轴位置传感器输出信号波形

图 2-20 信号波形

2.2.4　霍尔式曲轴位置传感器

1. 霍尔式曲轴位置传感器构造与原理

如图 2-21 所示，当电流 I 通过放在磁场中的半导体基片（称霍尔元件），且电流方向与磁场方向垂直时，电荷在洛仑兹力作用下向一侧偏移，在垂直于电流与磁场的霍尔元件的横向侧面上即产生一个与电流和磁场强度成正比的电压，称为霍尔电压 U_H。霍尔电压可用下式表示，即：

$$U_H=\frac{R_H}{d}IB$$

式中，R_H 为霍尔系数；d 为基片厚度；I 为电流强度；B 为磁场强度。

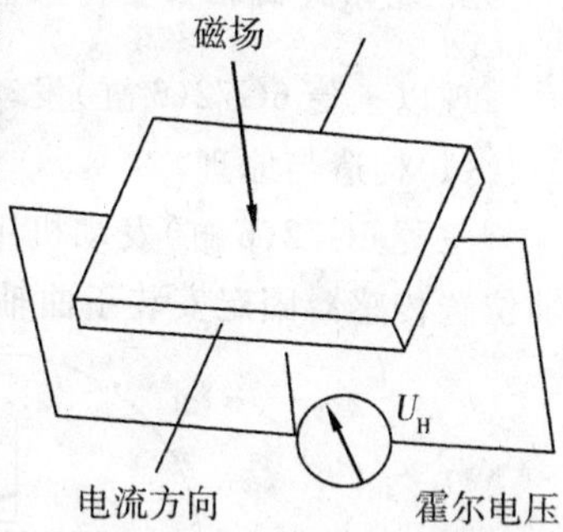

图 2-21　霍尔效应原理图

当结构一定且电流为定值时，霍尔电压与磁场强度成正比。

霍尔式曲轴位置传感器主要使用霍尔开关电路，根据脉冲信号的多少计算曲轴的旋转速度和位置，为了能够输出数字信号，产生的霍尔电压应该能够打开和关闭功率晶体管，如图 2-22 所示。

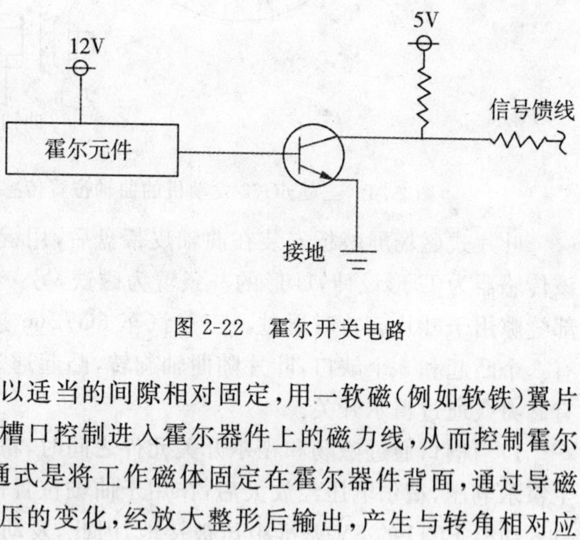

图 2-22　霍尔开关电路

按照霍尔器件和工作磁体间的运动方式，可以分为遮断式和变磁通式两种，如图 2-23 所示。

在遮断式中，工作磁体和霍尔器件以适当的间隙相对固定，用一软磁（例如软铁）翼片作为运动工作部件，使用翼片的凸起或槽口控制进入霍尔器件上的磁力线，从而控制霍尔电压的产生，如图 2-23(a)所示。变磁通式是将工作磁体固定在霍尔器件背面，通过导磁转子轮齿引起磁通的改变，实现霍尔电压的变化，经放大整形后输出，产生与转角相对应的电脉冲信号，如图 2-23(b)所示。

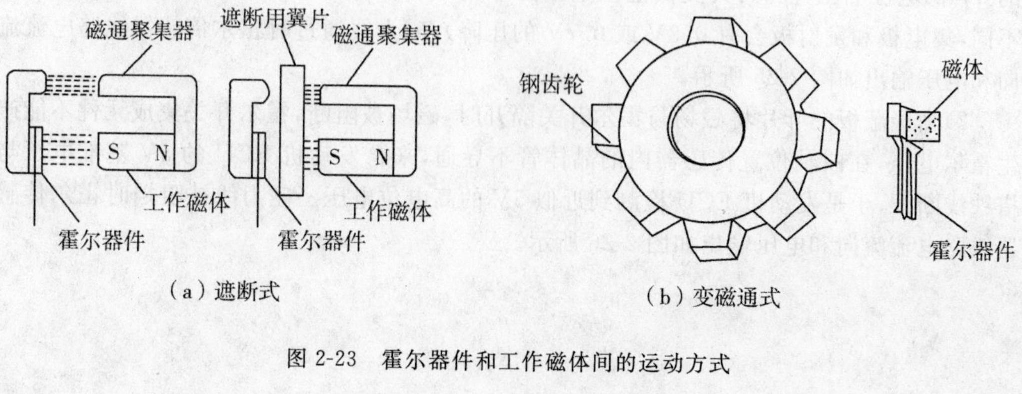

图 2-23　霍尔器件和工作磁体间的运动方式

汽车上用霍尔式传感器一般为三线：一根为电源线，供给工作电压，一般为12V（也有用9V）；一根为信号线，需要提供5V参考电压，通过三极管的导通或关闭，实现0V和5V的脉冲变化；另一根为搭铁线。

2. 霍尔式曲轴位置传感器的检测

现以三菱6G72（6缸）发动机用曲轴位置传感器为例进行介绍。

(1)构造与原理

三菱6G72（6缸）发动机用曲轴位置传感器属于遮蔽叶片霍尔式曲轴位置传感器，曲轴位置传感器固定安装于曲轴前端的发动机缸体上，其位置如图2-24所示。

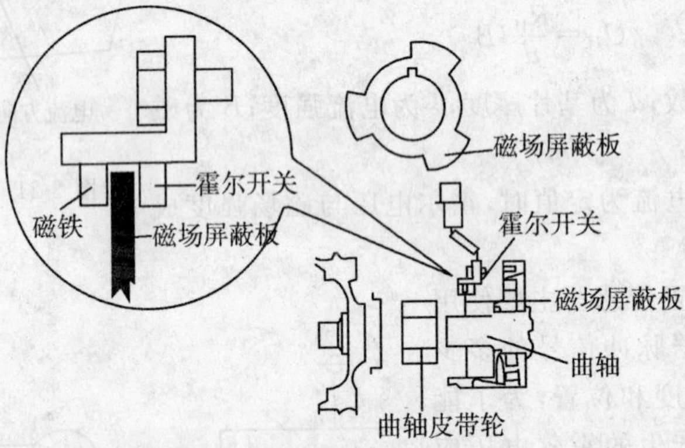

图2-24　三菱6G72发动机的曲轴位置传感器霍尔元件和叶片的位置关系

叶片式磁场屏蔽板安装在曲轴皮带盘后，用键与曲轴相连，并能够随曲轴一起运转。该传感器为U形设计，U形的一条臂为磁铁，另一条臂安装霍尔开关集成电路，U形的中部缝隙用于叶片旋转时通过。三菱汽车6G72（6缸）发动机用的曲轴位置传感器的叶片有3个凸起和3个缺口，叶片随曲轴旋转，凸起通过时，磁铁的磁通被阻挡，缺口通过时，有磁力线通过霍尔开关。

1)当槽口通过磁场和霍尔开关元件之间时，霍尔开关元件接受磁铁产生的磁场，并产生霍尔电压，霍尔电压经放大后，作用于曲轴位置传感器的晶体管基极，使晶体管接通，来自发动机ECU的5V基准电压被接地，因此，发动机ECU将检测到曲轴位置传感器输出的0V低电位电压（注意：其实低电位电压并非为0V，因为三极管导通时，根据晶体管的不同，集电极和发射极会有0.3V或0.7V的压降），磁力线通过时霍尔传感器线路电流流向和电压输出如图2-25所示。

2)当屏蔽板的叶片将磁场与霍尔开关隔开时，磁场被阻断，霍尔开关集成元件不能产生霍尔电压，在曲轴位置传感器内的晶体管不导通，来自发动机ECU的5V基准电压与搭铁线断开，于是发动机ECU检测到近似5V的高电位电压。磁力线被阻挡时霍尔传感器线路电流流向和电压输出如图2-26所示。

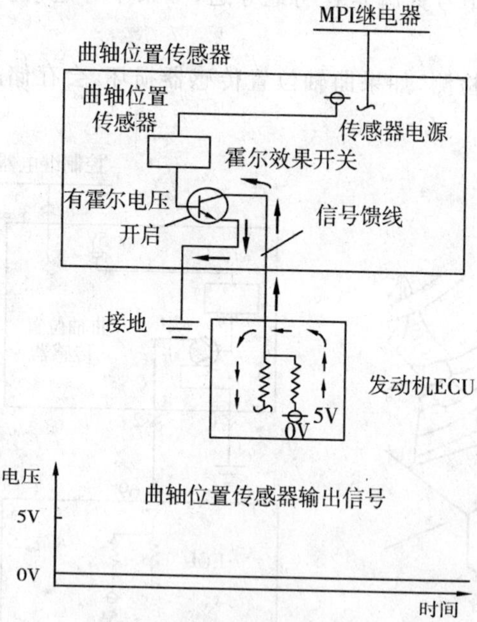

图 2-25　磁力线通过时电流流向和电压输出

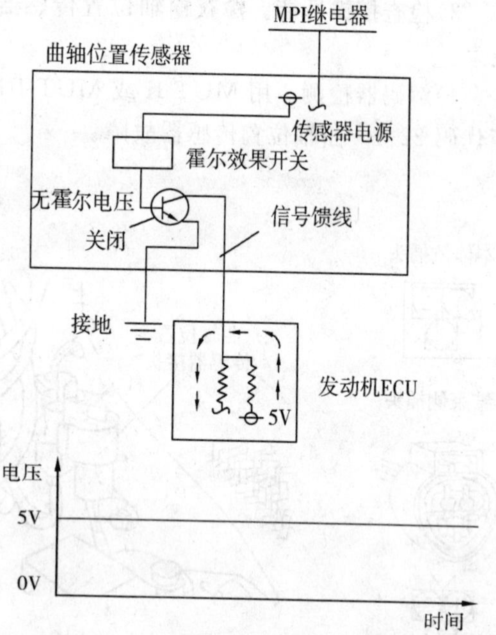

图 2-26　磁力线被阻挡时电流流向和电压输出

3)连续运转时,因为屏蔽板随着曲轴一起旋转,所以通过曲轴位置传感器的输出信号会随着屏蔽板的叶片和槽口不断进行高电位和低电位的变换,其每分钟的脉冲数目也会随着曲轴的旋转速率而变化。因此,通过检测曲轴位置传感器脉冲信号频率即可测得曲轴的转速。连续运转时曲轴位置传感器脉冲信号如图 2-27 所示。

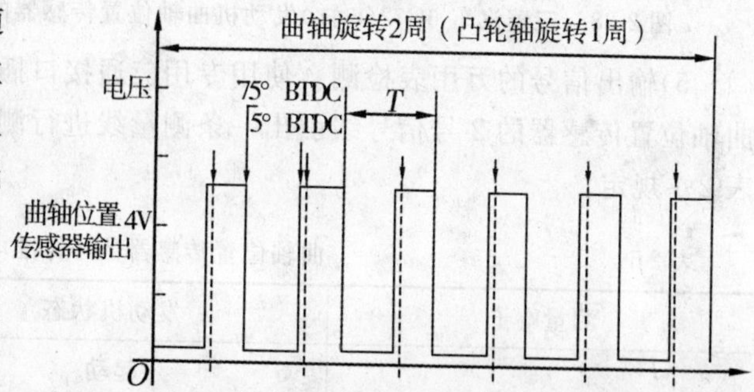

图 2-27　连续运转时曲轴位置传感器脉冲信号

(2)检测

三菱汽车 6G72(6 缸)发动机曲轴位置传感器的接头位置、接头形状和与发动机 ECU 的连接如图 2-28 所示。

1)工作电压的检测。拔掉曲轴位置传感器插头,打开点火开关,用万用表的电压挡测量线束侧 3 端是否有 12V 的蓄电池电压。如果没有,检查控制继电器的 3 端与曲轴位置传感器的导通性。

2)参考电压的检测。点火开关置于“OFF”,将曲轴位置传感器接头断开,然后将点火开关置于“ON”,检查曲轴位置传感器 2 号针脚对地的电压,正常时应为 4.8～5.2V。如果没有,将点火开关置于“OFF”,检查曲轴位置传感器线束的 2 号针脚是否与 ECU 的 68 号针脚导通,如果导通,则为 ECU 故障。

3)检查搭铁性能。检查曲轴位置传感器 1 号针脚是否与地导通，如果不导通，检查线束。

4)解码器检测。用 MUT-II 或 MUT-III 检测，如果曲轴位置传感器损坏，会存储故障代码 22——曲轴位置传感器故障。

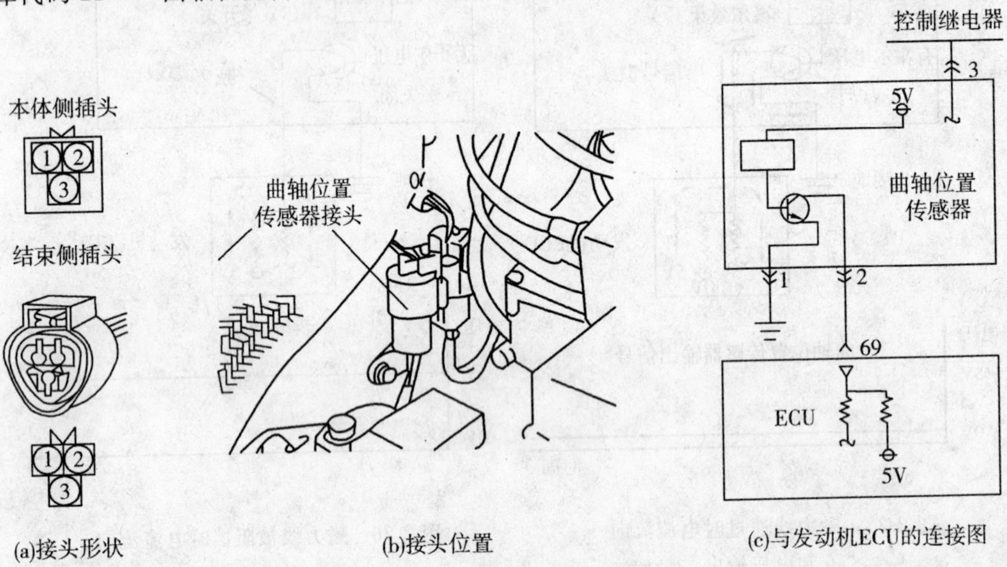

图 2-28　三菱汽车 6G72(6 缸)发动机曲轴位置传感器的接头位置、形状及与 ECU 的连接

5)输出信号的万用表检测。使用专用三通接口插头，或在线路完好连接的情况下，将曲轴位置传感器的 2 号信号线引出一条测量线进行测量，使用万用表电压挡检测，应符合表 2-1 规定。

表 2-1　曲轴位置传感器信号标准电压值

测量端子	发动机状态	万用表电压
2 端与搭铁	起动	0.4～4.0V
	怠速	1.5～2.5V

6)输出信号的示波器检测。霍尔式传感器一般情况下无法检查电阻，如能检查也是经验数值或对比数值，因此，最好用示波器检查其输出信号波形来准确判断好坏。使用专用三通接口插头，或在线路完好连接的情况下，将曲轴位置传感器的 2 号信号线引出一条测量线，用示波器进行测量，其波形应与图 2-27 所示标准波形相同。

2.3　节气门位置传感器

2.3.1　节气门位置传感器概述

节气门位置传感器(Throttle Position Sensor，TPS)是汽车电子控制系统中最重要的传感器之一，主要用于发动机电控燃油喷射系统和电控自动变速器系统。节气门位置传感器安装在节气门体上节气门轴的一端，检测节气门开度的大小，并把位置信号转变为电信号后输入电控单元。

节气门位置传感器分为开关式节气门位置传感器和滑动电阻式节气门位置传感器。

开关式节气门位置传感器由一个滑动触点和两个固定触点组成。两个固定触点分别为怠速开关触点 IDL 和全负荷开关触点 PSW，一个滑动触点(TL 或 E)随节气门轴一起转动，和节气门轴联动的凸轮控制触点的开启和闭合。开关式节气门位置传感器与发动机 ECU 的连接如图 2-29 所示，输出信号如图 2-30 所示。开关式节气门位置传感器只能检测发动机怠速工况和全负荷工况，不能检测节气门开启和关闭时的快慢程度，这种传感器只能与已淘汰的翼片式空气流量传感器相配合使用，因此现在基本不再使用。

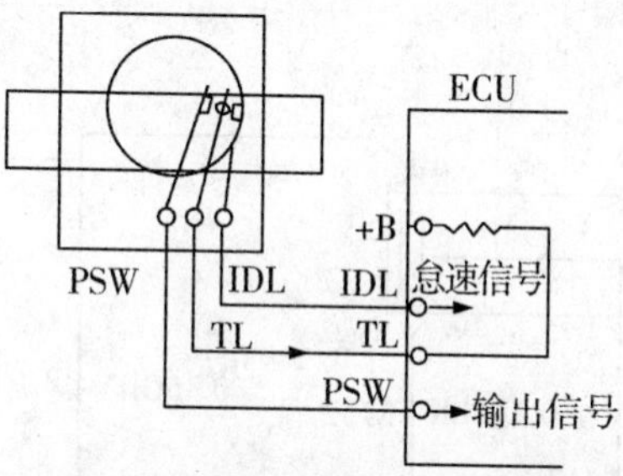

图 2-29　线路连接

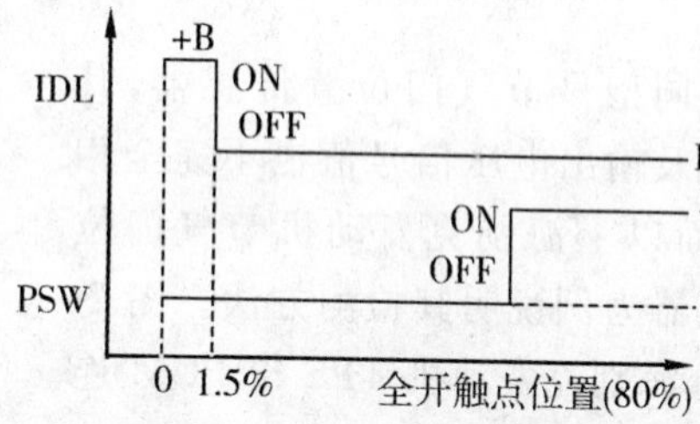

图 2-30　输出信号

2.3.2　滑动电阻式节气门位置传感器

1. 滑动电阻式节气门位置传感器的结构与原理

滑动电阻式节气门位置传感器，又称线性输出型节气门位置传感器、可变电阻式节气门位置传感器、电位计式节气门位置传感器。滑动电阻式节气门位置传感器的设计避免了开关式节气门位置传感器只能检测发动机怠速工况和全负荷工况的弊端，因此可以获得节气门从全闭到全开连续变化的信号，从而更精确地判断发动机的运行工况。

滑动电阻式节气门位置传感器的安装位置、线路连接和输出特性如图 2-31 所示。滑动电阻式节气门位置传感器为 3 线式传感器，其中两个针脚处于电阻的两端，并作为电源端子和搭铁端子由发动机 ECU 提供 5V 电压，第三个针脚连接于滑动触点，节气门轴与触点(或称触头)联动，节气门转动时，滑动触点可在电阻上移动，引起滑动触点电位的变化，利用电阻的变化将节气门位置信号转换成电压值。这个电压呈线性变化，所以也称为线性输出型节气门位置传感器。根据这个线性电压值，ECU 可感知节气门的开度，使 ECU 进行喷油量修正。

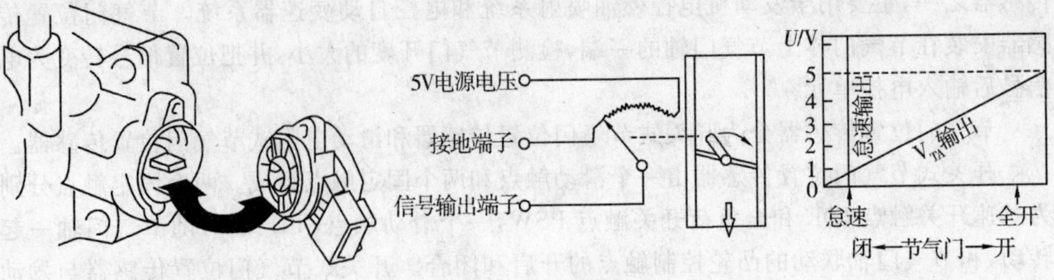

（a）安装位置　（b）线路连接　（c）输出电压特性

图 2-31　滑动电阻式节气门位置传感器的安装位置、线路连接和输出特性

2. 滑动电阻式节气门位置传感器的检测

不同型号节气门位置传感器，其电阻值及输出电压信号值也不完全相同，下面以上海别克发动机节气门位置传感器为例说明其检测方法。图 2-32 为上海别克发动机 TPS 与 PCM 连接图。

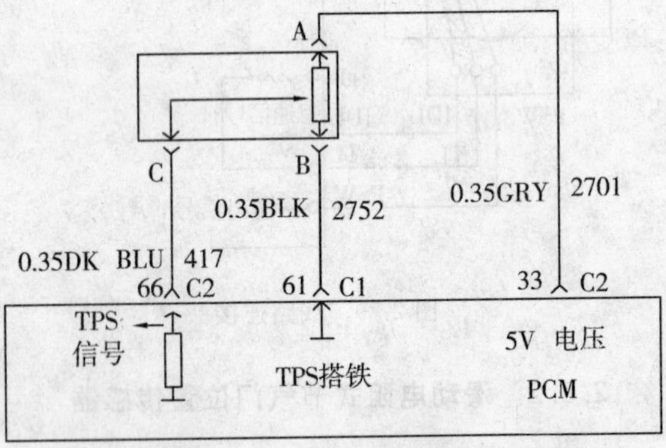

图 2-32　上海别克发动机 TPS 与 PCM 连接图

（1）电阻值和连续性检测

电阻值检测。将点火开关置于 OFF 位置，拔下传感器插头，用欧姆表测量 A—B、C—B、A—C 间电阻值，应符合表 2-2 规定。如果测量值不在此范围内，则更换节气门位置传感器。

表 2-2　　滑动电阻式节气门位置传感器电阻值

节气门状态	节气门全闭（kΩ）	节气门全开（kΩ）
A—B	3.98～4.50	3.98～4.50
C—B	1.13～1.36	4.25～4.88
A—C	4.25～4.88	1.13～1.36

连续性检测。用万用表电阻挡测量传感器信号端 C 与接地端 B 间的电阻，其电阻值应随节气门开度逐渐开大而由小到大平滑地连续变化。否则，表明节气门位置传感器有故障，应予以更换。

（2）供电电压及搭铁检测

将点火开关置于“OFF”，拔下传感器插头，再将点火开关置于“ON”，用高阻抗数字万用表电压挡测量传感器电束侧 A 端与搭铁之间的电压，应为＋5V。用高阻抗数字万用表欧姆挡测量电束侧 B 端与蓄电池负极之间的电阻，应为 0Ω。如果测量值不符合要求，则应进一步检查 PCM 端子，如果 C2/33 端子输出电压为+5V，C1/61 端子与蓄电池负极间电阻为 0Ω，说明 PCM 工作正常，故障发生在 PCM 与传感器连接线束上，应对线束进行检修。

如果 PCM 的 C2/33 端子输出电压不是+5V，或者 C1/61 端子与蓄电池负极间电阻不为 0Ω，则说明 PCM 存在故障，应更换新的 PCM。

插上传感器插头，点火开关置于"ON"，将 A 端线束刺破，用数字万用表电压挡测量传感器 A 端与搭铁之间的电压，改变节气门的开度，使节气门分别处于全开、全闭等任何位置，其电压值应稳定在 5V 左右。

(3)传感器输出电压检测

插上传感器插头，将点火开关置于"ON"，用高阻抗数字万用表电压挡测 C 端的输出电压。当节气门完全关闭时，电压应为 0.53V；当节气门缓慢打开时，电压应在 0.52～4.5V间平滑变化。若检查结果与上述规定不符，表明节气门位置传感器有故障，应予以更换。

3. 其他形式的滑动电阻式节气门位置传感器

在汽车上，利用滑动电阻制成的节气门位置传感器，由于组合方式的不同，衍生出以下不同形式。

(1)综合式节气门位置传感器

综合式节气门位置传感器是在滑动式节气门传感器的基础上加装了一个怠速开关。在节气门全关闭时与怠速触点 IDL 接触，怠速触点闭合，输出怠速工况信号，IDL 信号用来使 ECU 控制异步喷射、急减速断油、点火提前角以及怠速空气电磁阀、怠速步进电机的控制等。传感器构造和与发动机 ECU 的线路连接如图 2-33 所示。

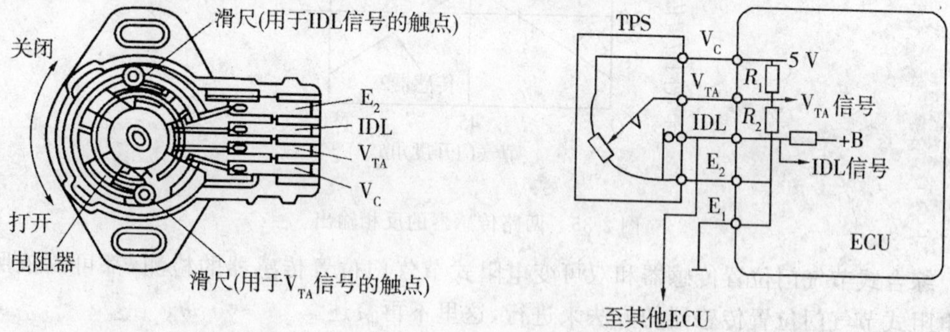

图 2-33 综合式节气门位置传感器的结构与线路连接

V_C—电源 V_{TA}—节气门位置传感器输出信号 IDL—怠速触点 E_2—接地

(2)双可变电阻式节气门位置传感器

在电子控制节气门系统和电控柴油机系统中，一般使用冗余设计的两个节气门位置传感器。两个传感器一般都是组合安装，当一个传感器发生故障时能及时被识别，增加了系统的可靠性。从两个传感器输出信号的变化关系来看，有反相式、同相式两种，同相式又可分为同斜率线性变化和不同斜率线性变化两种。

爱丽舍1.6L轿车装备的16气门TU5JP4型发动机采用了BOSCH公司ME7.4.4电喷系统的智能电子节气门。电子节气门轴上的双轨道节气门位置传感器用来监控节气门准确开度，节气门位置传感器(2个电位计)的滑片与节气门同轴。当节气门转动时，电位计滑片同步转动，当加上5V工作电压后，变化的电阻转化为电压输出信号，电位计的输出电压随节气门的位置变化而改变，可使控制单元准确知道节气门的开度。由于两个电位计是反相安装，因此当节气门位置发生变化时，两路信号电压均线性变化，其中一个增加，同时另一个减小。图2-34是电子节气门位置传感器端子布置，图2-35是反相输出电压波形图。

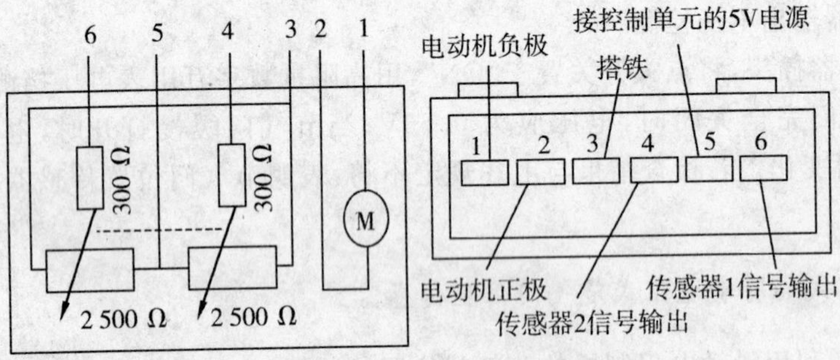

图2-34 电子节气门位置传感器端子布置

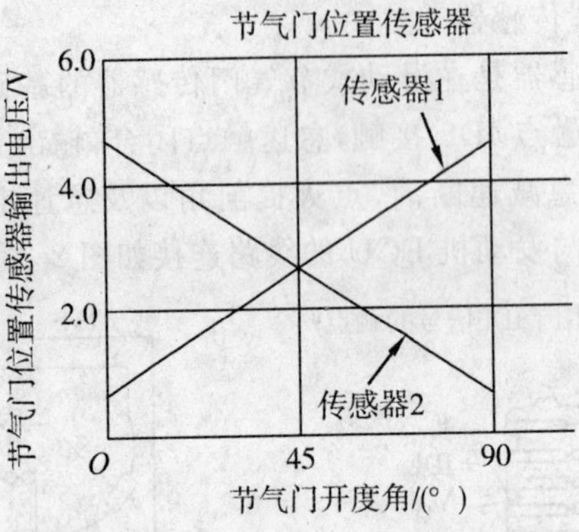

图2-35 两路传感器的反相输出

综合式节气门位置传感器和双可变电阻式节气门位置传感器的检测，都可以依照滑动电阻式节气门位置传感器的方法来进行，这里不再赘述。

2.4 空气流量传感器

2.4.1 空气流量传感器概述

空气流量传感器(AFS，Air Flow Sensor)，又称为空气流量计(AFM，Air Flow Meter)、进气歧管空气流量计(MAF，Manifold Air Flow Meter)，其功用是检测发动机进气量大小，并将进气量信息转换成电信号输入电控单元。ECU以此计算并确定喷油持续时间(即喷油量)和点火时刻,它是电子控制发动机中最为重要的传感器之一。

在电子控制的多点燃油喷射系统中,根据进气量检测方式的不同,计量空气流量的方法有两种类型:"D"型(即压力型)和"L"型(即空气流量型)。

"D"型是利用检测进气歧管内的绝对压力来计算吸入汽缸的空气量,所用的传感器是进气歧管绝对压力传感器,测量方法属于间接测量法。

"L"型采用直接测量的方法,即利用这里所讲的空气流量传感器直接测量吸入进气管的空气流量。"L"型传感器又分为体积流量型传感器和质量流量型传感器两种。

体积流量型传感器有翼片式、量芯式、卡门涡流式。丰田 CAMRY(凯美瑞)用翼片式,丰田 PREVIA 旅行车用量芯式,三菱车系、现代车系、丰田雷克萨斯 LS400 轿车用卡门涡流式。

质量流量型传感器有热线式和热膜式两种,桑塔纳 3000 型超越者轿车使用热线式空气流量传感器。现在的大多车型都使用热膜式空气流量传感器,如飞度和红旗 CA488 的发动机等。

翼片式和量芯式都属于感应元件带动电位计的计量方式,因为感应元件质量大,反应能力差,急加速响应时间长,进气阻力大,对大气压力和温度的变化需要修正,外形尺寸较大,在发动机室内布置比较困难等缺点,基本已被淘汰,本节重点介绍热线式空气流量传感器和热膜式空气流量传感器。

热线式和热膜式空气流量传感器都属于质量流量型空气流量传感器,所测的空气流量是以质量为单位,由于汽车上所用空气流量较小,单位一般使用 g/s。

2.4.2　热线式空气流量传感器

热线式空气流量传感器根据热线在空气流量传感器壳体内的安装部位不同,可分为安装在主空气道中的主流测量方式和安装在旁通空气道上的旁通测量方式两种,如图 2-36 和图 2-37 所示。

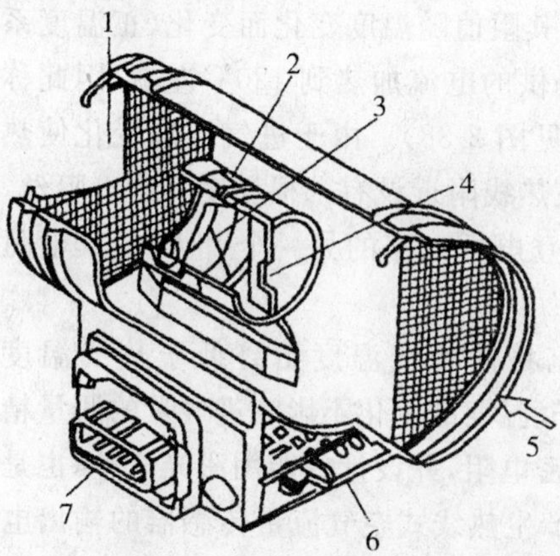

图 2-36　主流测量方式

1—防护网　2—取样管　3—铂金属丝(热线)
4—温度补偿电阻　5—空气流
6—控制线路板　7—电连接器

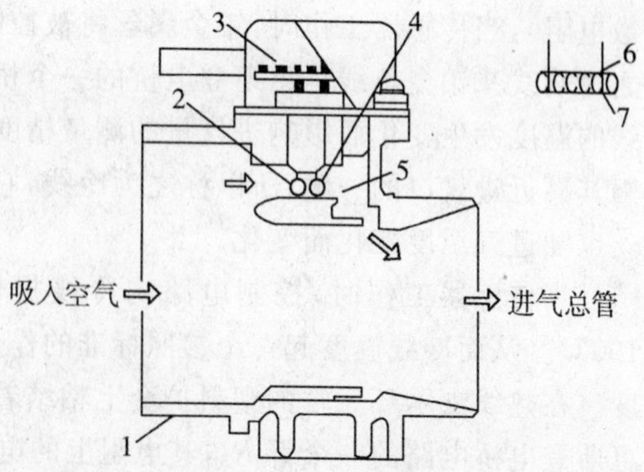

图 2-37　旁通测量方式

1—空气流量计壳体　2—温度补偿电阻(冷线)
3—控制线路板　4—铂金热线　5—旁通道
6—热线与冷线　7—陶瓷绕线管

1. 热线式空气流量传感器的结构与原理

以主流测量方式为例,说明热线式空气流量传感器的工作原理。

热线式空气流量传感器主要由感知空气流量的铂金热线、根据进气温度进行修正的温度补偿电阻(冷线)、控制热线电流并产生输出信号的控制线路板以及空气流量传感器的壳体组成,其内部电路结构如图 2-38 所示。

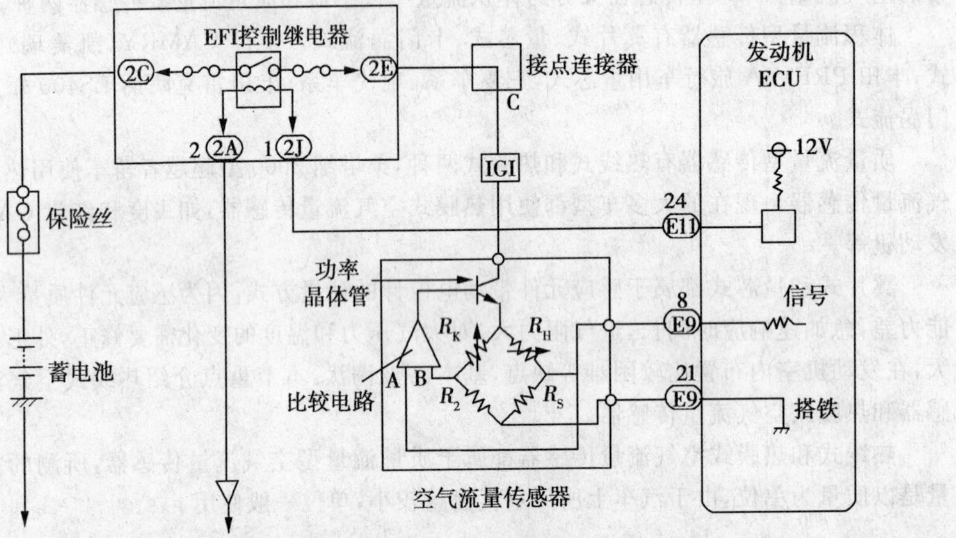

图 2-38 热线式空气流量传感器的电路

R_K—温度补偿电阻 R_H—热线电阻 R_2—电桥电阻 R_S—精密电阻

如图 2-36 所示,取样管 2 置于空气流量传感器主空气通道中央,两端有金属防护网 1,防护网通过卡箍固定在壳体上。取样管由两个塑料护套和一个热线支承环构成。热线支承环上有一根直径很小的铂金属丝(约 0.07mm),其阻值随温度变化而变化(正温度系数电阻),当传感器工作时,铂金属丝将被控制电路提供的电流加热到 120℃左右,因此称之为热线。铂金热线是惠斯登电桥的一个桥臂 R_H(见图 2-38)。由于进气温度变化使热线的温度发生变化而影响进气量的测量精度,因此在热线附近设有一根温度补偿电阻丝,因其靠近进气口的一侧,所以称之为冷线,它是惠斯登电桥电路的另一个臂 R_K。其电阻丝也随进气温度变化而变化。

当传感器工作时,控制电路向冷线提供的电流将使冷线温度始终低于热线温度 100℃。从而冷线温度起一个参照标准的作用,使进气温度的变化不影响进气量的测量精度。在热线支承环后端的塑料护套上粘结着一只精密电阻,并设计成能用激光修整,也是惠斯登电桥电路的一个臂 R_S,其电阻上的电压降即产生热线式空气流量传感器的输出电压信号。惠斯登电桥还有一个臂 R_2 安装在控制线路板上,该电阻在最后调试试验中用激光修整,以便在预定的空气流量情况下,调整空气流量的输出特性。

当空气流经空气流量传感器时,被加热的热线电阻由于空气的流动和与空气的热传递温度降低,导致电阻减小,A 点电位高于 B 点电位,电桥失去平衡。为了使电桥平衡,就必须增大流过热线电阻 R_H 的电流，以便加热热线电阻，使其温度升高，电阻增大，才能达到新的平衡。为此，电路中设置了比较电路和功率晶体管。比较电路依据 A、B 两点电位差的大小，占空比控制功率晶体管的开闭，控制施加到电桥上电流的大小。进气量越大，功率晶体管导通时间越长，提供给 R_H 热线电阻的电流越大。因为 R_S 与 R_H 电流相同，R_S 分压也增大，因此，R_S 的分压就反映了进气量的大小。ECU 根据 R_S 的分压，便可确定进气量。

控制电路的作用是保持电桥平衡，即保持热线电阻与感应进气温度的温度补偿电阻之间的温度差不变。热线式空气流量计直接测量进入取样管的空气质量流量，不需进气温度传感器对测量值进行修正。

热线的加热电流在 50～120mA 之间变化时，为避免精密电阻 R_S 过热，R_S 采用正温度系数很低的金属铂电阻。为了减少损耗，在惠斯登电桥的另一臂 R_2 上的电阻值较高，通过其臂上的电流仅几毫安。

热线式空气流量传感器的输出信号，一般为模拟电压信号，但有特例，如上海通用别克轿车将模拟信号经 A/D 转换后以数字频率信号输出，下面在检测方法上分别给予介绍。

2. 热线式空气流量传感器的检测

(1)模拟电压信号输出的热线式空气流量传感器检测

各种型号的热线式空气流量传感器的检查方法基本相同，都是检查传感器的电源电压和信号电压。下面以日产 CA18E 发动机热线式空气流量传感器为例，说明模拟电压信号输出的热线式空气流量传感器检测过程。

在空气流量传感器壳体上的四插脚接口中，热线式空气流量传感器使用其中的 B、C、D 三脚，其中 B 脚为传感器 12V 工作电压，C 脚为传感器搭铁，D 脚为传感器信号输出端。

1)供电线路检查。拆下空气流量传感器连接器，打开点火开关，检查线束侧 B 端子与搭铁间电压，应为 12V；检查线束一侧 C 端子与搭铁间电阻，应为 0Ω。

2)单体检查。按图 2-39(a)所示，在 B 和 C 端子间施加 12V 电压，然后用万用表电压挡检查 B 和 C 端子间输出电压。在没有吹入空气时，电压应为 0.8V，吹入小气流空气时，电压约为 2.0V，空气流越大，输出电压越高，如图 2-39(b)所示。

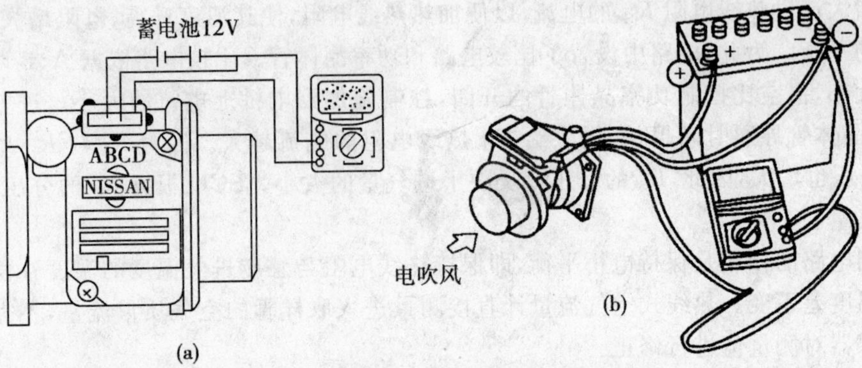

图 2-39　热线式空气流量传感器的单体检查

(2)频率输出型热丝式空气流量传感器检测

上海通用别克轿车的热丝式空气流量传感器安装在节气门体前，其电路如图 2-40 所示。

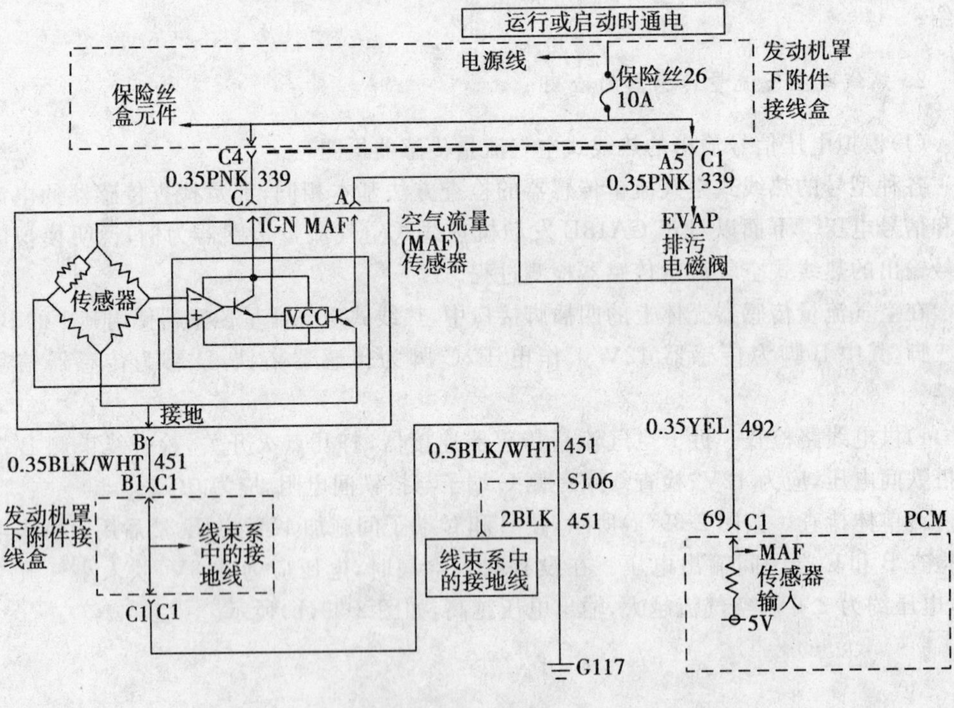

图 2-40　上海通用别克轿车的空气流量传感器接线图

传感器为三导线频率输出型热丝式空气流量传感器，如图 2-41 所示。三个端子 A、B、C 中，C 为 12V 的工作电压电路，B 为接地电路，A 为空气流量传感器信号电路。需要注意的是，发动机控制模块还要向空气流量传感器信号电路 A 加上 5V 电压，传感器根据流过传感器孔的空气流量，间断将 5V 电压电路搭铁，从而产生频率信号。

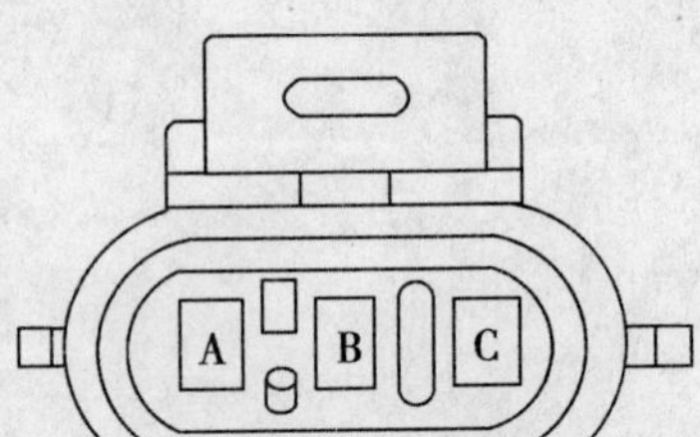

图 2-41　空气流量传感器端子

1)工作电压检查。关闭点火开关,拔下传感器连接器,然后将点火开关转至ON,用万用表测量B、C间电压,正常应为蓄电池电压,否则说明线路有问题。

2)参考电压测量。关闭点火开关,拔下传感器连接器,然后将点火开关转至ON,但不起动发动机。用数字万用表电压挡测量空气流量传感器信号端子和搭铁端子间的电压,即A端子与B端子间的电压,应为5V。

3)空气流量传感器的输出信号电压检测。线路正常连接,打开点火开关,但不起动发动机,利用背插法,用万用表的直流电压挡测量A、B间电压。用吹风机向传感器进气口吹风,其信号电压应随吹风量大小的变化而变化。否则,说明空气流量传感器已损坏,应当更换。

4)使用TECH2扫描工具或示波器检测。用TECH2扫描工具上ENG1数据流中MAFFREQUENCY(空气流量传感器频率)或用示波器检测,都可以读出其频率参数。正常情况下,怠速时频率应接近1700Hz,最大发动机负荷时频率应接近9500Hz。当空气流量传感器信号的频率小于1200Hz的时间超过0.5s时,发动机动力控制模块便设置故障代码P0102(空气流量传感器线路低频率);当空气流量传感器信号的频率大于11500Hz的时间超过12s时,发动机动力控制模块便设置故障代码P0103(空气流量传感器线路高频率)。

2.4.3 热膜式空气流量传感器

热膜式空气流量传感器的工作原理与热线式空气流量传感器类似,所不同的是:热膜式不使用铂金丝作为热线,而是将热线电阻、补偿电阻及桥路电阻用厚膜工艺制作在同一陶瓷基片上构成的。这种结构可使发热体不直接承受空气流动所产生的作用力,增加了发热体的强度,提高了空气流量计的可靠性,误差小,成本较低,电阻值较高,消耗的电流小,可以做到小型、轻巧。信号输出电压在0～5V间线性变化。但热膜式发热元件的响应性稍差。桑塔纳2000GSi、奔驰轿车以及捷达GT、GTX型轿车都采用了热膜式空气流量传感器,下面以桑塔纳2000GSi型轿车为例,说明其检测方法。

热膜式空气流量传感器(G70)安装在空气滤清器和进气软管之间,主要由控制电路、热膜、温度传感器、金属护网等组成,其结构如图2-42所示。空气流量传感器线路和针脚功能以及插头端子排列顺序如图2-43所示。

(1)检查空气流量传感器的供电电压。在断开传感器插头、打开点火开关的情况下,用万用表电压挡测量端子2与搭铁间电压,应为蓄电池电压。也可用发光二极管试灯连接空气流量传感器插头端子2和发动机搭铁点,起动发动机,灯应亮。如果灯不亮,应检查保险丝与端子2间线路有无断路或短路,如正常,则检查汽油泵继电器。

(2)检查空气流量传感器参考电压。测量空气流量计插头端子4对发动机搭铁点电压约为5V(用20V量程挡)。如果空气流量传感器供电电压和参考电压正常,应测试信号线路。如果不正常,更换发动机ECU。

(3)测试空气流量传感器线路。测试空气流量传感器端子各针脚与发动机控制单元上相关端子间的线路,其电阻值应小于1Ω。如果线路有断路或短路,应修复;如果线路没有故障,更换空气流量传感器。

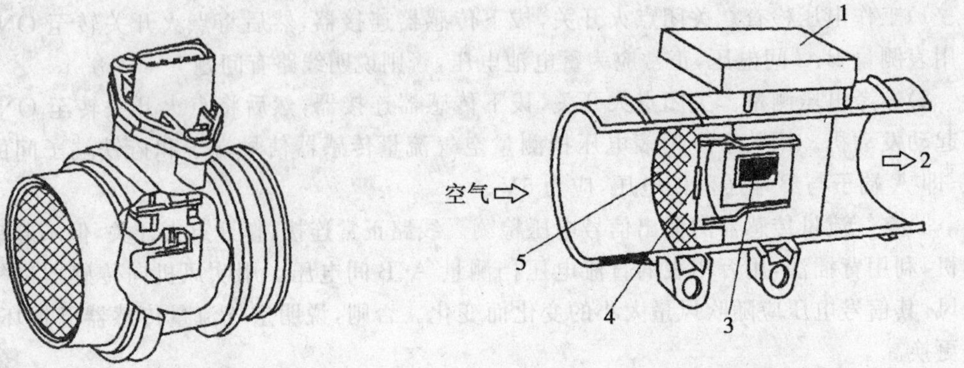

图 2-42 热膜式空气质量计

1—控制电器 2—通向发动机 3—热膜 4—温度传感器 5—金属护网

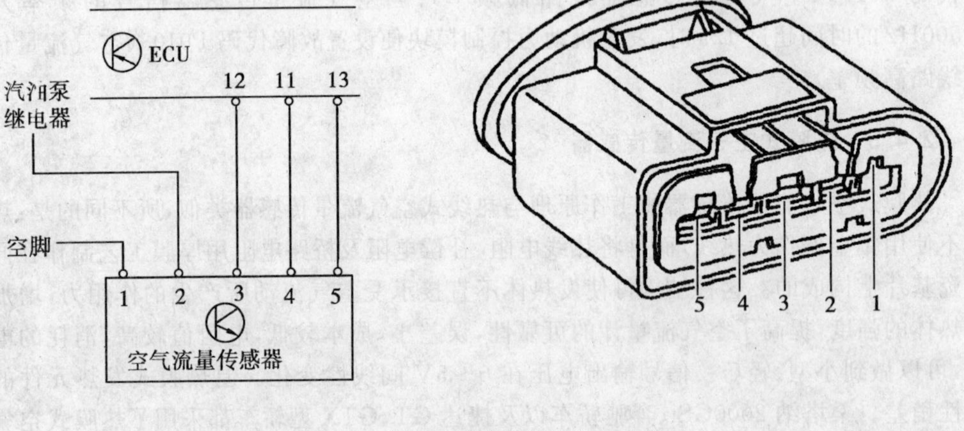

图 2-43 空气流量传感器线路与插头端子

1—空脚 2—12V 电压 3—ECU 内搭铁 4—5V 参考电压 5—传感器反馈信号

(4)用诊断仪检测。用 V. A. G1552 诊断仪检测空气流量传感器信号，操作步骤为：输入地址码 01 进入发动机测试，输入 08 读取测量数据组，输入组号 02 读取基本功能数据。显示区域 4 即为进气空气质量，其标准值为 2～4g/s。若小于 2g/s，说明进气系统有泄漏；若大于 4g/s，说明发动机负荷太大。偏离标准值可能是空气流量传感器或其线路有故障。如果空气流量传感器有故障，会出现故障码 00553-G70——空气流量传感器线路对地断路或短路。

(5)输出信号的万用表电压法检测。在线路连接完好的情况下，使发动机怠速运转，利用背插法，用万用表电压挡测量端子 5 与地之间电压，在发动机怠速时应为 1.4V，急加速时为 2.8V，否则说明空气流量传感器计量有偏差。

2.5 压力传感器

2.5.1 压力传感器概述

压力传感器是汽车电子控制系统中应用最广泛的传感器之一，它用来检测气体压力和液体压力，并将压力信号转变为电压信号。压力传感器检测过程中的基准压力通常是指大气压，其基本工作原理是靠测定压力差来工作的。车用压力传感器很多，有进气歧管压力传感器、大气压力传感器、液体压力传感器等。

进气歧管压力传感器（也称进气压力传感器或 MAP）应用在 D 型汽油喷射系统中，用来检测进气歧管内的压力变化，并通过电路的连接转化为电信号，与转速信号一起输入到汽车电控单元中，作为确定喷油器喷油量的重要参数之一。它大多安装在汽车发动机的进气歧管上。

进气压力传感器的种类较多，按其产生的信号可以分为电压型和频率型两种。电压型又可分为半导体压敏电阻式和真空膜盒式；频率型可分为电容式和表面弹性波式。

2.5.2 半导体压敏电阻式进气歧管压力传感器

1. 半导体压敏电阻式进气压力传感器的结构与原理

半导体压敏电阻式进气压力传感器是利用半导体的压阻效应的原理制成的。它由硅膜片、硅杯、真空室、底座、真空管接头和引线电极组成，其内部结构如图 2-44 所示。

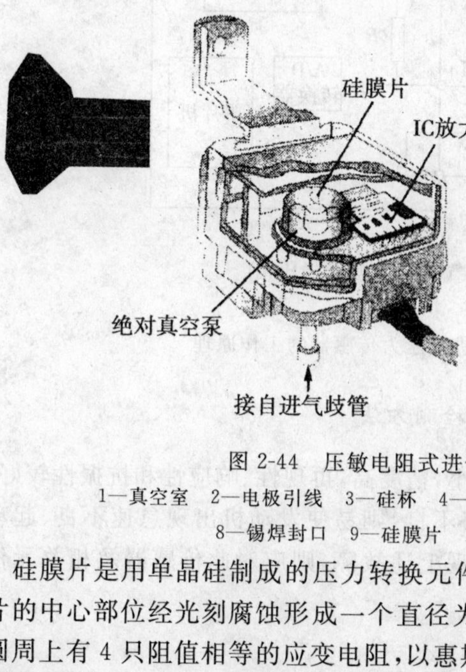

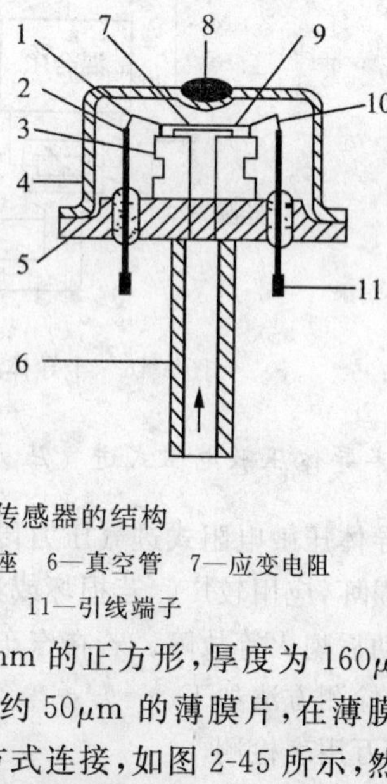

图 2-44 压敏电阻式进气歧管压力传感器的结构

1—真空室 2—电极引线 3—硅杯 4—壳体 5—底座 6—真空管 7—应变电阻 8—锡焊封口 9—硅膜片 10—金线电极 11—引线端子

硅膜片是用单晶硅制成的压力转换元件，为约 3mm 的正方形，厚度为 160μm，在硅膜片的中心部位经光刻腐蚀形成一个直径为 2mm、厚约 50μm 的薄膜片，在薄膜片表面的圆周上有 4 只阻值相等的应变电阻，以惠斯登电桥方式连接，如图 2-45 所示，然后再与传感器内部的温度补偿电阻和信号放大电路等混合集成电路连接。

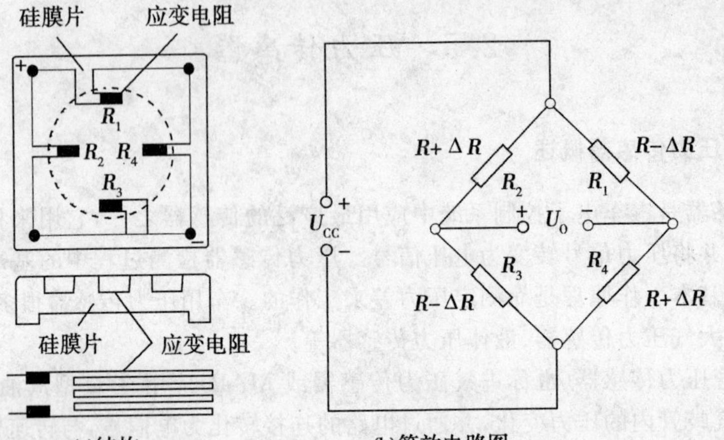

(a)结构　　(b)等效电路图

图 2-45　硅膜片结构及等效电路图

半导体压敏电阻式进气压力传感器的工作原理如图 2-46 所示。硅膜片装在保持真空的真空室内，一面通真空室，一面承受来自进气歧管中气体的压力，此压力与真空室压力之差使硅膜片产生变形，且压力越大，形变越大，以惠斯登电桥方式连接的应变电阻的阻值在此压力的作用下就会发生变化，再经真空室内的混合集成电路变换为电压信号，因为此信号比较微弱，故进行放大后以作为进气管的压力信号输入到发动机 ECU 中。

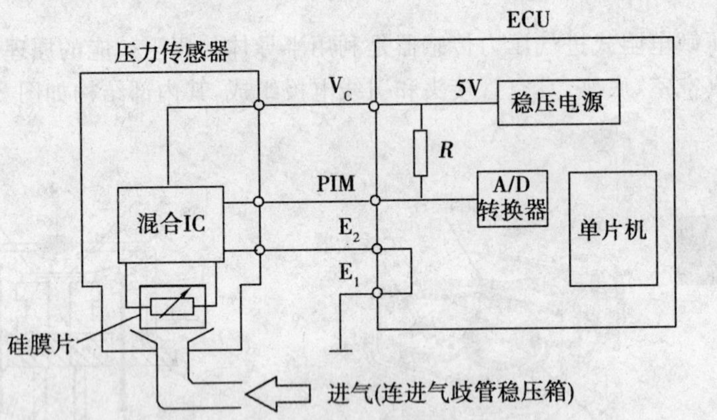

图 2-46　半导体压敏电阻式进气压力传感器的工作原理

2. 半导体压敏电阻式进气压力传感器的检测方法

半导体压敏电阻式进气压力传感器体积小，精度高，再现性、响应性和抗振性较好，一般不易损坏，应用较广。若损坏或其连接线路不良，则易使发动机出现怠速不良、起动不易和起动后熄火等故障。若在汽车运行中出现上述故障，则应对此传感器及相关元件进行检测，检测方法如下。

(1)万用表检测

1)检查电源电压。拔下传感器的插接器插头，接通点火开关(但不起动发动机)，用万用表电压挡检测插接器插头电源端与接地之间的电压(如图 2-46 所示电路中的 Vc 端子与 E2 端子),应为 4～6V。若无电压,应检测 ECU 相应端子间的电压。若正常,则是传感器与 ECU 间连接线路发生故障;若仍无电压,则是 ECU 发生故障。

2)检查信号电压。拔下进气压力传感器与进气歧管连接的真空软管,打开点火开关(但不起动发动机),用电压表在电控单元线束插头处测量进气压力传感器的输出电压(如图 2-46 所示电路中的 PIM 端子与 E1 端子)。接着向进气压力传感器内施加真空,并测量在不同真空度下的输出电压,该电压值应随真空度的增大而降低,其变化情况应符合规定。

(2)示波器检测

进气压力传感器的加减速时的波形可使用 THM-570U 手提式多功能双轨汽车专用示波器测出,如图 2-47 所示。

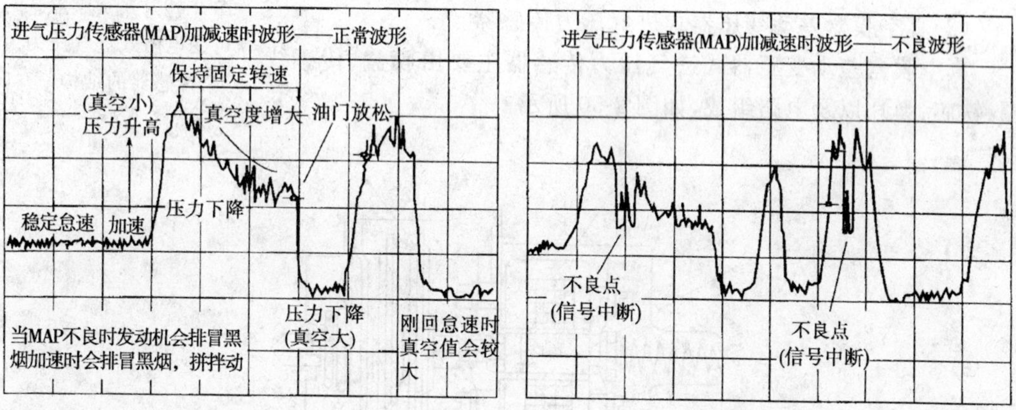

图 2-47　进气歧管压力传感器在 THM-570U 专用示波器显示加减速时的正常波形和不良波形

2.5.3　真空膜盒式进气压力传感器

1. 真空膜盒式进气压力传感器的结构与原理

真空膜盒式进气压力传感器也叫膜盒测压器。一般安装在 D 型汽油喷射系统发动机的进气歧管上,用来测量进气管压力,并将压力信号转化为电信号输入给 ECU,作为燃油喷射和点火控制的主控制信号,其结构如图 2-48 所示。

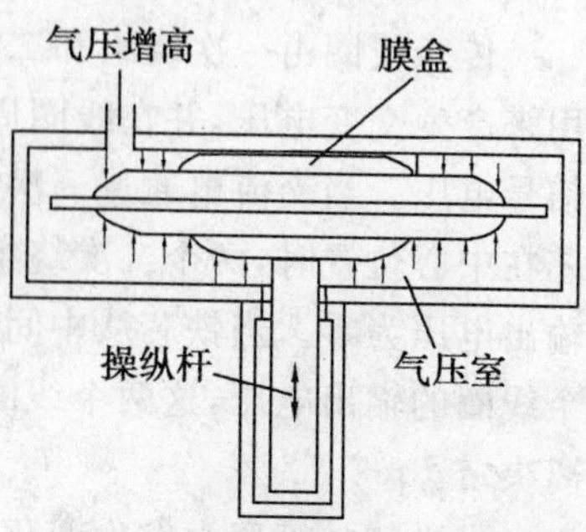

图 2-48　真空膜盒式进气压力传感器的结构

膜盒测压器的膜盒由薄金属片焊接而成,其内部为真空,外部为气压室,与发动机进气歧管相连。当来自进气歧管中变化的气体压力作用于膜盒的外部时,膜盒会膨胀或收缩。当膜盒接收真空负压时,膜盒会膨胀;反之,接收正压力,如大气压力时,膜盒会收缩。膜盒的膨胀或收缩将使与之连在一起的操纵杆外伸或回缩(操纵杆的移动和与所受的压力的变化成线性关系)，并可采用可变电阻器(电位计)或可变电感器或差动变压器将操纵杆的机械运动转化为电信号输送给 ECU，实现对喷油量的控制。

根据膜盒的机械运动转换成电信号输出方式不同，可分为可变电阻器式、可变电感式和差动变压器式三种。

(1)真空膜盒可变电阻式进气压力传感器

真空膜盒可变电阻式进气压力传感器的结构如图 2-49 所示。它利用操纵杆的移动使电位计滑动臂的滑动触点左右移动，从而改变可变电阻的输出电阻值，进而改变输出电压的大小。当进气压力较大时，膜盒收缩，操纵杆回缩，使电位计的滑动触点向上移动，从而增大了分压电压的大小，即增大了输出电压值；反之，则膜盒膨胀，使输出电压减小。

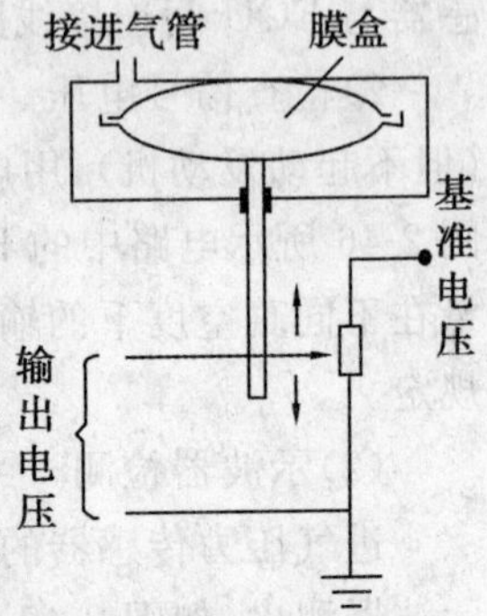

图 2-49　真空膜盒式可变电阻式进气压力传感器的结构

(2)真空膜盒差动变压器式进气压力传感器

真空膜盒差动变压器式进气压力传感器主要由膜盒、传感线圈、铁芯、弹片以及电路组成，如图 2-50 所示。

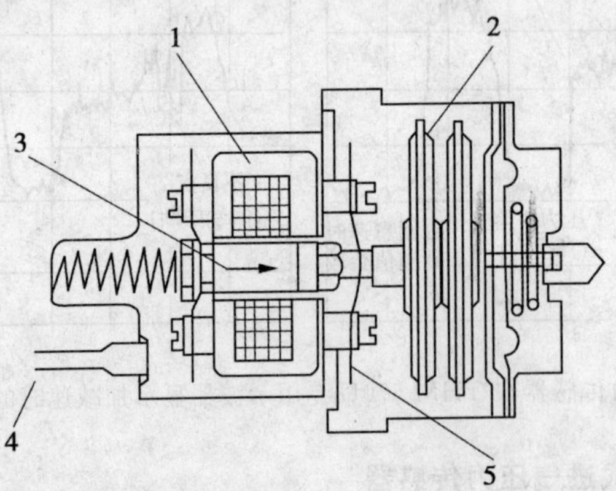

图 2-50　真空膜盒差动变压器式进气压力传感器的结构

1—传感线圈　2—真空膜盒　3—铁芯　4—接进气歧管　5—弹片

传感线圈由一次绕组和二次绕组组成，如图 2-51 所示。一次绕组与振荡电路连接，用来产生交变电压，并在线圈周围产生电磁场；二次绕组由两个感应线圈组成，产生感应信号电压。当交流电通过一次绕组线圈时，二次绕组的两个线圈都产生感应电压。当铁芯在中心位置时，两个二次绕组线圈产生的感应电压大小相等，方向相反，因此传感器的输出电压为零。当铁芯从中间移向一端时，二次绕组的一个线圈的输出电压将大于另一个线圈的输出电压，这两个线圈的电压差 e，即为输出信号电压，其大小由铁芯的移动距离决定。

当进气歧管压力发生变化时，膜盒的回缩与外伸带动铁芯在磁场中移动，使感应线圈产生的信号电压发生变化，这个变化的信号电压经电子电路检波、整形和放大后，输入电控单元 ECU。

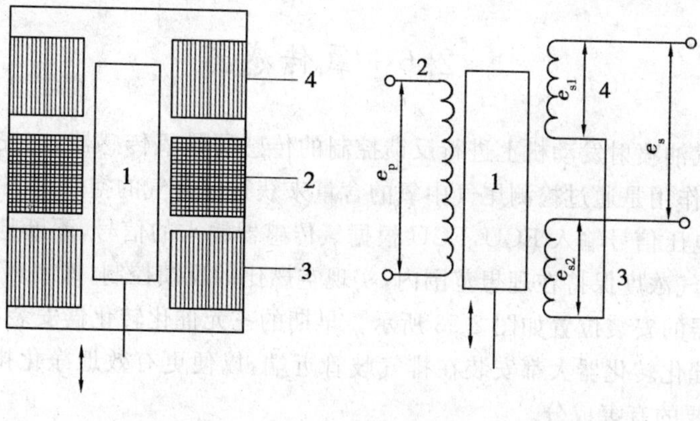

图2-51 传感绕组及铁芯的结构

1—铁芯 2—一次绕组 3,4—二次绕组

(3)真空膜盒可变电感式进气压力传感器

真空膜盒可变电感式进气压力传感器的结构如图2-52所示。它利用操纵杆的回缩或外伸移动，带动与其相连的铁芯移动，使两个互感线圈 W_1 与 W_2 之间的互感系数发生变化，进而改变输出电压的大小。其中互感线圈的互感系数与两线圈的耦合程度相关，耦合越紧，输出电压越大。因此，进气压力增大时，膜片回缩，铁芯向两线圈中间运动时，耦合变紧，输出电压增大；反之，则膜片膨胀，使输出电压减小。

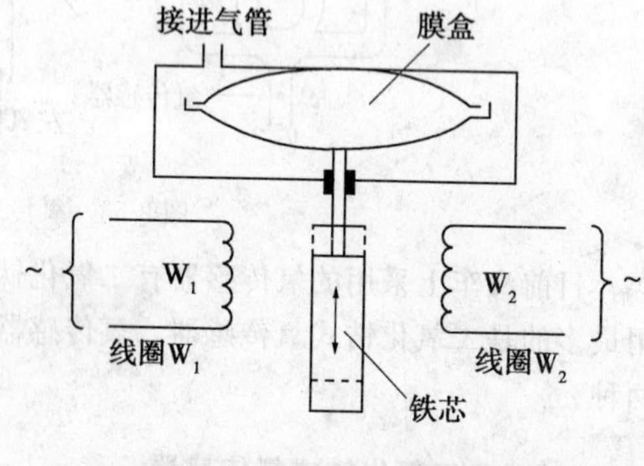

图2-52 真空膜盒可变电感式进气压力传感器的结构

2. 真空膜盒式进气压力传感器的检测

真空膜盒式进气压力传感器的常见故障是真空软管连接不牢、破裂以及感应线圈断路、短路等。应注意这种进气压力传感器是用12V电源工作，所以检测时不要拔下电源线插头。

(1)检查电源电压

关闭点火开关，拔下传感器连接器插头，在电源线插头一侧接万用表，打开点火开关，测量其电源电压，应为12V，否则应检查电源线是否存在断路、短路。

(2)检查输出信号电压

连接好传感器插头，打开点火开关，将万用表正表笔与信号端子接触，将负表笔搭铁。当脱开真空软管后，与大气压力直接相通时，万用表应指示1.5V左右；用口吸吮真空软管时，万用表示值应从1.5V慢慢减小；发动机怠速运转时，万用表示值约为0.4V；当发动机转速升高时，输出示值也应升高。否则说明传感器或相关线路出现故障，应进行更换。

2.6 氧传感器

在电控汽油喷射发动机上进行反馈控制的传感器是氧传感器，它安装在发动机的排气管上，它的作用是通过检测尾气中氧的含量来获得混合气的空燃比浓稀信息，并将检测结果转变成电压信号输入 ECU，ECU 根据氧传感器输入的信号，不断地对喷油脉宽进行修正，使混合气浓度保持在理想范围内，实现空燃比的反馈控制，即闭环控制。

氧传感器的安装位置如图 2-53 所示。早期的三元催化转化器安装在排气管的中段，现在的三元催化转化器大都安装在排气歧管近端，以便更有效地净化排气中 CO、HC 和 NO_x 三种主要的有害成分。

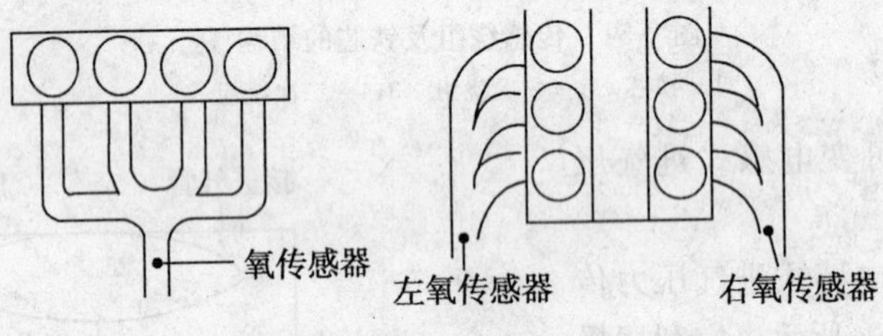

图 2-53 氧传感器的安装位置

目前汽车上采用的氧传感器有二氧化钛（TiO_2）式和二氧化锆（ZrO_2）式两种，其中应用最多的是二氧化锆式氧传感器。氧传感器又分为加热型氧传感器和非加热型氧传感器两种。

2.6.1 二氧化锆式氧传感器

1. 二氧化锆式氧传感器的结构与原理

二氧化锆式氧传感器的基本元件是二氧化锆陶瓷管（固体电解质），陶瓷体制成管状，因此亦称锆管。锆管固定在带有安装螺纹的固定套中，锆管内外表面都覆盖着一层多孔性的透气铂膜作为电极，氧传感器安装在排气管上，其内表面与大气接触，外表面与废气接触，为了防止废气中的杂质腐蚀铂膜，在锆管外表面的铂膜上覆盖着一层多孔的氧化铝保护层，并加装了一个防护套管，套管上开有通气槽。这样既可以防止废气烧蚀电极，又可保证废气渗进保护层和电极接触。氧传感器的接线端有一个金属护套，其上开有一孔，用于锆管内表面与大气相通，导线将锆管内表面铂极经绝缘套从传感器引出，如图 2-54 所示。

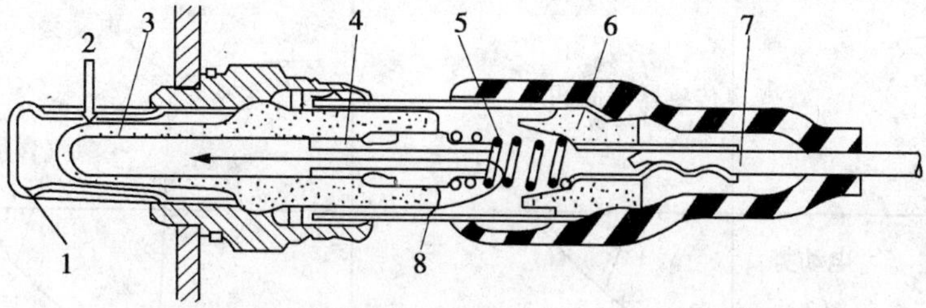

图 2-54　二氧化锆氧传感器的构造(单线)

1—防护套管　2—废气　3—锆管　4—电极　5—弹簧

6—绝缘体　7—信号输出导线　8—空气

锆管的陶瓷体是多孔的，允许氧渗入该固体电解质内，温度高于 300℃时，氧气发生电离，氧气渗入锆管的多孔陶瓷体，由于锆管内、外侧氧含量不一致，存在浓度差，因而氧离子从大气侧向排气一侧扩散，从而使锆管成为一个微电池，在两铂极间产生电压(图 2-55)。当混合气的实际空燃比小于理论空燃比，即发动机以较浓的混合气运转时，排气中氧含量少，但 CO、HC 等较多。这些气体在锆管外表面的铂催化作用下与氧发生反应，将耗尽排气中残余的氧，使锆管外表面氧气浓度变为零，这就使得锆管内、外侧氧浓度差加大，两铂极间电压陡增，可以产生约 1V 的电压；当混合气的实际空燃比大于理论空燃比，即发动机以较稀的混合气运转时，氧气浓度高，CO、HC 浓度低，在锆管外表面的铂催化作用下，即使 CO、HC 气体完全与氧发生反应，排气中仍有残余的氧存在，由于内外两侧氧的浓度差较小，几乎不能产生电动势，此时输出电压几乎为零。结果，锆管传感器产生的电压将在理论空燃比时发生突变(图 2-56)。

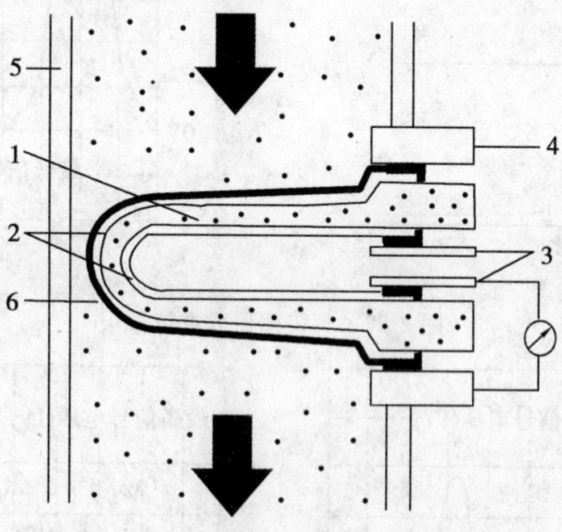

图 2-55　二氧化锆式氧传感器工作原理示意图

1—锆管　2—电极　3—电极引线　4—壳触点　5—排气管

6—多孔陶瓷支承

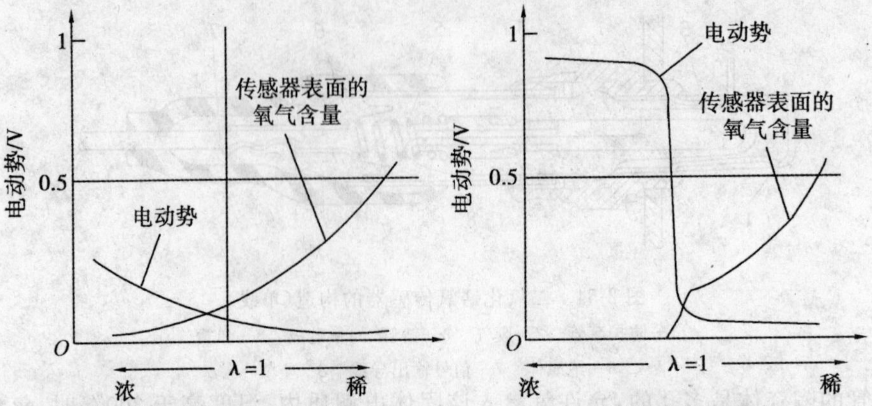

(a)没有铂催化作用时　　(b)有铂催化作用时

图 2-56　铂对于氧传感器的作用

根据氧传感器所产生的电压值就可测量氧传感器外表面氧气含量，而发动机尾气排放中的氧含量主要取决于混合气的空燃比，因此，ECU 根据氧传感器输入的电信号分析汽油的燃烧状况，以便及时修正喷油量，使空燃比处于理想状况，即使空气过量系数λ=1，所以这种传感器又称为 λ 传感器。其标准波形如图 2-57 所示。如果由于某种原因使混合气偏浓或偏稀时，会输出图 2-58 所示波形。

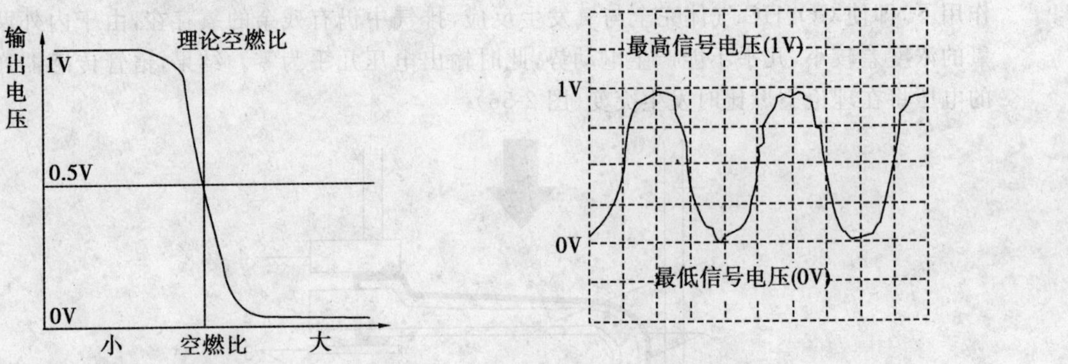

图 2-57　氧传感器标准波形

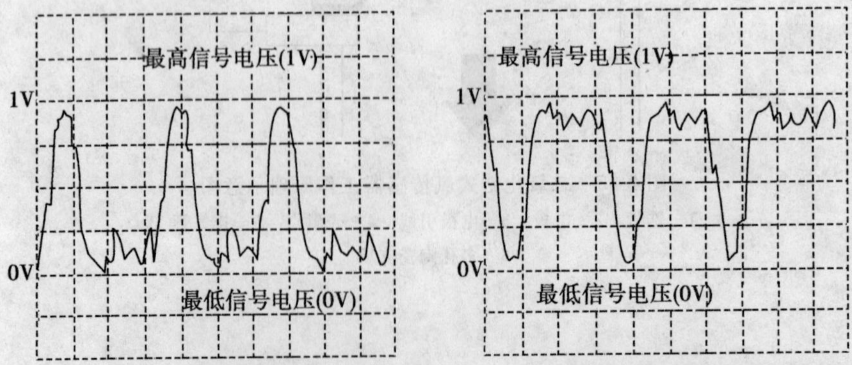

(a)混合气偏稀时的波形　　(b)混合气偏浓时的波形

图 2-58　混合气浓度与氧传感器输出的关系

要准确地完全保持混合气浓度为理论空燃比是不可能的，实际上氧传感器对喷油器的反馈调节是动态的，只能使混合气在理论空燃比附近一个较小的范围内波动，故氧传感器的输出电压在 0.1～0.8V 之间不断变化（通常每 10s 内变化 8 次以上）。如果氧传感器输出电压变化过缓（每 10s 内少于 8 次）或电压保持不变（不论保持在高电位或低电位），则表明氧传感器本体或线路有故障，需检查线路或更换传感器。

2. 加热型二氧化锆式氧传感器

二氧化锆式氧传感器输出信号的强弱与工作温度有关，只有在 300℃以上时传感器才能正常工作，早期使用的氧传感器靠排气加热，这种传感器必须在发动机起动运转数分钟后才能开始工作，因此，电控发动机在氧传感器正常工作之前是开环控制。现在大部分汽车使用带加热器的氧传感器，这种传感器在原来传感器的基础上，增加了一个陶瓷加热元件用于加热传感器，可在发动机起动后的 20～30s 内迅速将氧传感器加热至工作温度，扩大了空燃比闭环控制的工作范围，故又称为加热型氧传感器。

图 2-59 为三线制加热式二氧化锆氧传感器的结构图。

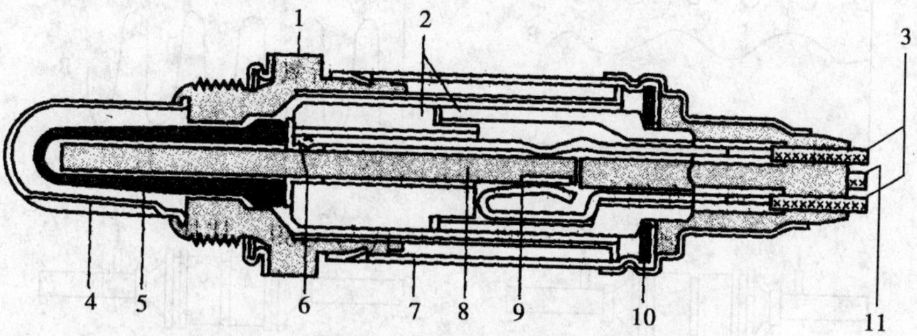

图 2-59　三线制加热式二氧化锆氧传感器的结构图

1—壳体　2—陶瓷管支承　3—加热电阻电缆　4—带槽的保护套　5—二氧化锆　6—接触部　7—外保护套　8—加热元件　9—电加热接头　10—弹簧垫圈　11—氧传感器信号

氧传感器有一线制、两线制、三线制、四线制四种类型。一线制只有一根信号线与发动机 ECU 连接，传感器的另一极直接搭铁；两线制的两根线均与 ECU 相连，一根为信号线，另一根进入 ECU 后搭铁；三线制、四线制均属于加热式氧传感器，由于添加了两根加热电阻的接线，和氧传感器信号线组合成为三线制或四线制。加热电阻的两根接线，一根直接接控制继电器或主继电器，接受 12V 加热电源，一根由 ECU 控制搭铁端，控制加热电阻加热时间。

氧传感器加热器是正比例系数热敏元件，在传感器与线束断开的情况下，可以通过测量加热器的阻值来对加热元件进行检测。

3. 双氧传感器系统

随着排放法规越来越严格，现在越来越多的车辆都在三元催化转化器的前后端分别安装了氧传感器，称为双氧传感器系统，一个在三元催化转化器之前，称作主氧传感器或上游氧传感器，用于混合气反馈控制，发动机 ECU 根据主氧传感器的反馈信号，增加或减少喷油量，将实际空燃比控制在理论空燃比附近；另一个位于三元催化转化器之后，称作副氧传感器或下游氧传感器，用于监测三元催化转化器的催化净化效率。

因为正常运行的三元催化转化器在转化 HC 和 CO 时要消耗氧气。所以副氧传感器输出的电压信号比主氧传感器输出的电压信号波动要缓慢得多，两个氧传感器的电压幅度差值可反映出三元催化转化器存储氧以及转换有害气体的能力。当三元催化转化器损坏时，其转化效率丧失，这时在其前后的排气管中的氧气量十分接近，几乎相当于没有安装三元催化转化器，前、后两氧传感器的信号电压波形就趋于相同，并且电压波动范围也趋于一致，此时表明三元催化转化器转化能力下降。OBD-Ⅱ监视系统正是根据这个原理来检测三元催化转化器转化效率的。三元催化转化器正常和故障时，前后氧传感器的输出波形如图 2-60 所示。

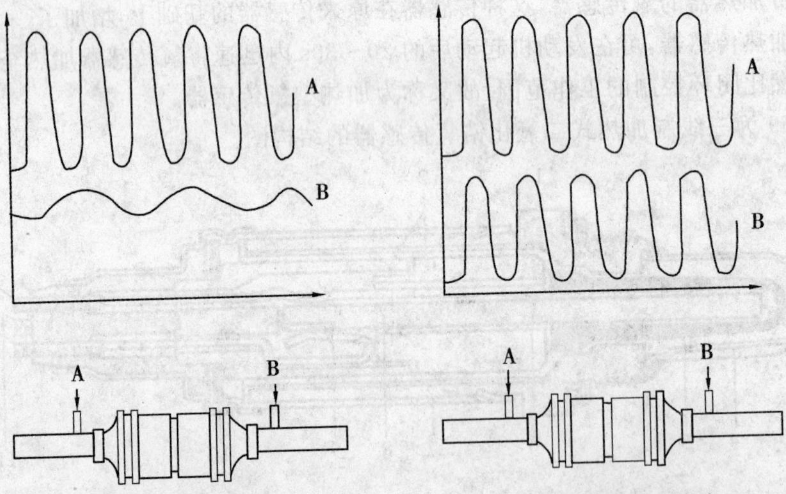

(a)三元催化转化器正常　(b)三元催化转化器故障

图 2-60　三元催化转化器正常和故障时前后氧传感器输出波形

2.6.2　二氧化钛式氧传感器

1. 二氧化钛式氧传感器的工作原理

二氧化钛式氧传感器与二氧化锆式氧传感器在测量氧气浓度的原理上有很大的不同：二氧化锆式氧传感器是以浓差电池原理为基础，通过浓度差异产生电压，判断混合气的稀与浓。二氧化钛式氧传感器则是利用气敏电阻的原理，通过氧气浓度引起的二氧化钛电阻值的改变来判定混合气状态，故又称电阻型氧传感器。

二氧化钛的电阻值与温度和含氧量有关。当周围气体介质中的氧元素多时，二氧化钛的电阻值增大；反之，氧元素少时，电阻值减小。在室温下，二氧化钛是具有很高电阻的半导体，当二氧化钛式氧传感器被放入排气管中后，排气中氧含量少（混合气浓）时，其晶体出现空缺，产生更多的自由电子用来传送电流，材料的电阻亦随之大大降低；当混合气较稀时，排气中氧较多，二氧化钛阻值将增加，特别是在 $\lambda=1$ 临界点处产生突变，过量空气系数与二氧化钛电阻值的关系如图 2-61 所示。

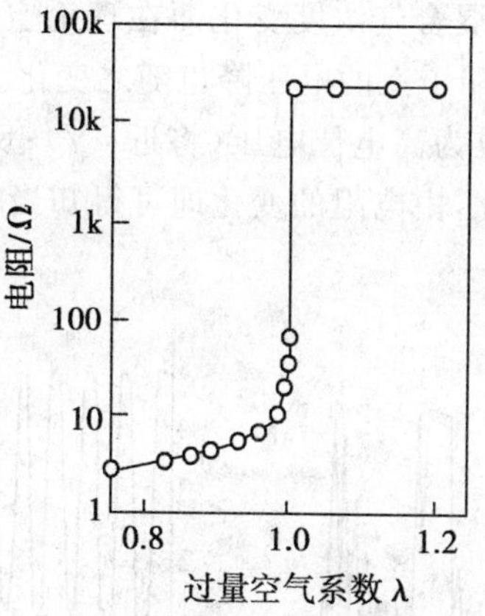

图 2-61　过量空气系数与二氧化钛电阻值的关系

2. 二氧化钛式氧传感器的构造

二氧化钛式氧传感器有两种形式：一种是早期使用的由发动机 ECU 提供 5V 基准电压的传感器；另一种是改良后的由发动机 ECU 提供 1V 基准电压的传感器。

由发动机 ECU 提供 5V 基准电压的二氧化钛式氧传感器，在传感器前端的护罩内是一个二氧化钛厚膜元件。精密电阻和二氧化钛敏感元件一起组成二氧化钛式氧传感器(见图 2-62)。二氧化钛元件为一圆板状电极，在绝缘体(陶瓷)的一端，装有精密电阻元件，从两元件的两端和中间连接点各引出一根导线，三线分别是基准电源端、传感器输出端和接地端。同时，由于在低温状态下，二氧化钛电阻值增大，影响其正常的性能，为使其快速升温以活化其性能，可在绝缘体表面缠绕钨丝加热线圈，从中又引出 2 根导线，形成 5 线制二氧化钛式氧传感器。其线路连接如图 2-63 所示。

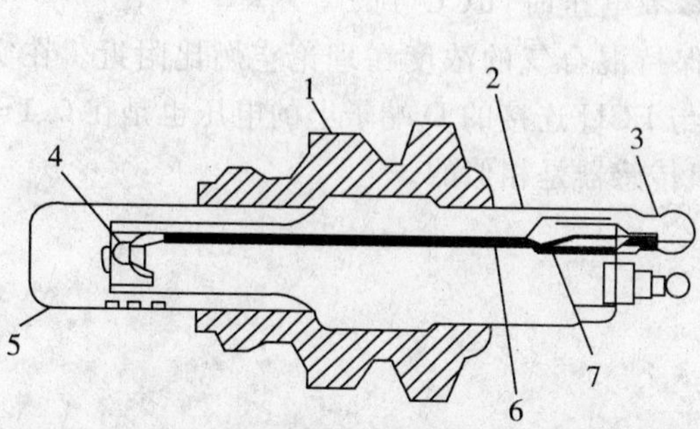

图 2-62　5V 基准电压的二氧化钛式氧传感器构造

1—二氧化钛元件　2—金属外壳　3—陶瓷绝缘材料
4—接线头　5—金属保护管　6—导线　7—陶瓷元件

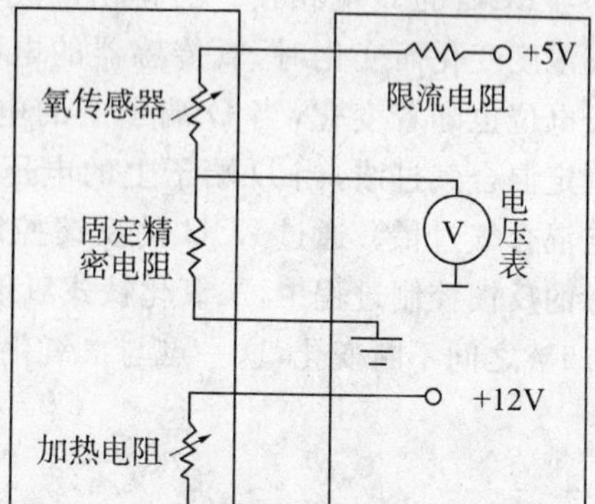

图 2-63　5V 基准电压的二氧化钛式氧传感器线路连接

其工作原理是：ECU将一个恒定的5V电压加在二氧化钛式氧传感器的一端上，当排出的废气中氧浓度随发动机混合气浓度变化而在理论空燃比附近变化时，氧传感器的电阻随之跃迁改变，ECU信号端子上的电压降也随之变化。混合气浓时，氧含量低，二氧化钛的电阻值较低，信号点电位为高电位电压（将近5V）；反之，混合气稀时，信号点电位为低电位电压（将近0V）。因此，由电阻的变化即可得知当时混合比的状况。其波形如图2-64所示。

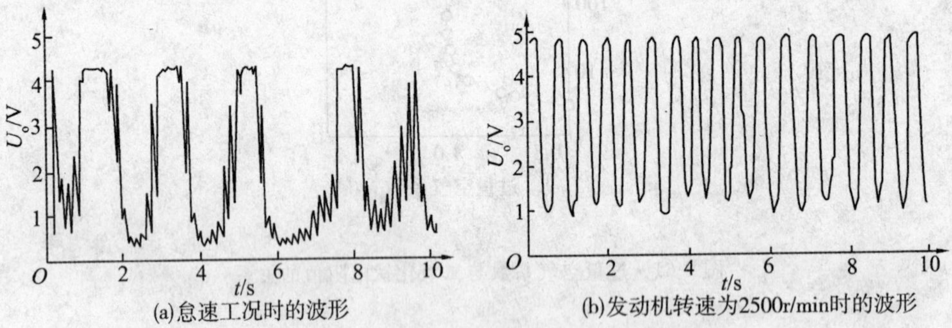

图2-64　5V基准电压的二氧化钛式氧传感器波形

改良使用的二氧化钛式氧传感器由发动机ECU提供1V基准电压，外形和原理与上述二氧化锆式氧传感器相似，但为了使二氧化钛式氧传感器有着与二氧化锆式相同的变化，即和二氧化锆式氧传感器输出的0～1V的电压值相一致，将参考电压由原来的5V变为1V，同时，为了降低传感器的重量和更换时的成本，将其中的精密电阻转移到了ECU内部，因此，在传感器的接线上减少一条引出线。其结构如图2-65所示。

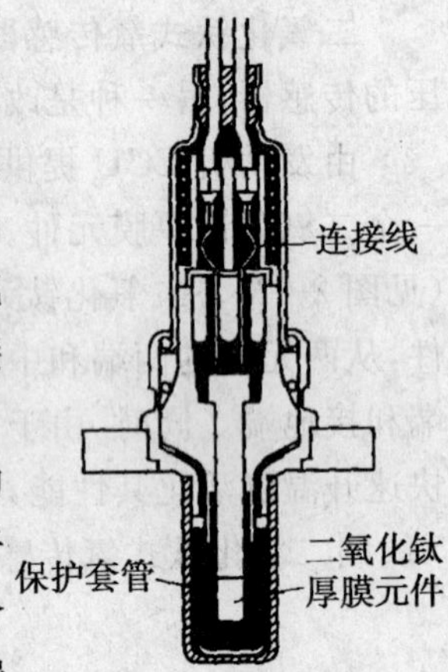

图2-65　二氧化钛式氧传感器的结构

其工作原理如图2-66所示，ECU的C端子将一个恒定的1V电压加在二氧化钛式氧传感器的A端上，传感器的另一端子B与ECU的D端相接。当排出的废气中氧浓度随发动机混合气浓度变化而变化时，氧传感器的电阻随之改变，ECU的D端子电位也随着变化，当D端子上的电压高于参考电压时，ECU判定混合气过浓，当D端子上的电压低于参考电压时，ECU判定混合气过稀。通过ECU的反馈控制，可保持混合气的浓度在理论空燃比附近。在实际的反馈控制过程中，二氧化钛式氧传感器与ECU连接的D端子上的电压也是在0.1～0.9V之间不断变化，这一点与二氧化锆式氧传感器是相似的。

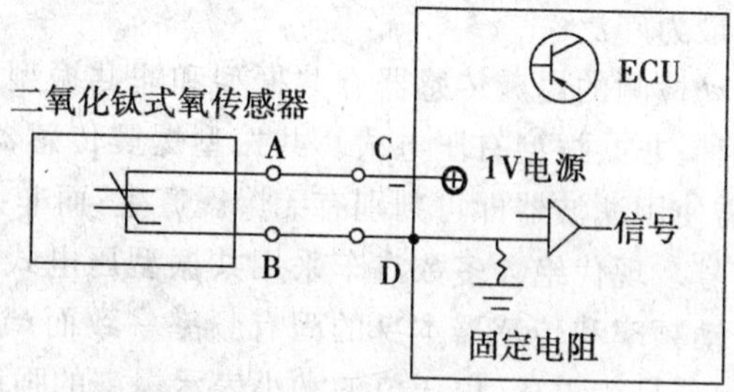

图 2-66 二氧化钛式氧传感器工作原理

3. 二氧化钛式氧传感器的检测方法

二氧化钛式氧传感器加热电阻的检查，与二氧化锆式氧传感器基本相同，在此不再赘述。下面主要介绍其不同于二氧化锆式氧传感器的检测方法。

(1)万用表测阻法。万用表测阻法是利用二氧化钛式氧传感器的电阻特性来判断其在暖机状态和非暖机状态下的电阻值，以此来判断其是否损坏。正常氧传感器的电阻值为：充分暖机状态电阻值约在 300kΩ 左右（不同厂家此值不同）；拆下传感器并暴露在空气中，冷却后测量其电阻值，若阻值很大，说明传感器良好；反之，则说明传感器已损坏，应予以更换。

(2)波形检测法。对于采用 1V 参考电压的二氧化钛式氧传感器，其测试方法、波形图等和二氧化锆式氧传感器相同。对于采用 5V 参考电压的二氧化钛氧传感器，需要注意，良好的二氧化钛氧传感器输出端电压，应以 2.5V 为中心上下波动。

2.7 爆震传感器

2.7.1 爆震传感器概述

点火时间过早是产生爆震的重要原因，采用点火时刻闭环控制可以防止这种现象的发生。点火时刻的闭环控制是采用爆震传感器(knock sensor)检测发动机是否发生爆震作为反馈信号，从而决定点火时刻是提前还是推迟。所以爆震传感器是点火时刻闭环控制系统必不可少的重要部件。

利用发动机爆震信号作为反馈信息的闭环控制方式中，爆震传感器将发动机的爆震信息提供给 ECU，一旦爆震程度超过规定的标准，ECU 立即发出推迟点火指令；当爆震程度低于规定的标准时，ECU 又会将点火时刻提前。循环调节点火时刻的结果，使发动机始终处于临界爆震的工作状态，可使发动机获得最大的动力性能，经济性能也可以得到一定程度的改善。

检测发动机爆震通常有三种途径，一是检测汽缸压力，二是检测发动机振动，三是检测燃烧噪声。其中检测汽缸压力的方法，精度最好，但是存在着传感器的耐久性差和难以安装的问题；检测燃烧噪声的方法，由于是非接触式的，其耐久性很好，但是精度和灵敏度偏低；现在常用检测发动机振动的方法来判断有无爆震，这种方法可获得高输出信号，灵敏度高,安装简单,应用最为广泛。

用于发动机机体振动检测的爆震传感器有共振型和非共振型两大类,共振型又分为磁致伸缩式和压电式两种;非共振型有压电式。共振型爆震传感器在发动机爆震时输出的电压比较高,因此无需使用滤波器即可判别有无爆震产生;而非共振型的爆震传感器需经滤波器检出爆震的信号。现代绝大多数汽车采用共振型压电式爆震传感器,它是利用发动机产生爆震时其振动频率和传感器本身的固有频率一致而产生共振的现象,用以检测爆震是否产生,其输出信号为电压,电压值的大小表示爆震的强度。

爆震传感器通常安装在发动机的侧面,有的发动机还装有两个爆震传感器。

2.7.2 磁致伸缩式爆震传感器

磁致伸缩式爆震传感器应用较早,它是一种磁电感应式传感器,属于共振型爆震传感器。其结构如图 2-67 所示,由永久磁铁、靠永久磁铁励磁的强磁性铁芯以及铁芯周围缠绕的感应线圈和壳体组成。

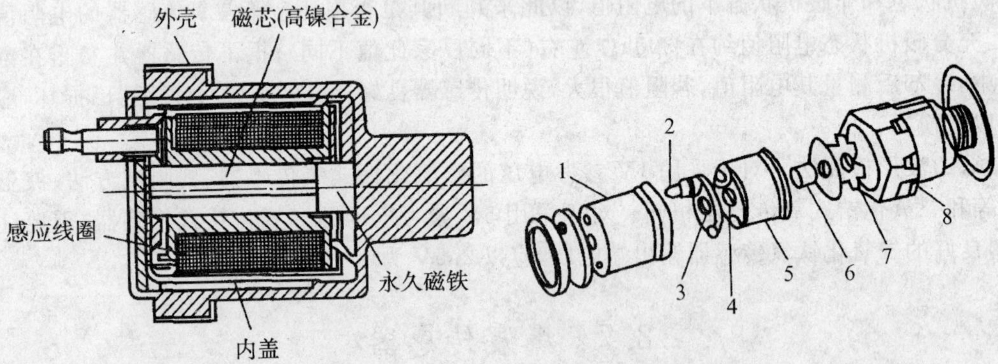

图 2-67 磁致伸缩式爆震传感器的结构

1—软磁套 2—端子 3—绝缘体 4—磁致伸缩测力 5—绕组 6—磁铁 7—弹簧 8—外壳

磁致伸缩式爆震传感器安装在发动机上,它将发动机振动的频率变换成电压信号,来检测爆震强度。其工作原理是:当发动机的汽缸体出现振动时,外壳和感应线圈绕组随发动机振动,磁铁因弹簧的存在由于惯性而保持不动,这样磁铁和感应线圈间便存在相对运动。根据电磁感应原理,绕组中就会有感应电动势产生,当频率在 7kHz 左右时,传感器将产生共振,使传感器感应线圈的感应电压显著增大。图 2-68 为磁致伸缩式爆震传感器的输出特性图。

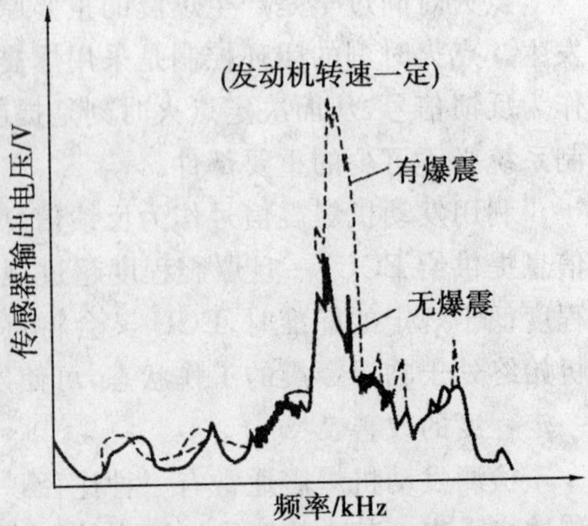

图 2-68 磁致伸缩式爆震传感器的输出特性图

2.7.3　压电式爆震传感器

压电效应就是指当沿着一定方向向某些电介质施力而使其变形时，其内部会发生极化，同时在其表面产生电荷的现象。压电式爆震传感器是利用结晶或陶瓷多晶体的压电效应和硅压电效应，把爆震传到缸体上的机械振动转变成电信号。

压电式爆震传感器从振动方式上可分为非共振型和共振型两种。共振型爆震传感器是由与爆震几乎具有相同共振频率的振子和能够检测振动压力并将其转换成电信号的压电元件构成，非共振型爆震传感器是用压电元件直接检测爆震信息。除此之外，还有在火花塞的垫圈部位装上压电元件，根据燃烧压力检测爆震信息。

1. 共振型压电式爆震传感器

共振型压电式爆震传感器的结构如图 2-69 所示，主要由压电元件 5、振荡片 4、基座 3 等组成。压电元件 5 紧密地贴合在振荡片 4 上，振荡片则固定在传感器的基座 3 上。振荡片随发动机的振动而振荡，波及压电元件，使其变形而产生电压信号。当发动机爆震时的振动频率与振荡片的固有频率相同时，振荡片产生共振，此时压电元件将产生最大的电压信号。共振型压电式爆震传感器的输出特性如图 2-70 所示。该爆震传感器在发动机爆震时输出的电压比较高，因此即可判别有无爆震产生。

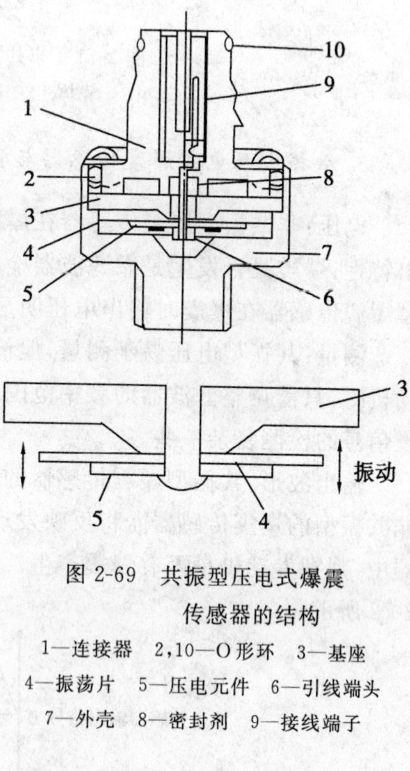

图 2-69　共振型压电式爆震传感器的结构

1—连接器　2,10—O形环　3—基座　4—振荡片　5—压电元件　6—引线端头　7—外壳　8—密封剂　9—接线端子

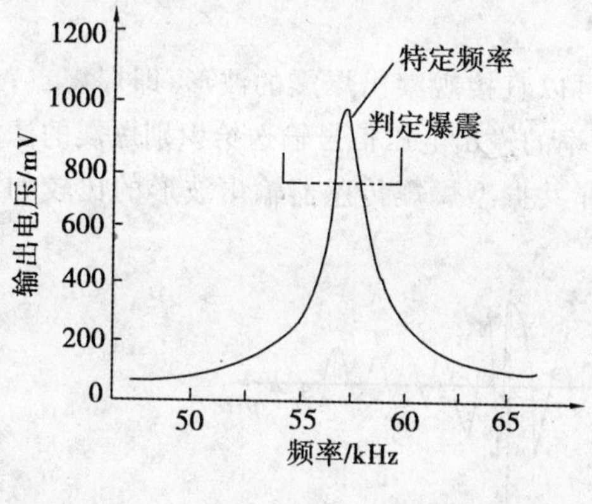

图 2-70　共振型压电式爆震传感器的输出特性图

2. 非共振型压电式爆震传感器

非共振型压电式爆震传感器的结构示意图如图 2-71 所示，由平衡块、压电元件、壳体、电气连接装置等组成。平衡块由螺钉固定在壳体上，两个压电元件同极性相向对接，输出电压由两个压电元件的中央取出。这种传感器与共振型传感器结构的不同之处在于它内部没有振荡片，但设置了一个平衡块。平衡块以一定的预紧力压紧在压电片上。当

发动机产生爆震时,发动机缸体的振动传到爆震传感器壳体上,平衡块就产生一个正比于加速度的交变力,壳体与平衡块之间就产生相对运动,使夹在中间的压电元件所承受的压紧力发生变化,压电元件承受推压作用力产生电压,并作为电信号输出。非共振型压电式爆震传感器结构简单,制造时不需要调整。

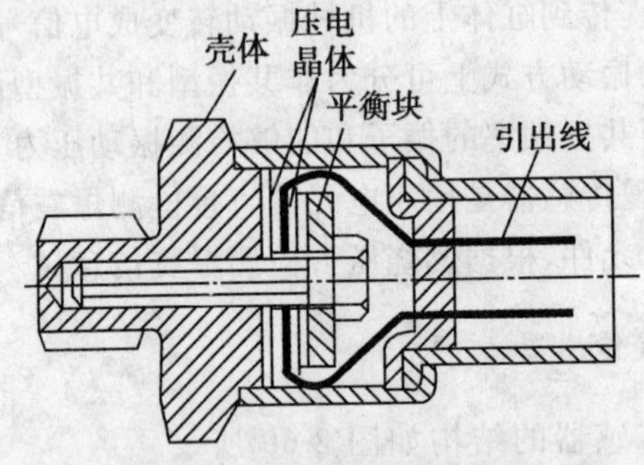

图 2-71　非共振型电式爆震传感器结构示意图

1—壳体　2—压电晶体　3—平衡块　4—引出线

3. 共振型压电式爆震传感器与非共振型压电式爆震传感器的比较

电压:非共振型爆震传感器在爆震时输出电压较无爆震时无明显增加,具有平缓的输出特性,爆震是否发生是靠滤波器检出传感器输出信号中有无爆震频率来判别的。共振型爆震传感器在爆震时输出电压明显增大,如图 2-72 所示。

测量:共振型电压易于测量,但传感器必须与发动机配套使用;非共振型用于不同发动机时,只需调整滤波器的频率范围就可以工作,不需要更换传感器,通用性比较强,但爆震信号的检测复杂一些。

输出波形:共振型爆震传感器的输出波形可以直接观察出爆震的波形,即爆震点;而非共振型的爆震传感器需将反映发动机振动频率的输出电压信号输送给识别爆震的滤波器中,判别发动机是否有爆震产生。共振型和非共振型爆震传感器输出波形的比较如图 2-72 所示。

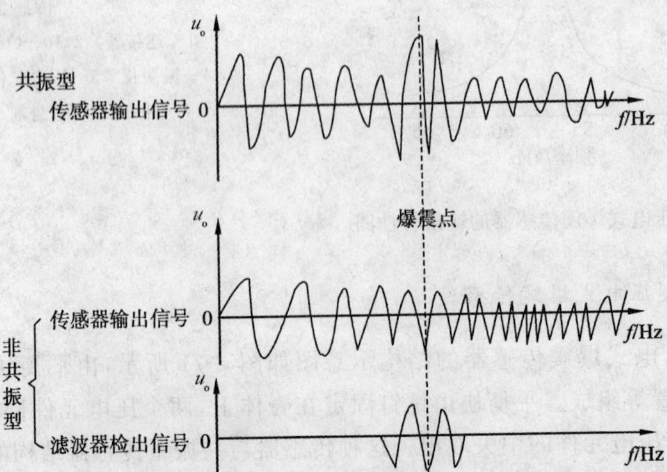

图 2-72　共振型和非共振型爆震传感器输出波形

4. 压电式爆震传感器的检测

下面以桑塔纳 2000GSi 轿车压电式爆震传感器为例，说明压电式爆震传感器的检测。桑塔纳 2000GSi 轿车设有两个爆震传感器。爆震传感器Ⅰ(G61、白色插头)安装在缸体进气管侧 1、2 缸之间，用于检测 1、2 缸的爆震情况；爆震传感器Ⅱ(G66、蓝色插头)安装在缸体进气管侧 3、4 缸之间，用于检测 3、4 缸的爆震情况。

桑塔纳 2000GSi 轿车的爆震传感器是根据压电原理制成的，传感器由压电陶瓷(压电元件)、平衡块、壳体、导线等组成，如图 2-73 所示。传感器与 ECU 的电路连接如图 2-74 所示。

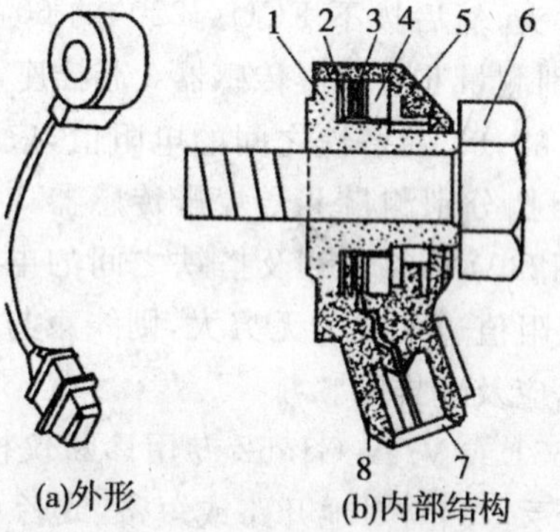

图 2-73　爆震传感器的结构
1—套筒　2—绝缘垫圈　3—压电元件　4—平衡块
5—壳体　6—固定螺栓　7—插座　8—电极

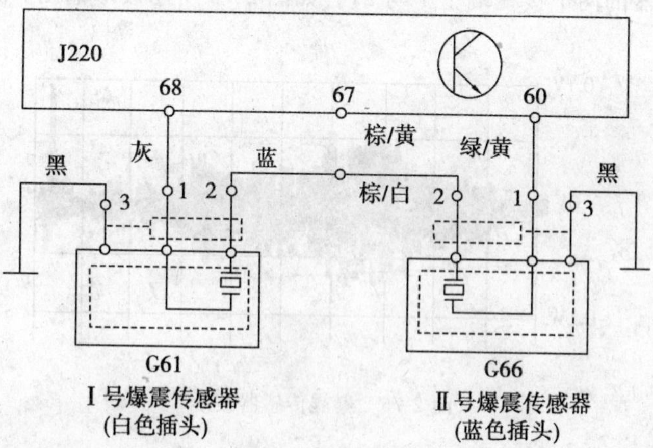

图 2-74　爆震传感器与发动机 ECU 连接的电路图

传感器的检测方法如下：

爆震传感器的随车检查。在进行爆震传感器的检查时，可轻轻敲击该爆震传感器附近的缸体，发动机的转速应随之下降。

用正时灯观察点火提前角的变化。轻轻敲击该爆震传感器附近的缸体，此时点火提前角应该突然向后推迟(减小),然后又向前提前(增大),此现象即说明爆震传感器在起作用,爆震传感器及其线路基本没有问题。反之,说明爆震传感器或线路出现故障。

在发动机工作过程中,如果爆震传感器发生故障,监测爆震信号中断,ECU 就会将点火提前角减小一定角度,汽车在行驶过程中,驾驶员就会明显感觉到发动机动力不足,这时发动机电控系统会诊断到故障,并使故障指示灯点亮。

电阻检查。关闭点火开关,分别拔下Ⅰ、Ⅱ号爆震传感器的 3 芯插头,用万用表的电阻挡分别测量 3 芯插头各端子之间的电阻值,如图 2-75 所示。各端子间的电阻值应都大于 1MΩ。

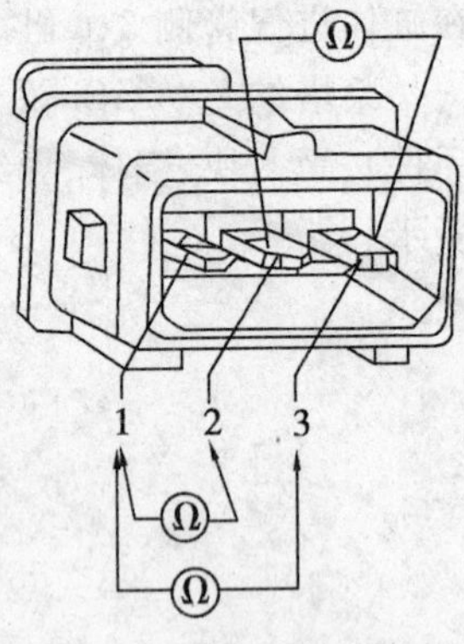

图 2-75　检测爆震传感器的电阻值

检测爆震传感器线束的导通性。关闭点火开关,分别拔下Ⅰ、Ⅱ号爆震传感器的 3 芯插头,然后拔下 ECU(J220)的 60 芯插头。用万用表的电阻挡分别测量Ⅱ号爆震传感器 3 芯插座 1、2、3 号端子与 ECU(J220)的 68,67 及搭铁之间的电阻值,应均小于 0.5Ω。用万用表的电阻挡分别测量Ⅱ号爆震传感器 3 芯插座 1、2、3 号端子与 ECU(J220)的 60、67 及搭铁之间的电阻值,也应均小于 0.5Ω;如果电阻值过大或为无穷大,则线束与端子可能接触不良或存在断路,应及时排除。

用专用诊断仪 V. A. G1551 或 V. A. G1552 专用诊断仪检测。通过诊断插座读取有关故障的信息:00524-G61 表示传感器对地开路或短路,或者 00540-G66 表示传感器对地开路或短路。

检测爆震传感器的输出信号。检测爆燃传感器的输出信号时,应先关闭点火开关,拔下传感器的连接器插头,再打开点火开关,起动发动机使之怠速运转,用示波器或万用表电压挡检测传感器的两个接线端子 1 与 2,有如图 2-76 所示波形输出。否则,应更换爆震传感器。

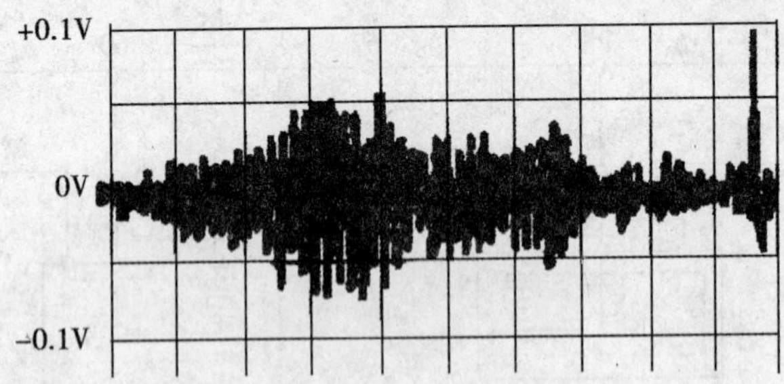

图 2-76　爆震传感器波形

5. 爆震传感器安装注意事项

为了避免爆震传感器误传输爆震信号,必须保证爆震传感器固定螺栓的拧紧力矩准确无误。在安装爆震传感器时若紧固扭矩过大,爆震传感器感知气缸爆震信号电压太低,从而出现点火过早现象;若紧固扭矩过小,爆震传感器会感知气缸爆震信号电压太高,出现点火过迟现象。例如,捷达、桑塔纳轿车爆震传感器固定螺栓标准力矩应为 20N·m。

拓展阅读

1. 何金戈. 汽车传感器原理与检修. 北京：化学工业出版社
2. 董辉. 汽车用传感器. 北京：北京理工大学出版社
3. 贺桂芳等. 汽车与工程机械用传感器. 北京：人民交通出版社

复习思考

1. 简述进气温度传感器的作用及工作原理。如何检测？
2. 简述冷却液温度传感器的作用及工作原理。如何检测？
3. 简述磁电感应式曲轴位置传感器的作用及工作原理。如何检测？
4. 简述霍尔式曲轴位置传感器的作用及工作原理。如何检测？
5. 简述节气门位置传感器的作用及工作原理。如何检测？
6. 简述热线式空气流量传感器的作用及工作原理。如何检测？
7. 简述热膜式空气流量传感器的作用及工作原理。如何检测？
8. 简述进气压力传感器的作用及工作原理。如何检测？
9. 简述二氧化锆式氧传感器的作用及工作原理。如何检测？
10. 简述二氧化钛式氧传感器的作用及工作原理。如何检测？
11. 简述压电式爆震传感器的作用及工作原理。如何检测？

第3章 电控燃油喷射系统的原理与检修

学习目标

1. 了解电控燃油喷射系统的总体组成、分类及各类型的特点。
2. 了解各种工况下电控燃油喷射系统喷油量的控制机理及过程。
3. 理解电控燃油喷射系统的功能及工作原理。
4. 理解汽油供给系统各零部件的功用及工作原理。
5. 熟悉汽油供给系统各零部件的安装位置、结构和各控制系统电路图。
6. 掌握汽油供给系统的故障诊断思路。
7. 掌握汽油供给系统主要零部件的检查(检测)方法。
8. 能够正确检测燃油系统压力,并根据检测结果制定故障诊断方案。
9. 能够检测判断汽油压力调节器的工作情况。
10. 能够对电动汽油泵控制电路进行检查,能够检测判断电动汽油泵的工作情况。
11. 能够对喷油器控制电路进行检查,能够检测判断喷油器的工作情况。
12. 能够正确拆装汽油供给系统各零部件。

考核标准

知识要求:

1. 燃料供给系统的功用和组成。
2. 电控燃油喷射系统喷油量的控制原理。
3. 汽油发动机油路、电路故障的诊断方法。
4. 电控燃油喷射发动机汽油压力的检测方法。
5. 电控燃油喷射发动机汽油泵的检测方法。
6. 喷油器的基本知识。

技能要求:

1. 能诊断与排除电控燃油喷射系统一般油路的故障。
2. 能诊断与排除电控燃油喷射系统一般电路的故障。

3. 能对电控燃油喷射发动机的汽油压力进行检测与诊断。

4. 能对电控燃油喷射发动机汽油泵进行检测与诊断。

5. 能对电控燃油喷射发动机喷油器进行检测与诊断。

教学建议

教具：带有发动机电子控制系统的整车、发动机电控燃油喷射系统台架、发动机电控燃油喷射系统各零部件、汽油压力表、真空表、万用表、喷油器清洗测试仪等。

建议：16 学时，其中汽油供给系统油压的检测与诊断、电动汽油泵及其控制电路的检修和喷油器及其控制电路的检查三节采用理实一体教学或开设相应实训项目。

3.1　电控燃油喷射系统概述

3.1.1　电控燃油喷射系统的功能和基本工作原理

汽油机采用电控燃油喷射(EFI，Electronic Fuel Injection)系统，其目的是保证发动机在各种工况下都能获得最佳空燃比的混合气，进而提高发动机的动力性、降低燃油消耗和减少有害气体的排放量。

发动机控制单元(ECU)中存储了为各种工况条件下设计的最佳空燃比数值，当发动机运行时，ECU 根据安装在发动机不同部位上的各种传感器检测到的各种参数，判断发动机所处的工况，选择 ECU 中设定的程序，根据进气量和其他参数计算出燃烧所需要的汽油量(喷油脉冲宽度)，并在合适的喷射时刻，通过控制喷油器开启，精确地实现喷油量的控制，实现发动机在各种工况下都能获得最佳空燃比的混合气，如图 3-1 所示。

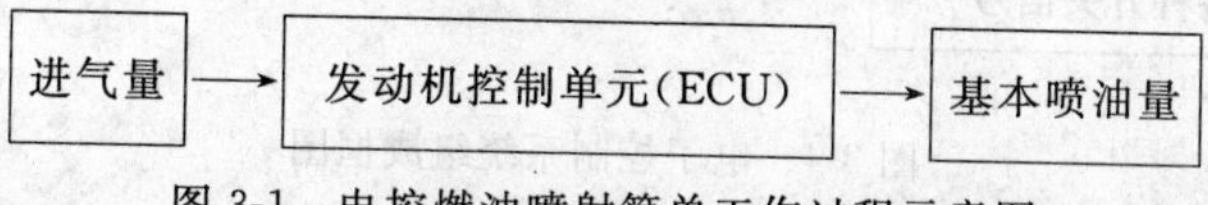

图 3-1　电控燃油喷射简单工作过程示意图

3.1.2　电控燃油喷射系统的组成

汽油机电控燃油喷射(EFI)系统一般由空气供给系统、汽油供给系统和电子控制系统三个子系统组成。

空气供给系统的作用是控制和检测发动机的进气量。该系统的部件主要有空气滤清器、空气流量计、怠速控制阀、节气门体以及进气总管、进气歧管等，如图 3-2 所示。

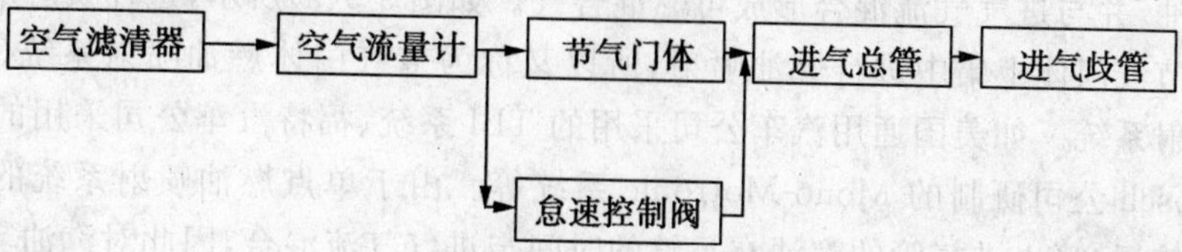

图 3-2　空气供给系统组成框图

汽油供给系统的作用是向发动机提供组成混合气所需要的、清洁的、合适压力的汽油，并在发动机控制模块(ECU)的控制下适时、适量地喷射汽油。汽油供给系统的部件主要有汽油箱、电动汽油泵、输油管(进油管和回油管)、汽油滤清器、汽油压力调节器、汽油导轨以及喷油器等，如图 3-3 所示。

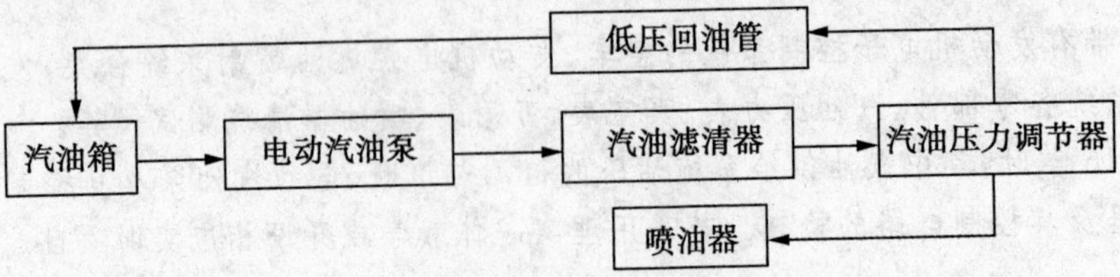

图 3-3　汽油供给系统组成框图

电子控制系统的作用是根据发动机和汽车的工况确定和控制最佳的喷油量和喷油时刻。电子控制系统主要由各种传感器、发动机控制单元(ECU)和执行器三部分组成，如图 3-4 所示。

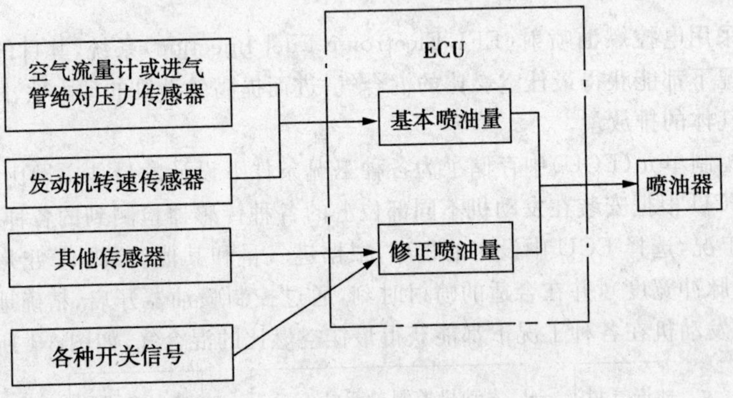

图 3-4　电子控制系统组成框图

3.1.3　电控燃油喷射系统的分类

1. 按照喷油器数量和安装位置分类

(1)单点燃油喷射(SPI，Single Point Injection)系统

单点燃油喷射系统是在进气总管的节气门体上方安装 1～2 个喷油器，向进气管中连续喷射汽油，并与进气气流混合形成可燃混合气。如图 3-5(a)所示，这种喷射系统因喷油器安装在节气门体上集中进行燃油喷射，所以又称为节气门体燃油喷射系统(TBI)或集中燃油喷射系统。如美国通用汽车公司采用的 TBI 系统、福特汽车公司采用的 CFI 系统和德国 Bosch 公司研制的 Mono-Motronic 系统等。由于单点燃油喷射系统的喷油器距离进气门较远，喷入进气管的汽油有足够的时间与进气气流混合，因此对汽油雾化质量要求不高，可以采用较低的喷油压力(100kPa 左右)，对燃油系统零部件要求不高，可以降低制造成本；但单点喷射保留了化油器发动机的一些弊端，如各缸混合气分配不均、过渡工

况响应慢、油耗和排放控制不太理想等。

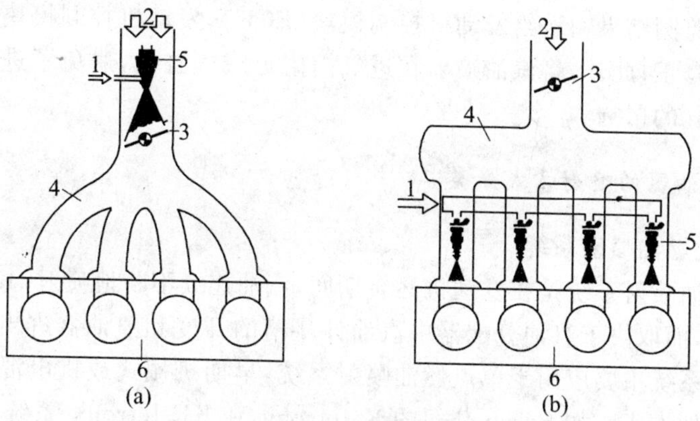

图 3-5　燃油喷射系统喷油器喷油位置示意图

1—汽油　2—空气　3—节气门　4—进气歧管　5—喷油器　6—发动机

(2)多点燃油喷射(MPI，Multi Point Injection)系统

多点燃油喷射系统根据喷油器的安装位置又可分为进气道喷射(PFI)和缸内喷射(GDI)两种。

1)进气道喷射。进气道喷射是指在每一个气缸的进气门前安装一个喷油器，如图 3-5(b)所示。喷油器喷射出汽油后，在进气门附近与空气混合形成可燃混合气，这种喷射系统能较好地保证各缸混合气总量和浓度的均匀性。目前，大多数车型如奥迪 A6、本田雅阁、捷达、桑塔纳以及通用汽车公司的 MFI 系统、日产公司的 EGI 系统、ECCS 系统、丰田公司的 TCCS 系统等，都采用这种多点燃油喷射系统。

2)缸内喷射。如图 3-6 所示，缸内喷射是以较高的汽油压力(3～4MPa)将汽油直接喷到气缸内。这种喷射技术使用特殊的喷油器，汽油喷雾效果更好，并可在缸内产生浓度渐变的分层混合气(从火花塞往外逐渐变稀)，因此可以用超稀的混合气(急速时可达 40：1)，工作油耗和排放也远远低于普通汽油发动机。此外，这种喷射方式使混合气体积和温度降低，爆震燃烧的倾向减小，发动机的压缩比可比进气道喷射时大大提高。由于缸内喷射对喷油器的技术条件和加工精度要求较高，目前在部分轿车和赛车上采用。如福特 PROCO 缸内喷射系统、丰田 D-4 缸内喷射系统、三菱 4G 缸内喷射系统等。

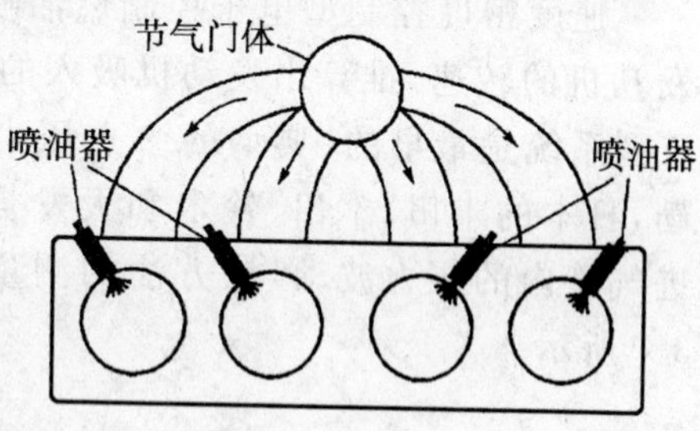

图 3-6　缸内喷射喷油器喷油位置示意图

与单点燃油喷射系统相比较，多点燃油喷射系统对混合气的控制更为有效，主要因为这种控制系统是在每个气缸口或每个气缸内均安装一个喷油器，保证了发动机每个气缸内混合气浓度的均匀性。同时，这种系统是将汽油喷射在进气门处或直接喷到气缸内，汽油和空气混合得更充分，而且无需预热进气歧管来助汽油雾化，反之可以冷却进气来提

高进气量，增大功率，节气门响应更快。汽油与空气混合进入气缸燃烧后，氧传感器将排气中氧含量的监测结果输送给发动机控制模块(ECU)，发动机控制模块能及时进行混合气浓度的反馈修正；此外，将汽油喷射在进气门附近或气缸内，避免了进气管的形状和表面质量对混合气的影响。

2. 按照喷油器的喷射方式分类

(1)连续性燃油喷射系统

连续性燃油喷射系统是在发动机运转期间，汽油连续不断地喷射，其喷油量的大小不取决于喷油器，而取决于汽油分配器中汽油计量槽的开度和喷油器进出口间的压差。连续性燃油喷射系统主要应用于单点燃油喷射系统，早期机械式或机电混合式的燃油喷射系统中采用此种方式。如 Bosch 公司的 K-Jetronic 和 KE-Jetronic 系统。

(2)间歇性燃油喷射系统

间歇性燃油喷射系统是在发动机运转期间，喷油器只在一定的曲轴转角范围内喷射汽油，即间歇性地向进气歧管中喷油，其喷油量的大小取决于喷油器的开启时间，即发动机控制模块(ECU)发出的喷油脉冲宽度。这种汽油喷射方式广泛地应用于现代电控燃油喷射系统中。

3. 按照空气流量的测量方式分类

按照检测进气量所使用的传感器不同，电子控制燃油喷射系统可分为间接测量式(速度密度控制型、节流速度控制型)和直接测量式(空气流量控制型)。

(1)速度密度控制型(D 型 EFI 系统)

速度密度控制型电子控制燃油喷射系统是通过检测进气歧管的压力(真空度)和发动机的转速，推算出发动机吸入的空气量。“D”是德文“压力”一词的第一个字母。D 型系统是最早的、典型的多点压力感应式喷射系统。美国的通用、福特和克莱斯勒，日本的丰田、本田、铃木和大发等主要汽车公司，都有类似的产品。由于空气在进气管内的压力波动，该方法的测量精度稍差，并且响应性较慢。其系统组成如图 3-7 所示。

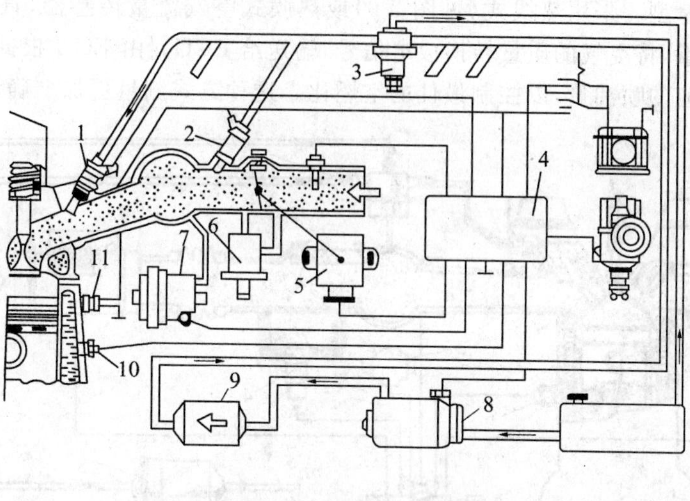

图 3-7　D 型(进气歧管压力计量式)电控汽油机燃油喷射系统

1—喷油器　2—冷起动阀　3—汽油压力调节器　4—电控单元(ECU)　5—节气门位置传感器
6—怠速空气调整器　7—进气压力传感器　8—汽油泵　9—过滤器　10—水温传感器　11—热限时开关

(2)空气流量控制型(L 型 EFI 系统)

这种方式是用传感器直接测量发动机吸入的空气量,其测量的准确程度高于 D 型,故可更精确地控制空燃比。"L"是德文"空气"一词的第一个字母。按照测量空气流量的方式不同,又分为体积流量型和质量流量型。

1)体积流量型。采用叶片式空气流量传感器(见图 3-8)或卡门旋涡式空气流量传感器,测量进入气缸的空气的体积量,以控制混合气空燃比在最佳值。采用体积流量型的空气流量计量方式时,需要考虑大气压力的修正问题,且叶片式空气流量传感器有体积大、不便安装和加速响应慢等缺点。

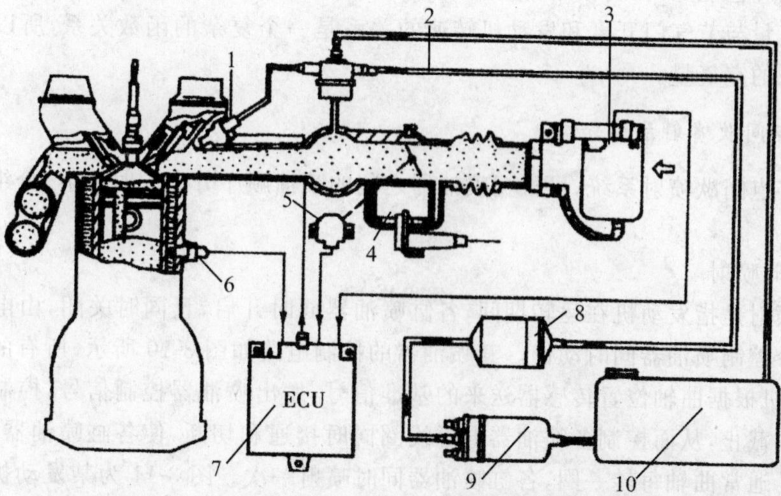

图 3-8　体积流量型(叶片式)电控汽油机燃油喷射系统

1—喷油器　2—渍压调节器　3—叶片式空气流量传感器　4—怠速空气调整器
5—节气门位置传感器　6—水温传感器　7—ECU　8—过滤器　9—电动燃油泵　10—油箱

2)质量流量型。采用热线式(见图 3-9)或热膜式空气流量传感器,直接测量进入气缸内的空气质量,将空气的质量转换成电信号,输送给 ECU。由 ECU 根据空气的质量计算出与之相适应的喷油量,以控制最佳的空燃比。这种方式测量更加准确。

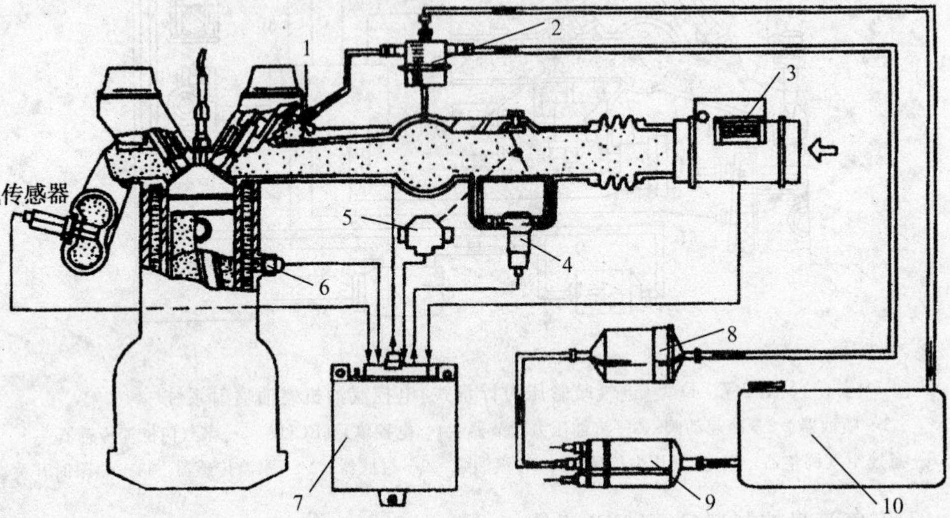

图 3-9　质量流量型(热线式)电控汽油机燃油喷射系统

1—喷油器　2—油压调节器　3—热线式空气流量传感器　4—怠速空气调整器　5—节气门位置传感器　6—水温传感器　7—ECU　8—过滤器　9—电动燃油泵　10—油箱

(3)节流速度控制型

节流速度控制型是利用节气门的开度和发动机的转速,推算每一循环吸入发动机的空气量,根据推算出的空气量,计算汽油喷射量。由于是直接测量节气门开度的角位移,所以过渡响应性能好,在赛车中得以应用,有些单点喷射系统也采用该方式。但是,由于吸入的空气量与节气门开度和发动机转速的关系是一个复杂的函数关系,所以不容易准确测定吸入的空气量。

4. 多点间歇喷射系统分类

对于多点间歇喷射系统,可根据喷油器之间的喷油顺序分为同时喷射、分组喷射和顺序喷射。

(1)同时喷射

同时喷射是指发动机在运转期间,各缸喷油器同时开启,且同时关闭,由电脑的同一个喷油指令控制喷油器同时动作。其喷油器的控制电路如图 3-10 所示,所有的喷油器并联连接,微机根据曲轴位置传感器送来的基准信号,发出喷油器控制信号,控制功率三极管的导通和截止,从而控制各喷油器电磁线圈同时接通和切断,使各缸喷油器同时喷油、同时断油。通常曲轴每转一圈,各缸喷油器同时喷射一次。图 3-11 为某发动机采用同时喷射的喷油正时波形图,图 3-12 为某发动机采用同时喷射的喷油正时图。由于在发动机的一个工作循环中喷射两次,因此,有的称这种喷射方式为同时双次喷射。

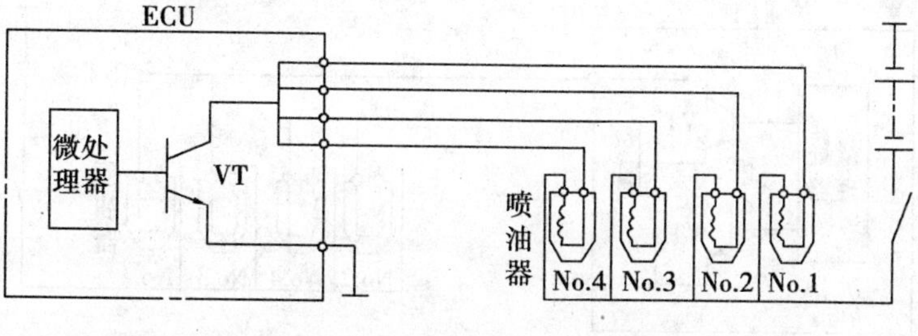

图 3-10　同时喷射的控制电路图

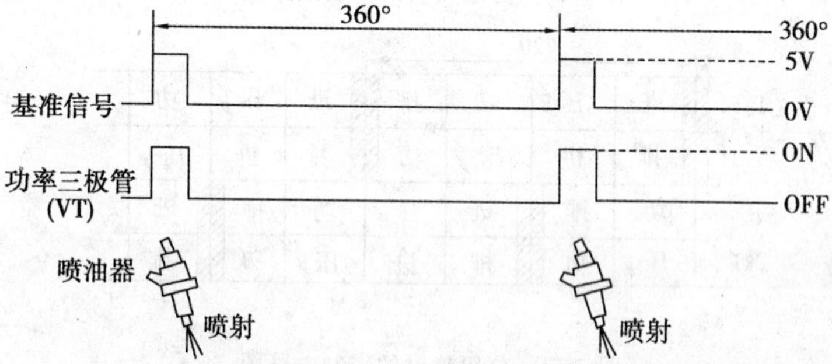

图 3-11　同时喷射的喷油器喷油正时波形图

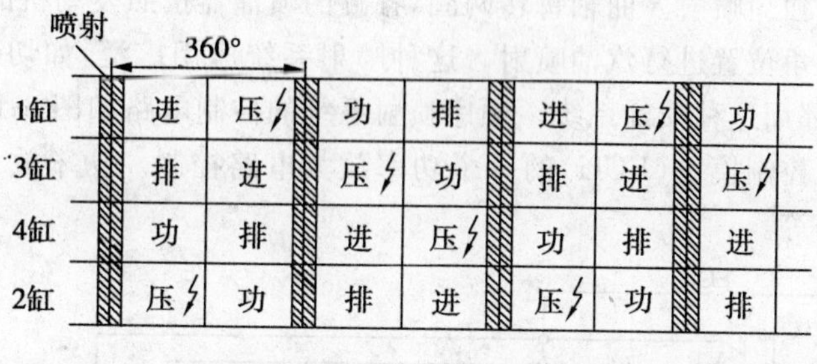

图 3-12　同时喷射的喷油正时图

由于这种喷射方式是所有气缸的喷油器同时喷油，所以喷油正时与发动机进气、压缩、做功、排气的工作过程没有什么关系，早期生产的汽油喷射发动机大多采用同时喷射方式。其缺点是由于各缸对应的喷射时刻不可能最佳，造成各缸的混合气形成不均匀。但这种喷射方式不需要气缸判别信号，而且喷射驱动回路通用性好，其电路结构与软件都较简单，因此这种喷射方式还在继续使用。

(2)分组喷射

分组喷射一般是把所有气缸的喷油器分成 2～4 组。发动机控制模块(ECU)控制各组喷油器轮流交替进行汽油喷射。四缸发动机一般将喷油器分为两组，做功顺序为 1342 的发动机其控制电路如图 3-13 所示，每一工作循环中，各喷油器均喷射一次或两次。图 3-14 为分组喷射的喷油正时图。

相对同时喷射的发动机而言，采用分组喷射的发动机在性能方面有所提高，主要体现在能有更多的气缸在合适的时候喷射汽油，改善了混合气的均匀性。

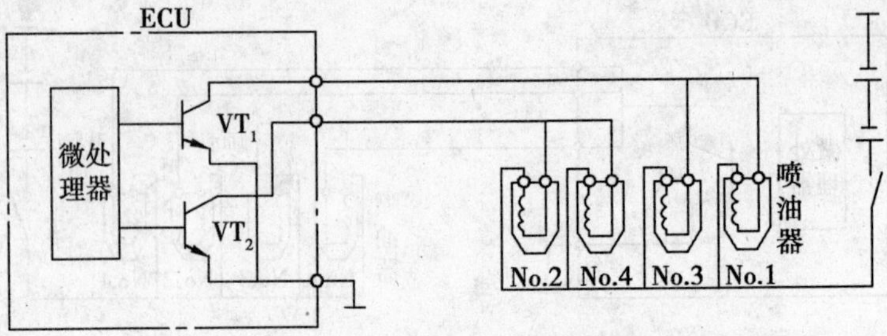

图 3-13　分组喷射的控制电路图

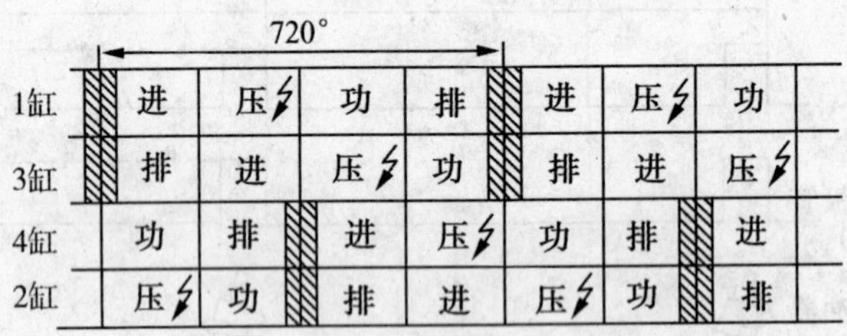

图 3-14　分组喷射的控制电路图

(3)顺序喷射

顺序喷射也叫独立喷射。曲轴每转两圈，各缸的喷油器按照发动机的点火顺序，依次在最合适的曲轴转角位置进行汽油喷射。这种喷射系统应用广泛，如切诺基、桑塔纳、帕萨特、捷达等轿车都用这种喷油系统。顺序喷射系统的控制电路如图 3-15 所示。各缸喷油器分别由发动机控制模块(ECU)的一个功率放大电路控制。功率放大器回路的数量与喷油器的数目相等。

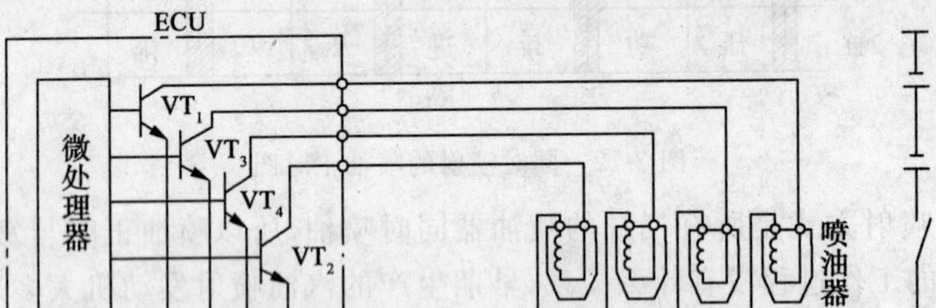

图 3-15　顺序喷射控制电路图

采用顺序喷射方式的发动机控制模块需要知道在哪一时刻该向哪一缸喷射汽油，应具有正时和缸序两个控制功能，因此必须具备气缸识别信号，通常叫做判缸信号，该信号多来自曲轴位置传感器(CKP)和凸轮轴位置传感器(CMP)。采用顺序喷射控制时，发动机控制模块工作时，通过曲轴位置传感器(CKP)输入的信号(N 信号)，就可以知道活塞在上止点前的具体位置，再与凸轮轴位置传感器(CMP)的判缸信号(G1 和 G2 信号)相配合，可以确定是哪一缸在上止点，同时还可以判定是处于压缩行程还是排气行程。因此当发动机控制模块根据判缸信号、曲轴位置信号，确认该缸处于排气行程且活塞运动至上止点前某一位置时，便输出喷油控制指令，接通喷油器电磁线圈的搭铁电路，该缸喷油器即开始进行汽油喷射。图 3-16 为顺序喷射正时图。

顺序喷射可以设立最佳喷油时刻，并以发动机的点火顺序为喷油顺序，对混合气的形成非常有利，因此，它对提高汽油经济性和降低有害物的排放等都有一定好处。尽管采用顺序喷射方式的控制系统的电路结构及软件都较复杂，但这对日益发展的先进电子技术来说，是比较容易得到解决的，现在大量的车型都采用顺序喷射。顺序喷射方式既适于进气管喷射，也适于缸内喷射。

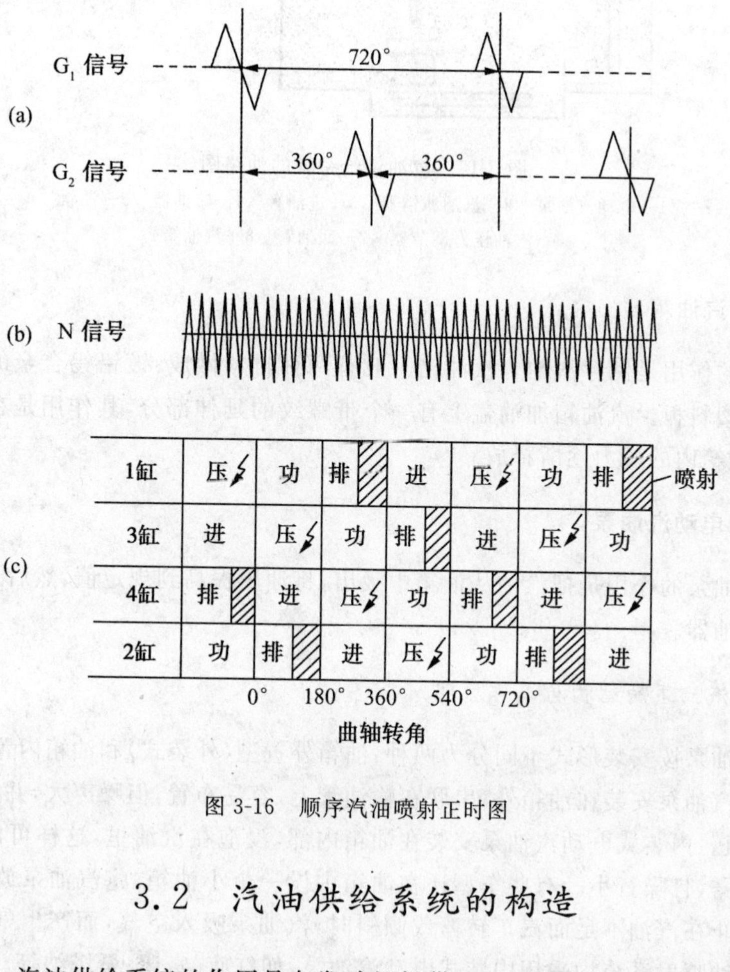

图 3-16 顺序汽油喷射正时图

3.2 汽油供给系统的构造

如前所述，汽油供给系统的作用是向发动机提供组成混合气所需要的汽油量。由于发动机控制模块（ECU）在计算出燃烧所需要的汽油量后，是通过控制喷油器通电时间（喷油脉冲宽度）来实现喷油量的控制。因此，为满足电控燃油喷射系统的要求，汽油供给系统应提供清洁、具有合适压力和合适数量的汽油。

汽油供给系统的油路如图 3-17 所示，由汽油箱、汽油泵、输油管（进油管和回油管）、汽油滤清器、汽油压力调节器、汽油导轨以及喷油器等组成。

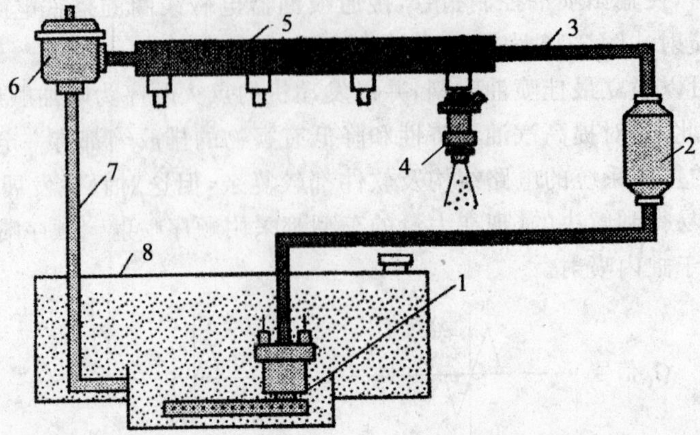

图 3-17　汽油供给系统的油路图

1—电动汽油泵　2—汽油滤清器　3—进油管　4—喷油器　5—油轨
6—汽油压力调节器　7—回油管　8—汽油箱

3.2.1　汽油箱

汽油箱的作用是储存汽油。汽油箱一般有两种材料做成:镀铅锡合金的钢板或高密度乙烯成型塑料板。汽油箱加油盖上有一个带螺纹的延伸部分,其作用是在取下油箱盖时,能使汽油箱内的压力逐渐释放。

3.2.2　电动汽油泵

电动汽油泵的作用是把汽油从油箱中吸出,将油压提高到规定值,然后通过汽油供给系统送到喷油器。

1. 电动汽油泵的结构与工作原理

电动汽油泵按安装形式不同分为两种:油箱外置型(外装式)和油箱内置型(内装式)。外装式电动汽油泵安装在油箱外,串联在输油管上,容易布置,但噪声大,并且容易产生气泡,形成气阻。内装式电动汽油泵安装在油箱内部,浸泡在汽油里,这样可以防止产生气阻和汽油泄露,且噪音小。有些车型还在油箱中设一个小油箱,将汽油泵放在小油箱中,这样可以防止在汽油不足而汽车转弯或倾斜时,汽油泵吸入空气,而产生气阻。目前,大多数电控燃油喷射系统均采用内装式电动汽油泵,如红旗、富康、桑塔纳等。

电动汽油泵一般由小型直流电动机驱动,由泵体、电动机和外壳等部分组成,如图 3-18 所示。电动机通电即带动泵体旋转,将汽油从进油口吸入,流经电动汽油泵内部,再从出油口压出,给燃油系统供油。电动汽油泵的泵体是泵油的主体,根据其结构不同可分为:滚柱式、涡轮式、齿轮式和叶片式等。电动汽油泵的电动机部分包括固定在外壳上的永久磁铁和产生电磁力矩的电枢以及安装在外壳上的电刷装置。电刷与电枢上的换向器相接触,其引线连接到外壳的接柱上,将控制电动汽油泵的电压引到电枢绕组上。电动汽油泵的外壳两端卷边铆紧,使各部件组装成一个不可拆卸的总成。在泵油过程中,汽油不断流经电动汽油泵内部，对泵体和电动机中的线圈、电刷、轴承等部位起到冷却和润滑作用，因此，要绝对禁止在无油的情况下运转电动汽油泵，以免烧坏电动汽油泵。

汽油进入汽油泵前要先经过汽油滤网，以过滤汽油中的杂质。汽油滤网最好定期清洗，若滤网太脏就会使燃油系统压力降低，喷油器喷油量不足，导致汽车高速行驶或急加速时动力不足、加速困难。此外，如果汽油在滤网处堵塞，说明油箱中的沉积物或水分过多，最好拆下整个油箱进行彻底的清洗。

燃油喷射系统中，要求汽油泵供给比发动机最大喷油量还要多的汽油，因而汽油泵的最大工作压力比实际需求值大得多，但喷射系统中油压过高容易造成油管破裂或汽油泵损坏，因此在汽油泵中设有安全阀，当汽油泵工作压力提高到 400～500kPa 时，安全阀打开，汽油泵出油室和进油室相通，汽油在泵内循环，避免供油压力过高。

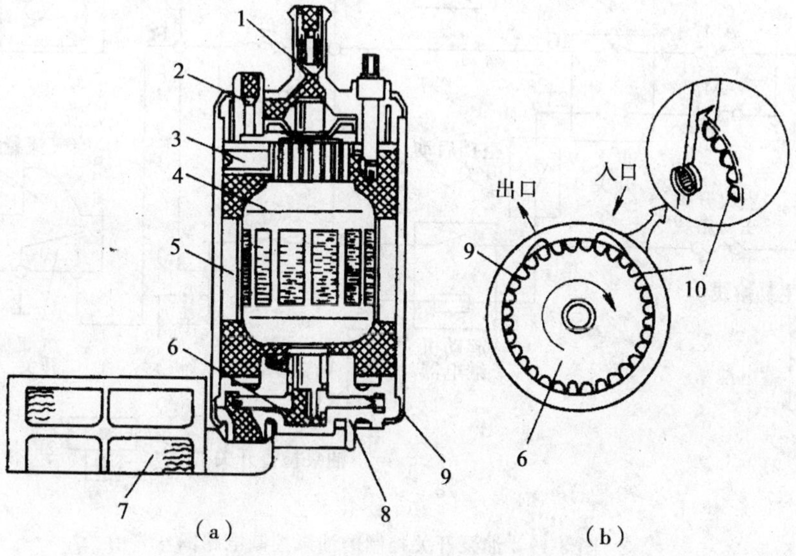

图 3-18　电动汽油泵结构图

1—止回阀　2—卸压阀　3—电刷　4—电枢　5—磁极　6—叶轮
7—滤网　8—泵盖　9—壳体　10—叶片

为防止发动机停转时，供油压力突然下降而引起汽油倒流，在汽油泵出油口安装了单向阀。当发动机熄火时，汽油泵停止转动，单向阀关闭，这样在供油系统中仍有残余压力。油路中残余压力的存在有利于发动机再起动(特别是热起动)，并能避免高温时气阻现象的发生。

2. 电动汽油泵的控制

电动汽油泵的控制主要包括油泵的开关控制和油泵的转速控制两方面。电动汽油泵的控制电路应具有下列功能：

在发动机起动及运转过程中，电动汽油泵应始终工作，以保证足够的汽油压力。

当点火开关由“OFF”位置转到“ON”位置而未起动发动机时，电动汽油泵应能运转 3～5s，使油路中充满压力汽油，以利于起动。

当发动机熄火后，即使点火开关仍处于“ON”位置，电动汽油泵也应停止运转。

有的发动机为了控制泵油量，还根据发动机的负荷和转速等情况，对电动汽油泵的转速进行控制。

(1)采用油泵开关控制的油泵控制电路

在早期采用叶片式空气流量传感器的L型燃油喷射系统中，通常采用油泵开关控制电动汽油泵的运行(油泵开关在空气流量传感器内)。其电动汽油泵控制电路如图3-19所示。

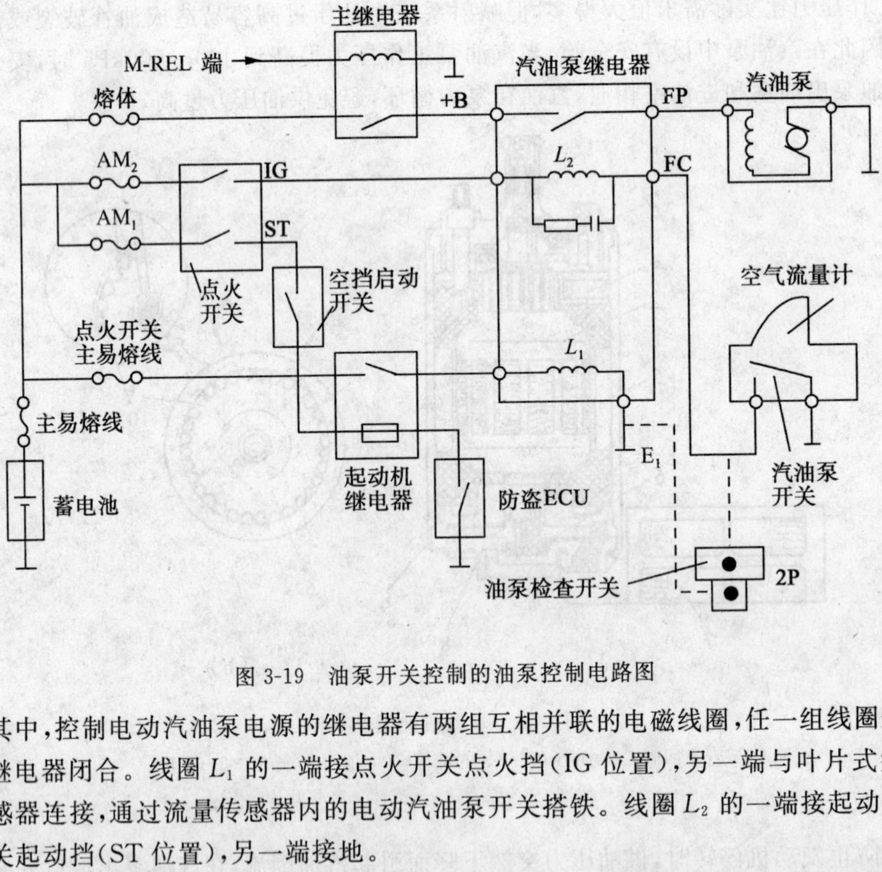

图3-19　油泵开关控制的油泵控制电路图

其中，控制电动汽油泵电源的继电器有两组互相并联的电磁线圈，任一组线圈通电都会使继电器闭合。线圈 L_1 的一端接点火开关点火挡(IG位置)，另一端与叶片式空气流量传感器连接，通过流量传感器内的电动汽油泵开关搭铁。线圈 L_2 的一端接起动机或点火开关起动挡(ST位置)，另一端接地。

发动机不运转时，即使点火开关处于开启位置，由于没有进气，空气流量传感器的测量片没有偏转，油泵开关触点断开，故线圈 L_1 不通电，继电器触点断开，电动汽油泵也不运转。

发动机起动时，点火开关ST端子与电源接通，线圈 L_2 通电，继电器触点闭合，电动汽油泵运转。

发动机运转时，进气气流使测量片偏转，油泵开关触点闭合，线圈 L_1 通电，继电器触点闭合，油泵运转。在线圈 L_1 上还并联着一个电容器。当发动机急减速或大负荷低速运转时，进气脉动有可能使测量片关闭而导致油泵开关触点断开，线圈 L_1 断电，电容器可在线圈 L_1 断电的瞬间向线圈 L_1 放电，使继电器触点保持闭合，防止电动汽油泵停转，保持油压稳定。

线圈 L_1 的一端还与油泵检查插座连接。该插座通常位于发动机附近，可用于检测电动汽油泵控制电路。将这一接头搭铁后，只要打开点火开关，不需要运转发动机，就能使电动汽油泵运转。

(2)发动机 ECU 控制的汽油泵控制电路

在 D 型电控燃油喷射系统以及一些采用卡门涡旋式空气流量计的发动机采用这种控制电路，其油泵控制电路如图 3-20 所示。电动汽油泵继电器由点火开关和发动机 ECU 共同控制。继电器中也有两组线圈：一组线圈 L_1 直接由点火开关起动挡控制，在起动发动机时使汽油泵运转；另一组线圈 L_2 由 ECU 控制，在发动机起动后使汽油泵保持运转。

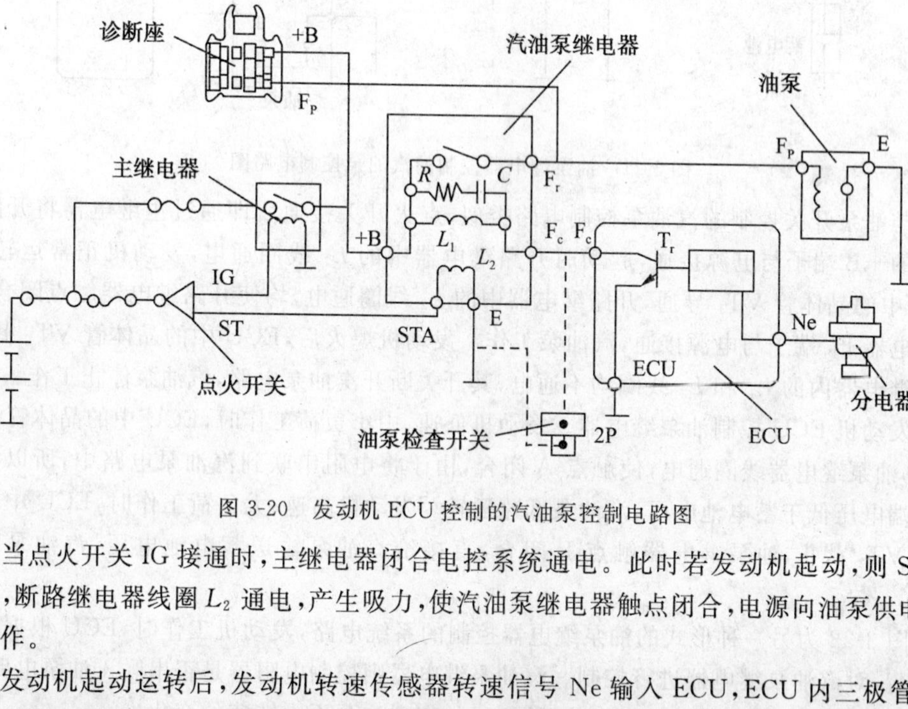

图 3-20　发动机 ECU 控制的汽油泵控制电路图

当点火开关 IG 接通时，主继电器闭合电控系统通电。此时若发动机起动，则 ST 端闭合，断路继电器线圈 L_2 通电，产生吸力，使汽油泵继电器触点闭合，电源向油泵供电，油泵工作。

发动机起动运转后，发动机转速传感器转速信号 Ne 输入 ECU，ECU 内三极管 VT 导通，继电器线圈 L_1 通电，使汽油泵继电器触点继续保持闭合，油泵继续工作。

发动机停止工作，发动机没有转速信号 Ne 输入 ECU，三极管 VT 截止，汽油泵继电器线圈 L_1 断电，使汽油泵继电器触点打开，油泵供电线路中断，油泵停止工作。

在发动机起动之前，若先将点火开关由“OFF”位置转至“ON”位置，则 ECU 会使电动汽油泵运转 3～5s，使油路中油压升高，以利于起动。

这种类型的油泵检查插座位于发动机故障检测插座内。将油泵检查插座上的插孔与电源插孔连接，不起动发动机，只要将点火开关转至“ON”位置，就可使电动汽油泵运转。

(3)油泵继电器控制的汽油泵控制电路

此种控制电路可根据发动机转速和负荷的变化，通过油泵继电器改变汽油泵供电线路，从而控制汽油泵工作转速。油泵继电器控制的汽油泵控制电路如图 3-21 所示。

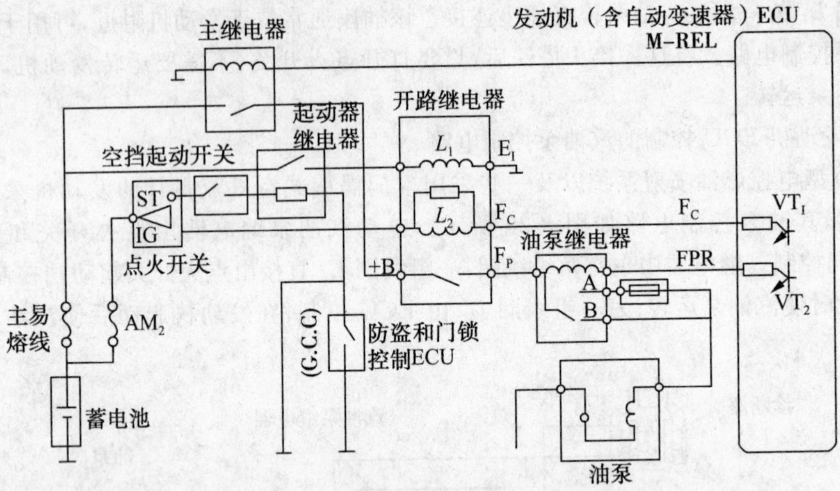

图 3-21　油泵继电器控制的汽油泵控制电路图

与油泵开关控制的汽油泵控制电路类似，点火开关接通后即通过主继电器将开路继电器的＋B 端子与电源接通，起动时开路继电器中的 L_1 线圈通电，发动机正常运转时，ECU 中的晶体管 VT_1 导通，开路继电器中的 L_2 线圈通电，均使开路继电器触点闭合，油泵继电器 F_P 端子与电源接通，汽油泵工作。发动机熄火后，ECU 中的晶体管 VT_1 截止，开路继电器内的 L_1 和 L_2 线圈均不通电，其开关断开汽油泵电路，汽油泵停止工作。

发动机 ECU 控制油泵继电器。发动机低速、中小负荷工作时，ECU 中的晶体管 VT_2 导通，油泵继电器线圈通电，使触点 A 闭合，由于将电阻串联到汽油泵电路中，所以汽油泵两端电压低于蓄电池电压，汽油泵低速运转。发动机高速、大负荷工作时，ECU 中的晶体管 VT_2 截止，油泵继电器触点 B 闭合，直接给汽油泵输送蓄电池电压，汽油泵高速运转。

图 3-22 为另一种形式的油泵继电器控制的系统电路，发动机工作时，ECU 根据转速和负荷，对汽油泵继电器进行控制。汽油泵继电器则控制电阻器是否串联入油泵电路中，以达到控制施加到油泵电动机上的不同电压，实现油泵不同转速的变化。

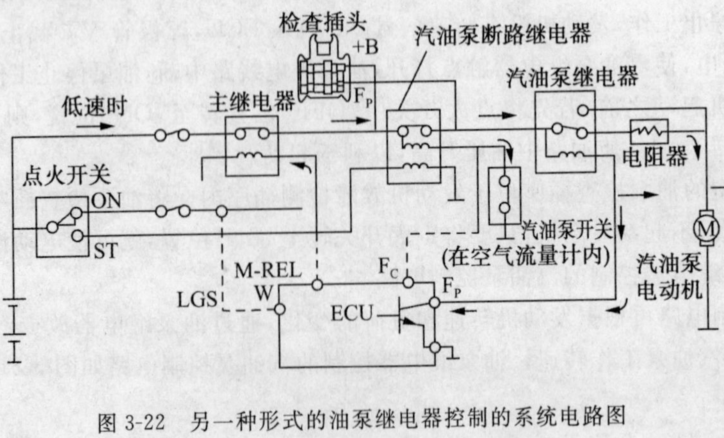

图 3-22　另一种形式的油泵继电器控制的系统电路图

当发动机在低速或者中、小负荷情况下工作时，ECU 内的三极管导通，汽油泵继电器触点 B 闭合，电阻器被串入油泵控制电路中，电流要流经电阻器产生电压降再加到汽油泵电动机上，这时汽油泵低速运转；当发动机处于高速、大负荷工况下工作时，ECU 输出控制信号，这时 ECU 中的三极管被截止，汽油泵继电器触点 A 闭合，此时电阻器被旁路，汽油泵电动机直接与电源相通，汽油泵高速运转。

(4)油泵 ECU 控制的汽油泵控制电路

此种控制电路可根据发动机转速和负荷的变化，通过油泵 ECU 改变汽油泵供电电压，从而控制汽油泵工作转速。如图 3-23 所示，蓄电池电源经主易熔线、20A 熔体、主继电器进入油泵控制 ECU 的＋B 端子，油泵控制 ECU 通过 F_P 端子向汽油泵供电。油泵控制 ECU 根据发动机 ECU 端子 F_{PC} 的信号，对汽油泵转速进行控制。

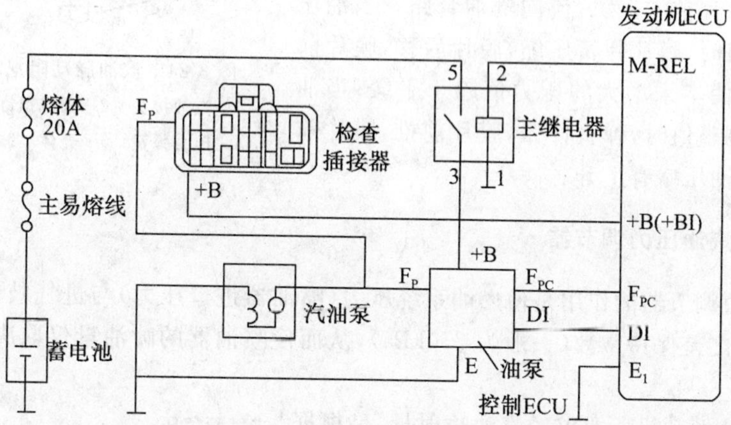

图 3-23　油泵 ECU 控制的汽油泵控制电路图

当发动机高速、大负荷工作时，发动机 ECU 的端子 F_{PC} 向油泵控制 ECU 发出高电压指令使 F_P 端子向汽油泵提供 12 V 的电压，汽油泵以高速运转。

当发动机低速小负荷工作时，发动机 ECU 的端子 F_{PC} 向油泵控制 ECU 发出低电压指令，使 F_P 端子向汽油泵提供较低的电压(一般为 9 V)，汽油泵以低速运转。发动机 ECU 与汽油泵 ECU 之间的 DI 线路为故障诊断信号线。ECU 的＋B 端子和 F_P 端子分别有导线与诊断座上的相应端子相连，以便于对汽油泵进行检查。

3.2.3　汽油滤清器(汽油过滤器)

汽油滤清器串联在汽油泵之后的供油管路上，其作用是过滤汽油中的水分、氧化铁、粉尘等固体夹杂物，防止燃料系统堵塞，减小系统的机械磨损，确保发动机稳定运转，提高工作可靠性。过滤器应具有过滤好、寿命长、压力损失小、耐压性能好、体积小、重量轻等性能。

如果汽油过滤器被堵塞，输出油压将降低，造成起动困难和发动机功率损耗等，所以汽油过滤器必须按照汽车维修手册的相关规定定期更换(一般 20000～30000km)，如果汽油杂质含量大时，更换的里程间隔应相应缩短。汽油过滤器外壳上的箭头表示汽油的流动方向，安装汽油过滤器时，不允许倒装。如果将汽油过滤器倒装，那么即使工作很短的时间也必须更换。

3.2.4 汽油脉动阻尼器(脉动衰减器)

喷油器喷油时,在输油管道内会产生汽油压力脉动,汽油脉动阻尼器的作用是使压力脉动衰减,以减小这种波动和降低噪声。

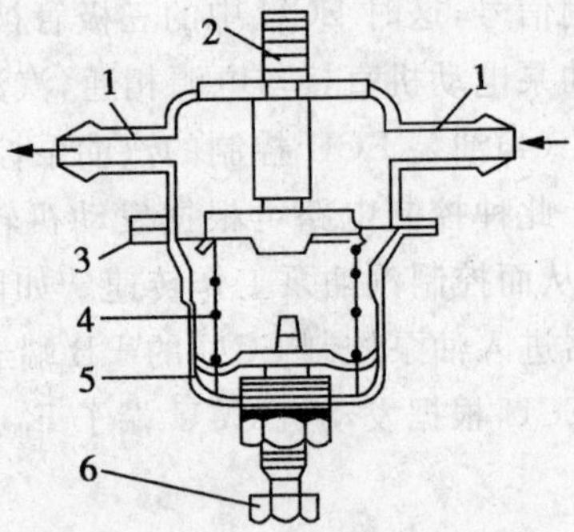

图 3-24 汽油脉动阻尼器结构图

1—汽油接头 2—固定螺钉 3—膜片 4—压力弹簧 5—壳体 6—调节螺钉

汽油脉动阻尼器一般安装在供油总管上,或设置在电动汽油泵上。汽油脉动阻尼器内部由膜片和压力弹簧组成减振结构,图 3-24 为安装在供油总管上的汽油脉动阻尼器,来自汽油泵的汽油首先通到阻尼器膜片前方,然后流向输油管路。当油压脉动趋于峰值时,膜片弹簧压缩,膜片后移,膜片前方空间加大,使本来增大的压力值趋于平缓;当油压脉动趋于调整值时,弹簧伸张,膜片前推,膜片前方容积减小,油压略有上升。

3.2.5 汽油压力调节器

汽油压力调节器的作用是使燃油系统压力(喷油器进口压力)与进气歧管压力(喷油器出口压力)之差保持常数(一般为 250kPa),从而使喷油器的喷油量仅取决于喷油器的开启时间。

由于 EFI 发动机所要求的汽油喷射量,是根据 ECU 加给喷油器的通电时间的长短来控制的。如果不控制汽油压力,即使加给喷油器的通电时间相同,当汽油压力高时,汽油喷射量也会增加;当汽油压力低时,汽油喷射量会减少。为了保证相同的喷油时间喷出相同的喷油量,必须使系统油压与进气歧管压力差保持稳定,故汽油压力调节器所控制的系统油压,应随进气歧管压力变化作相应的变化。

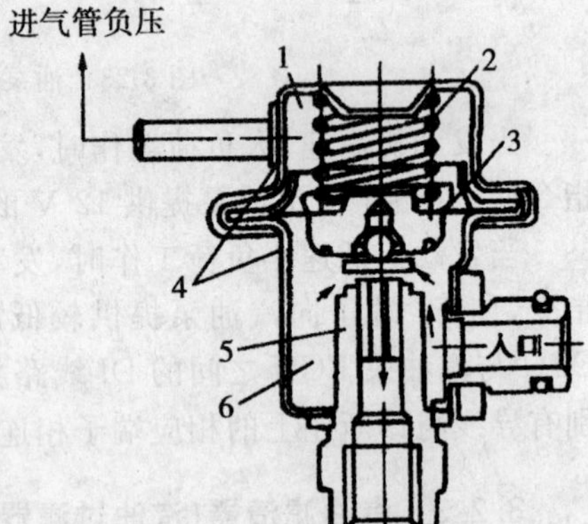

图 3-25 汽油压力调节器结构图

1—弹簧室 2—弹簧 3—膜片 4—壳体 5—阀 6—燃料室

电控燃油喷射系统中的汽油压力调节器一般安装在供油总管上,其结构如图 3-25 所示,采用膜片式结构。油压调节器是一个金属壳体,中间通过一个卷边的膜片将壳体内腔分成两个小室,一个是弹簧室,内装一个带预紧力的螺旋弹簧作用在膜片上,弹簧室由一真空软管连接至进气歧管;另一个室为汽油室,直接通入供油总管。当供油总管的汽油进入汽油室的油压超过预定的数值时,汽油压力就将膜片上顶,克服弹簧压力,使膜片控制的阀门打开,汽油室内的过剩汽油通过回油管流回到汽油箱中,因而使供油总管及压力调节器汽油室的油压保持在预定的油压值上。

弹簧的设定弹力为 250 kPa，当进气歧管真空为零时，汽油压力保持在 250 kPa。当进气歧管真空度变化时，会影响到膜片的上下动作，以改变汽油压力。怠速时汽油压力的调整值约为 196 kPa，节气门全开时约为 245 kPa（见图 3-26）。

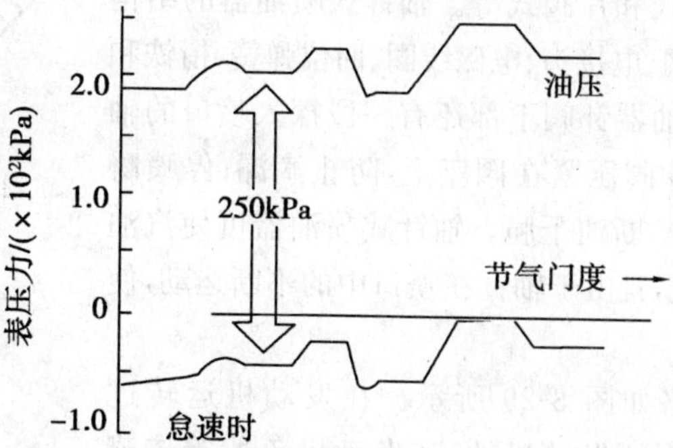

图 3-26　节气门开度与汽油压力的关系汽油压力＝250kPa＋进气歧管真空

当发动机起动后，进气歧管产生真空，怠速时真空压力约为－54kPa，故怠速时的汽油压力调整值为 250－54＝196kPa。节气门全开时，真空约为－5kPa，故汽油压力调整值为 250－5＝245kPa。

发动机停车后，汽油泵停止工作时，在弹簧张力的作用下，阀门关闭，使汽油泵单向阀与调压器阀门间的油路内保持一定的残余压力。

3.2.6　电磁喷油器

1. 电磁喷油器的功用

电磁喷油器的功用是接受电脑送来的喷油脉冲信号，精确地喷射汽油。电磁喷油器是发动机电控燃油喷射系统的一个关键的执行器，它是一种加工精度非常高的精密器件。要求其动态流量范围大、抗堵塞抗污染能力强以及雾化性能好。

2. 电磁喷油器的分类

电磁喷油器的分类如图 3-27 所示。

喷油器
- 按喷射方式分
  - SPI(单点喷射)连续喷射喷油器
  - MPI(多点喷射)间歇喷射喷油器
- 按燃油送入部位分
  - 上部给料式喷油器
  - 下部给料式喷油器
- 按喷口形状分
  - 孔式（球阀、片阀）喷油器
  - 轴针式喷油器
- 按电磁线圈电阻值分
  - 低阻值式喷油器（2~5Ω）
  - 高阻值式喷油器（13~17Ω）
- 按驱动方式
  - 电压驱动型
  - 电流驱动型

图 3-27　电磁喷油器的分类

3. 电磁喷油器的结构与工作原理

电磁喷油器实际上是一个电磁阀，多点喷射系统电磁喷油器主要有：轴针式、球阀式和片阀式等。轴针式喷油器的结构如图 3-28 所示，它由滤网、电接头、电磁线圈、回位弹簧、衔铁和针阀等组成。轴针式喷油器针阀下部还有一段探入喷口的轴针。不喷油时，弹簧将针阀压紧在阀座上，防止滴漏；停喷瞬间，弹簧使针阀迅速回位，断油干脆。轴针式喷油器可使汽油以环状喷出，有利于雾化，且由于轴针在喷口中的不断运动，使喷口不易阻塞。

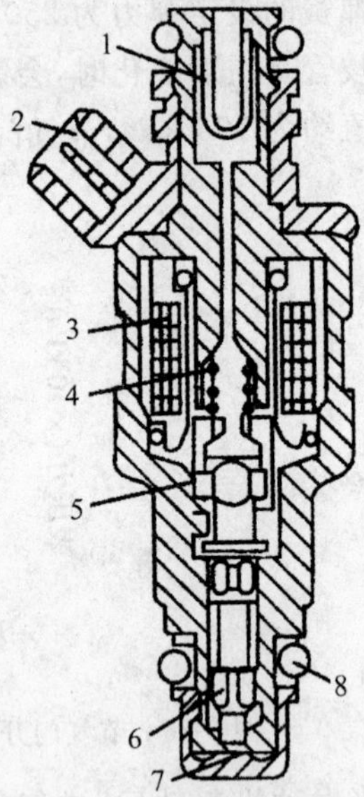

图 3-28　轴针式喷油器的结构图

1—滤网　2—电接头　3—电磁线圈　4—回位弹簧　5—衔铁　6—针阀　7—轴针　8—密封圈

喷油器的控制电路如图 3-29 所示。在发动机运转过程中，ECU 根据空气流量、发动机转速、发动机负荷等传感器输入信号，经运算判断后输出控制信号，控制大功率晶体管的导通与截止，将喷油器与电源回路接通与切断。当 ECU 将电路接通时，电磁线圈通电并在周围产生磁场，吸引衔铁移动，而衔铁与针阀一体，因此针阀克服弹簧张力而打开，汽油即开始喷射；当 ECU 将电路切断时，吸力消失，弹簧使针阀关闭，喷射停止。

喷油量的多少取决于针阀行程、喷口截面积、喷射环境压力与汽油压力的压差及喷油时间。当喷油器确定后、汽油压力调节器工作正常时，喷油量就只取决于针阀的开启时间，即电磁线圈的通电时间，亦即喷油量由 ECU 通过控制喷油器的通电时间来控制。

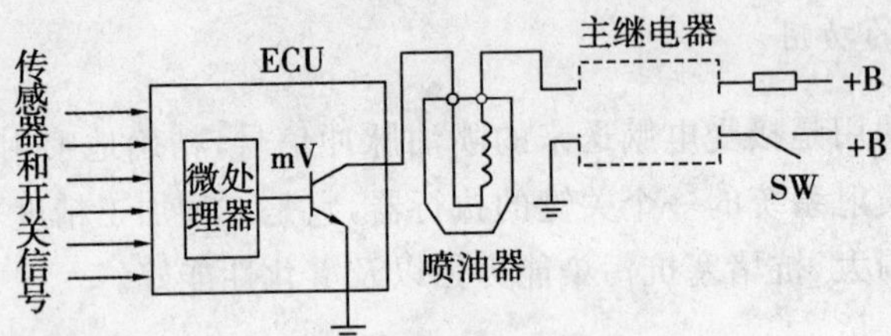

图 3-29　喷油器的控制电路图

4. 喷油器的驱动方式

喷油器的驱动方式分为电压驱动和电流驱动两种。喷油器的阻值不同，其驱动方式也不同。喷油器按其电磁线圈的电阻值大小又可分为低电阻喷油器（2～5Ω）和高电阻喷油器（13～17Ω）两种。电流驱动方式只适用于低电阻喷油器，电压驱动方式可用于低电阻喷油器，又可用于高电阻喷油器，但与低电阻喷油器配合使用时，应在驱动回路中加附加电阻，如图 3-30 所示。

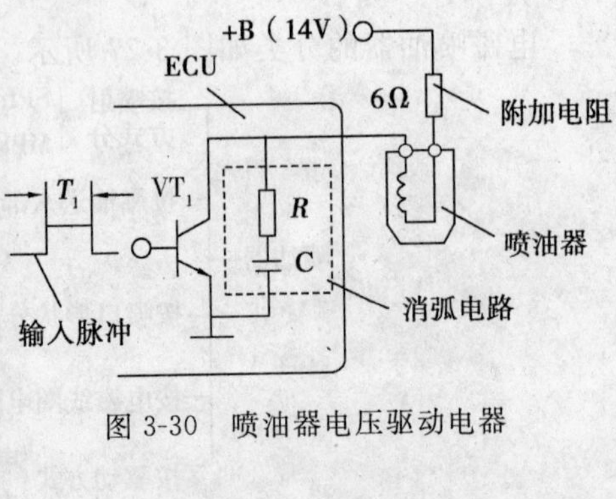

图 3-30　喷油器电压驱动电器

(1)电压驱动

电压驱动是指通过控制喷油器的工作电压来控制喷油器工作的电路。如图 3-30 所示,在打开点火开关或发动机工作时,EFI 继电器闭合,向喷油器电磁线圈提供正极电源。在电压驱动式电路中,使用高电阻喷油器时,可将蓄电池电压直接加在喷油器上;而使用低电阻喷油器时,则应在电路中串入附加电阻,将蓄电池电压分压后加在喷油器上。因为低电阻喷油器电磁线圈的匝数少、电阻小,因此电流大,发热快,易烧坏电磁线圈,串入附加电阻可以保护低电阻喷油器。

(2)电流驱动

电流驱动是指 ECU 开始用一个较大的电流(8A),使电磁线圈产生较大的吸力,保证喷油器具有良好的响应性,然后用较小的电流(2A)使针阀保持在开启状态,以防止喷油器线圈发热,减少功率的消耗。这种驱动方式一般用于低电阻型喷油器。如图 3-31 所示,蓄电池通过点火开关和主继电器(或熔体)直接给喷油器和 ECU 供电,ECU 控制喷油器和主继电器线圈的搭铁回路。点火开关接通时,继电器触点闭合,ECU 中的喷油器驱动电路使晶体三极管导通,流过喷油器线圈的电流在 VT_1 发射极电阻上产生电压降,当 A 点的电压达到设定值时,喷油器驱动电路使 VT_1 截止。当蓄电池电压为 14V 时,流过喷油器线圈的峰值电流为 8A,喷油器针阀达到最大升程后,保持这一稳定、静止状态的电流为 2A。在此过程中,VT_1 以 20kHz 频率导通或截止,即电压变化频率为 20kHz。晶体三极管 VT_2 的作用是吸收 VT_1 导通和截止时在喷油器线圈中产生的反电动势,防止电流突然减小,继电器触点自动断开,切断喷油器电源。

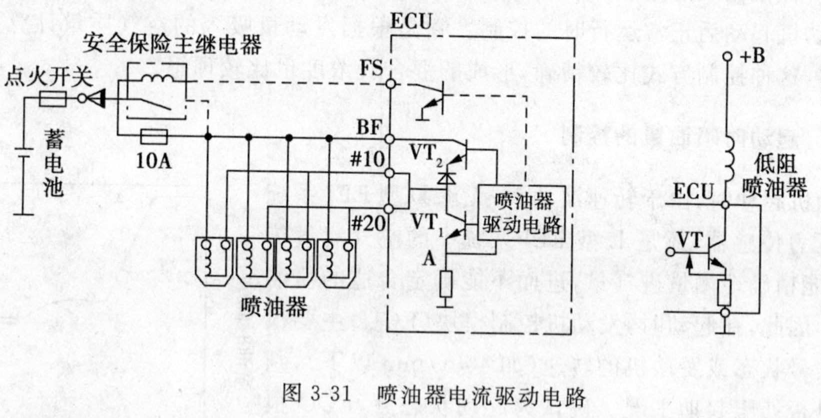

图 3-31　喷油器电流驱动电路

(3)无效喷油时间

喷油器针阀的开启时刻总是比 ECU 向喷油器发出指令的时刻晚,此时间即称为无效喷油时间(或喷油器喷油迟滞时间),如图 3-32 所示。在喷油器电流驱动回路中,由于无附加电阻,回路的阻抗小,ECU 向喷油器发出执行命令时,流过喷油器线圈的电流增加迅速,电磁线圈产生的磁力使针阀开启快,喷油迟滞时间缩短,响应性更好。电压驱动方式中的喷油器驱动电路较简单,但因其回路中的阻抗大,喷油器的喷油滞后时间长。其中,电压驱动的高阻值喷油器的喷油滞后时间最长,电压驱动的低阻值喷油器次之,电流驱动的喷油器最短。

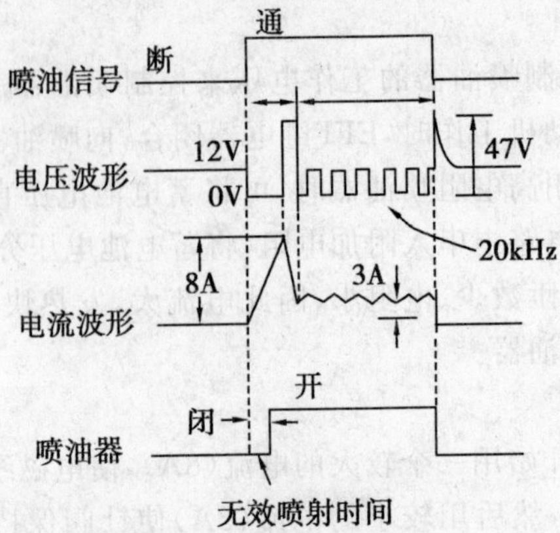

图 3-32 无效喷油时间

3.3 电控燃油喷射系统喷油量的控制

电控燃油喷射系统喷油量的控制，即喷油器喷油时间的控制，是由发动机控制模块(ECU)根据发动机运转工况及各种影响因素进行运算，确定喷油量(喷油脉冲宽度)，最后向喷油器输出喷油脉冲控制信号的过程。

喷油量的控制可分为两大类：

(1)发动机起动过程中的控制。它不是根据吸入发动机的空气质量计算出喷油脉冲宽度，而是一种很粗放的控制。

(2)发动机起动后正常运行时的控制。它是根据发动机吸入的空气质量计算得出喷油脉冲宽度，这种控制方式比较精确，形成的混合气浓度也比较理想。

3.3.1 起动时喷油量的控制

在发动机起动时，由于转速波动大，无论D型EFI系统中的进气压力传感器，还是L型EFI系统中的空气流量传感器，都不能精确地测量进气量，进而不能确定合适的喷油持续时间。因此，在起动时，发动机控制模块(ECU)主要根据起动机信号状态或发动机的转速(如400r/min以下)，判定发动机是否处于起动工况。确认为起动状态后，ECU根据当时的冷却水温度，由存储器中的水温—喷油时间图(见图3-33)找出相应的基本喷油时间，然后用进气温度和蓄电池电压等参数进行修正，得到起动时的喷油时间。

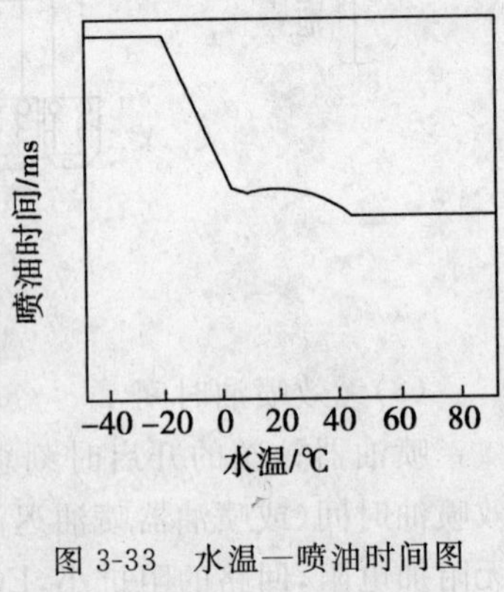

图 3-33 水温—喷油时间图

如图3-34所示，由发动机水温传感器THW信号查水温—喷油时间图得出基本喷油时间 T_P；根据进气温度传感器THA信号对喷油时间进行修正(延长或减短)，修正值为 T_A；由于喷油器的实际打开时刻较ECU控制其打开时刻存在一段滞后，如图3-35所示，从而造成喷油量不足，且蓄电池电压越低，滞后时间越长，故需对电压进行修正，修正值为 T_B。

起动时的喷油时间 $= T_P + T_A + T_B$

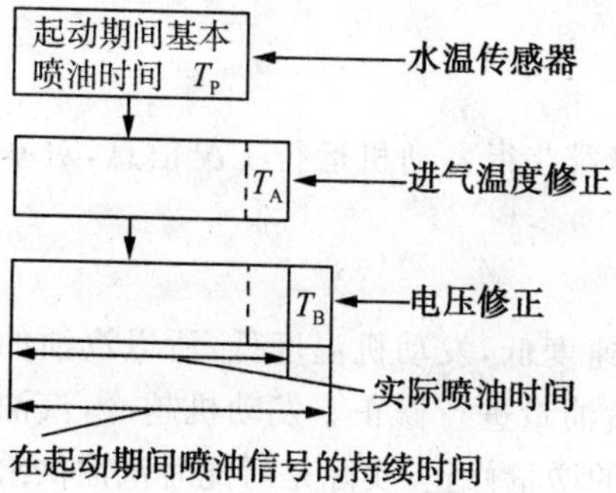

图 3-34　喷油时间的确定

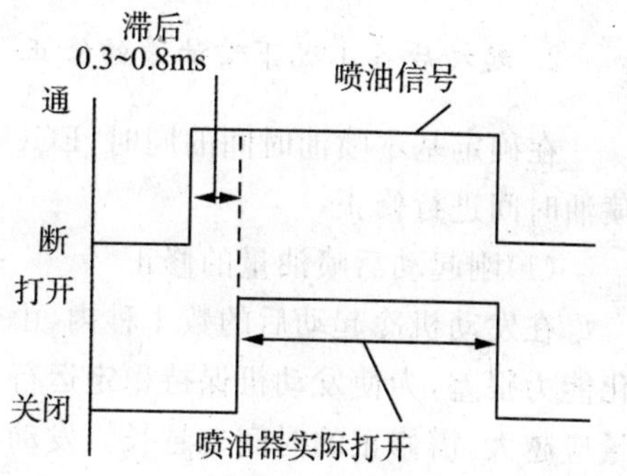

图 3-35　喷油滞后

3.3.2　起动后喷油量的控制

发动机转速超过预定值时，ECU 确定的喷油信号持续时间满足下式：

喷油信号持续时间＝基本喷油持续时间×喷油修正系数＋电压修正值

式中，喷油修正系数是各种修正系数的总和。

1. 基本喷油时间

L 型 EFI 系统的基本喷油时间根据空气质量和发动机转速确定。这个基本喷油时间是实现既定空燃比(一般为理论空燃比：A/F＝14.7)的喷射时间。

D 型 EFI 系统的基本喷油时间由发动机转速信号(Ne)和进气管绝对压力信号(PIM)确定。用于 D 型 EFI 系统的 ECU 内存储了一个基本喷油时间三维图(三元 MAP 图)，如图 3-36 所示。它表明了与发动机各种转速和进气管压力对应的基本喷油时间。

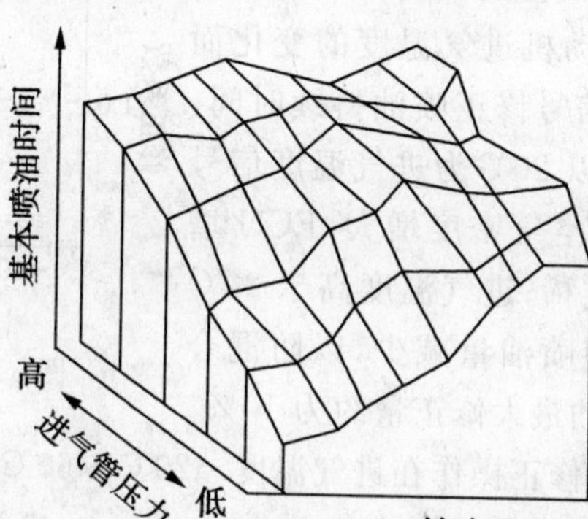

图 3-36　基本喷油时间三维图

根据发动机转速信号和进气管压力信号确定喷油量，是以进气量与进气管压力成正比为前提的，这一前提只在理论上成立。实际工作中，进气脉动使充气效率变化，进行再循环的排气量的波动也影响进气量的准确度。因此，由三元 MAP 图计算出的时间仅为基本喷油时间。

2. 起动后各工况下喷油量的修正

在确定基本喷油时间的同时,ECU 由各种传感器获得发动机运行工况信息,对基本喷油时间进行修正。

(1)刚起动后喷油量的修正

在发动机冷起动后的数十秒内,由于空气流动速度低,发动机温度低,所以汽油的雾化能力很差,为使发动机保持稳定运行,此时应对喷油量进行修正。发动机越冷,汽油增量应越大,需修正的时间也越长。发动机冷起动后的增量修正,实际是对此时汽油供给不足的一种补偿措施。喷油量的初始修正值根据冷却水温度确定,然后以一固定速度下降,逐步达到正常。

(2)暖机时喷油量的修正

发动机起动后,为了尽快使发动机、三元催化转换器和氧传感器达到正常工作温度,使控制系统进入闭环工作状态,需要对暖机时的喷油量进行修正,即增加汽油喷射量,这也是对发动机冷态时汽油供给不足的一种补偿措施。在进行起动后汽油增量修正的同时,也进行暖机时汽油增量的修正。起动后汽油增量修正在发动机完成起动后约数十秒内就会结束,而暖机时汽油增量的修正时间较长,一直要持续到冷却液温度达到规定值才会停止。由图 3-37 可见,水温在－40℃时加浓量约为正常喷射量的两倍。

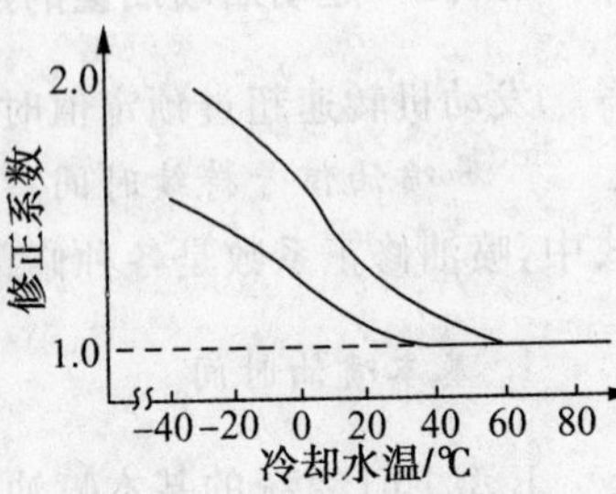

图 3-37 暖机时的喷油量修正曲线

(3)进气温度对喷油量的修正

发动机进气密度随发动机进气温度的变化而变化,ECU 根据进气温度信号修正喷油持续时间,使空燃比满足要求。通常以 20℃为进气温度信号的标准温度,低于 20℃时,空气密度增大,ECU 增加喷油量,使混合气不致过稀;进气温度高于 20℃时,空气密度减小,ECU 使喷油量减少,以防混合气浓度偏浓。增加或减少的最大修正量约为 10%。由进气温度修正曲线可知,修正操作在进气温度－20℃～60℃之间进行,如图 3-38 所示。

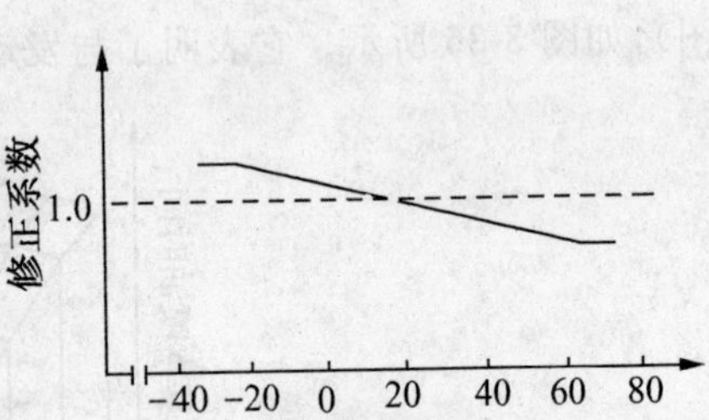

图 3-38 进气温度修正曲线

(4)高转速、大负荷对喷油量的修正

发动机在高转速、大负荷工况下运转时,要求发动机输出大转矩。根据扭矩随混合气浓度的变化规律,此时应将混合气浓度设定在与扭矩峰值相对应的 12 : 1～13 : 1 附近。ECU 根据进气压力传感器、空气流量传感器、节气门位置传感器、发动机转速传感器等输送的信号判断发动机负荷、转速状况,决定相应增加的燃料喷射量。大负荷的加浓量约为正常喷油量的 10%～30%。有些发动机的大负荷加浓量还与冷却水温度信号有关。

(5)过渡工况下喷油量的修正

发动机在过渡工况下运行时(即汽车加速或减速行驶),仅仅使用汽油基本喷射量,则混合气的空燃比相对于目标值会产生一定的偏移。一般情况下，偏移的趋向是：加速时混合气变稀，减速时混合气变浓。为获得良好的动力性、经济性、响应性，在过渡工况下空燃比应进行相应变化，即需要对喷油量进行适量修正。ECU 判断相应工况的信号有：进气管绝对压力（PIM）或空气量（VS）、发动机转速信号（Ne）、车速（SPD）、节气门位置（TPS）、空挡起动开关（NSW）和冷却水温度（THW）。

(6)空燃比反馈对喷油量的修正

发动机控制单元（ECU）根据氧传感器的反馈信号，随时调整喷油量。当氧传感器输入高电位信号时，说明混合气偏浓，应减小喷油量；相反，当氧传感器输入低电位信号时，说明混合气偏稀，应增大喷油量。

氧传感器工作时必须符合一定的条件才能实现发动机空燃闭环（反馈）控制：

1)发动机冷却液温度达到 60℃。

2)发动机运行在怠速工况或部分负荷工况。

3)氧传感器温度达到正常工作温度（氧化锆式氧传感器温度达到 300℃、氧化钛式氧传感器温度达到 600℃），因为此时氧传感器才能正常输出信号。

4)氧传感器输入 ECU 的信号电压变化频率不低于 1 次/min，因为信号电压保持不变或变化频率过低说明氧传感器失效。

在下述情况下，发动机 ECU 对空燃比不进行反馈控制，而是进行开环控制：

1)发动机起动工况。此时需要浓混合气，以便起动发动机。

2)发动机起动后暖机工况。此时发动机温度低于正常工作温度（60℃），需要迅速升温。

3)发动机大负荷（节气门全开）工况。此时需要加浓混合气使发动机输出最大功率。

4)加速工况。此时需要发动机输出最大转矩，以便提高汽车速度。

5)减速工况。此时需要停止喷油，使发动机转速迅速降低。

6)氧传感器温度低于正常工作温度。此时氧传感器不能正常输出电压信号。

7)氧传感器输入 ECU 的信号电压持续 10s 以上时间保持不变时。此时说明氧传感器失效，ECU 将自动进入开环控制状态。

(7)学习空燃比控制对喷油量的修正（长时汽油修正）

学习空燃比控制常简称为学习控制，是发动机控制模块学习了一段时间氧传感器的反馈修正量后，及时在发动机工作过程中进行转换，用此修正量对基本喷射时间进行修正。学习控制的功能是为了进一步提高空燃比的控制精度。

(8)提高怠速稳定性对喷油量的修正（只用于 D 型 EFI 系统）

在 D 型系统 EFI 中，决定基本喷油脉宽的进气管压力，在过渡工况时，进气管压力信号相对滞后于发动机转速，造成发动机转速上升时，输出转矩不足。为了提高发动机怠速运转时的稳定性，ECU 根据进气管绝对压力信号（PIM）和发动机转速信号（Ne）对喷油量作修正。即随压力增大或转速降低，增加喷油量；反之，则减少喷油量。如图 3-39 所示。

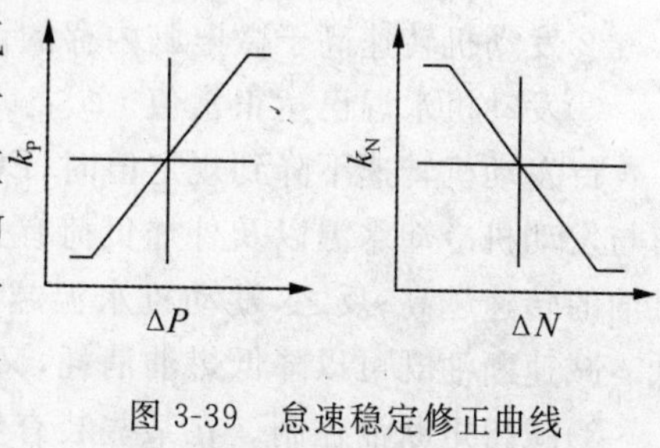

图 3-39　怠速稳定修正曲线

(9)蓄电池电压对喷油量的修正

当ECU输出信号驱动喷油器工作时,喷油器动作的滞后期中,开阀时间 T_o 比关阀时间 T_c 长。我们把(T_o-T_c)的时间,即喷油器不喷射的时间称为无效喷射时间。在实际工作中,蓄电池电压对开阀时间 T_o 的影响较大,而对关阀时间 T_c 的影响较小。由图3-40可见,无效喷油时间随蓄电池电压的降低而增大。鉴于这个原因,在发动机控制模块(ECU)计算汽油喷油时间时,要考虑蓄电池电压变化对无效喷油时间的影响,对喷油时间进行修正,即当蓄电池电压降低时,增加喷油脉冲宽度;当蓄电池电压升高时,减小喷油脉冲宽度。

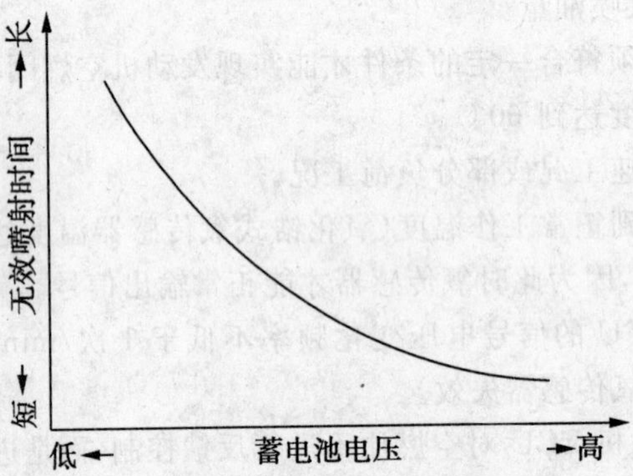

图3-40 无效喷油时间特性

(10)断油控制

所谓断油控制,是指发动机控制模块(ECU)在某些工况条件下停止给喷油器发送燃油喷射脉冲控制信号,使喷油器停止喷油以满足发动机运行的特殊要求。断油控制包括发动机超速断油控制、减速断油控制、减扭矩断油控制和消除溢流控制等。

1)超速断油控制。当发动机转速达到ECU设定的最高转速时,ECU会控制喷油器暂时中断喷油,限制发动机转速进一步升高,以防止发动机超速运转而损坏机件。喷油器停止喷油后,发动机转速将降低。待发动机转速下降到低于极限转速时,ECU又控制喷油器恢复喷油。

2)减速断油控制。当在发动机在运转过程中突然松开油门踏板减速且满足如下条件时,ECU会控制喷油器停止喷油,即实行减速断油。

①节气门位置传感器怠速开关接通。

②发动机转速高于微电脑内存的设定值。

③发动机水温已达正常值。

待发动机转速下降到规定值时,ECU又控制喷油器恢复供油。停止与恢复供油的转速与发动机冷却水温以及外加负荷有关。发动机水温越低,外加负荷越大,则停止与恢复供油的转速越高;反之,发动机水温越高,外加负荷越小,则停止与恢复供油的转速就越低。减速断油既可以降低燃油消耗,又可以减少排气污染物的排放。

3)减扭矩断油控制。在某些装有电子控制自动变速器的汽车自动升挡时,ECU会控制个别缸的喷油器暂时中断喷油,减小发动机输出扭矩,以降低发动机转速,减轻换挡冲击。

4)清除溢油断油控制。发动机起动时，若多次起动未成功，将会造成混合气过浓，将火花塞浸湿，使起动更加困难。为此，ECU设置了“清除溢油”功能。断油控制系统清除溢油的条件如下：

①是指当发动机转速低于300r/min时。

②节气门开度大于80%。

③点火开关处于起动位置。

只有在以上3个条件同时满足时，ECU将判定为“清除溢油”功能，喷油器将停止喷油。所以，在电控汽油喷射发动机起动时，不必踩下油门踏板，直接接通起动开关即可，否则断油控制系统可能进入清除溢油状态，而使发动机无法起动。

此外，还有一些汽车，设有超速行驶断油功能。当车速超过设定的最高车速时，ECU会控制喷油器停止供油，防止汽车超速。

3.4　汽油供给系统油压的检测与诊断

发动机控制单元(ECU)在计算出喷油量后，按照设定的汽油压力(喷油器进出口压差)来计算喷油时间。汽油压力(喷油器进出口压差)是否正确将直接影响混合气浓度。油压过高将使混合气过浓，造成发动机油耗增加、怠速不稳、排气冒黑烟等现象；油压过低将使混合气过稀，造成发动机动力不足、起动困难、怠速抖动、加速不良、加速回火等现象。因此，汽油供给系统性能的好坏及故障诊断，主要借助于汽油压力检测来判断。

造成油压过高的原因主要有汽油压力调节器调节不当、汽油压力调节器的真空管漏气、回油管回油不畅等；造成油压过低的原因主要有汽油泵泵油量和泵油压力不够、汽油过滤器滤芯堵塞、汽油泵滤网堵塞、汽油压力调节器调节不当等。

通过检测发动机不同状态时汽油管路内的油压，可以初步判断电动汽油泵、汽油压力调节器、汽油滤清器、喷油器等燃油系统主要部件有无故障。

检测汽油压力时，应准备一个量程为1MPa左右的油压表及专用的油管接头，按下列步骤检测汽油压力。

3.4.1　油压表的安装

1. 泄压

安装油压表前，先将燃油系统卸压，否则高压的汽油可能喷溅出来伤人和发生事故。卸压有以下几种方法：

(1)从汽油过滤器的入口管接头处泄压

用棉纱、毛巾等吸油类物品捂住接头螺母；旋松接头螺母；汽油被吸收后，安全放置吸油物品；重新接好管接头。

(2)动态泄压

起动发动机;在发动机运转时拔下电动汽油泵继电器(或拔下电动汽油泵电源插头);待发动机自行熄灭后,再打开点火开关,起动发动机 2～3 次,汽油压力即可完全释放;然后关闭点火开关,装上电动汽油泵继电器(或插上电动汽油泵电源插头)。

(3)利用泄压单向阀泄压

许多美国车的供油管路上的油压检测孔兼有泄压的作用,泄压时用十字螺钉旋具压下孔内的单向阀,同时用棉纱等物品垫在检测孔处。

(4)用喷油器泄压

在发动机和汽油泵停止工作的情况下,人为地给喷油器供 12 V 脉冲电压,使喷油器喷油从而卸除压力。这种方法不适合用于带有三元催化转化器的汽车。

(5)用手动真空泵泄压

在油压调节器的真空管上连接一手动真空泵,利用真空泵提供的真空使油压调节器打开回油管路,汽油流回油箱。

2. 拆线

拆下蓄电池负极搭铁线

3. 装表

将油压表和测试接头安装在油压检测孔上或供油管路中其他便于安装的地方,如汽油滤清器油管接头、分配进油管(供油总管)接头或用三通接头接在汽油管道上,如图 3-41 所示。

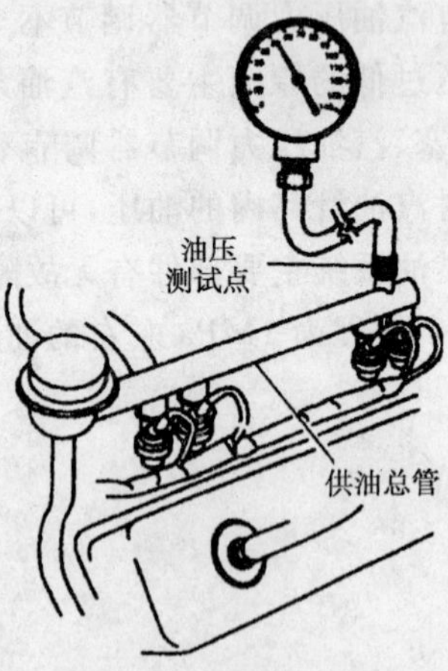

图 3-41　油压表的安装

4. 清洁

擦干溅出的汽油。

5. 掠线

重新装上蓄电池负极搭铁线。

3.4.2 油压检测与诊断

油压检测的项目包括燃油系统静态油压、燃油系统保持油压、油压调节器保持油压、发动机运转时燃油系统动态油压、电动汽油泵最大泵油压力和保持压力。

1. 燃油系统静态油压的检测与诊断

(1)用一根短导线将电动汽油泵的两个检测孔短接。

(2)打开点火开关(但不要起动发动机),让电动汽油泵运转。

(3)测量汽油压力。其正常油压应为300kPa左右(参考各车型标准值)。

(4)若油压过高,应检查油压调节器(见3.4.2.3节);若油压过低,应检查电动汽油泵(见3.5节)、汽油滤清器和油压调节器。

(5)拔掉电动汽油泵检测插孔的短接线,关闭点火开关。

2. 燃油系统保持油压的检测与诊断

测量静态油压结束5min后,再观察油压表指示的油压,此时的油压称为燃油系统保持压力。燃油系统保持压力应不小于147kPa。

燃油系统保持压力小于147 kPa时,说明燃油系统泄漏比较严重,应查找泄漏点并予以排除。燃油系统泄漏点主要有:电动汽油泵、油压调节器和喷油器。电动汽油泵的泄漏检查见3.4.2节,喷油器的泄漏检查见3.6.4节,油压调节器的泄漏通过测试油压调节器保持油压来诊断(见3.4.2节)。

3. 油压调节器保持油压的检测与诊断

(1)重新回到静态油压测量结束。

(2)用包上软布的钳子将油压调节器的回油管夹紧。

(3)5min后再观察汽油压力,该压力称为油压调节器保持油压。将该压力与前面测试的燃油系统保持压力进行比较;两者的差值就是油压调节器的泄漏量。如果两者接近,说明油压调节器泄漏量小,符合要求,燃油系统保持油压过低的原因不在油压调节器;如果该压力增加较多,说明油压调节器泄漏量较大,应更换。

4. 发动机运转时燃油系统动态油压的检测与诊断

(1)起动发动机。

(2)让发动机怠速运转,测量怠速时的汽油压力,如图3-42(a)所示。该压力应符合该车型标准值。

(3)随后拔下汽油压力调节器上的真空软管,这时汽油压力应升高50 kPa左右,如图3-42(b)所示。再改变节气门开度(踩下加速踏板),油压应不变化,否则说明汽油压力调节器不能正常调节油压,应予以更换。

(4)接上汽油压力调节器上的真空软管,缓慢开大节气门(踩下加速踏板),测量在节气门接近全开时的汽油压力,如图3-42(a)所示。该压力应符合该车型标准值。

(a)测量怠速及节气门全开时的燃油压力　(b)测量拔下油压调节器真空软管后的燃油压力

图 3-42　燃油系统动态油压的测量

(5)上述测试中,若测得的油压过高,应检查油压调节器的回油管和真空软管是否堵塞,如果回油管和真空软管不堵塞,则为油压调节器故障,应更换。若测得的油压过低,则应检查电动汽油泵的泵油压力(见 3.4.2 节)、汽油滤清器是否堵塞及油压调节器能否正常工作。

5. 电动汽油泵最大泵油压力和保持压力的检测与诊断

(1)将燃油系统卸压。

(2)拆下蓄电池负板搭铁线。

(3)将油压表接在汽油管路上,并将出油口塞住(图 3-43),或将油压调节器回油管夹住。

(4)接上蓄电池负极搭铁线。

(5)使用一根导线将电动汽油泵的两个检测插孔短接。

(6)打开点火开关,持续 10s 左右(不要起动发动机),使电动汽油泵工作,同时读出油压表的压力,该压力称为电动汽油泵的最大泵油压力。它应当比发动机运转时燃油系统的动态油压高 200～300kPa,通常可达 490～640kPa。如不符合标准值,说明油泵泵油压力不够,应更换电动汽油泵。

(7)关闭点火开关,5min 后再观察油压表的压力,此时的压力值称为电动汽油泵的保持压力。其值应大于 340kPa。如不符合标准值,说明电动汽油泵内部泄漏量过大,应更换电动汽油泵。

图 3-43　电动汽油泵最大泵油压力和保持压力的测量

3.4.3　油压表的拆卸

测量好汽油压力后，按下列步骤拆卸油压表：

(1)释放燃油系统的油压。

(2)拆下蓄电池搭铁线。

(3)拆下油压表。

(4)重新装好油管接头。

(5)接好蓄电池负极措铁线。

(6)预置燃油系统的油压。

(7)检查油管各处有无漏油。

3.5　电动汽油泵及其控制电路的检修

当在油压测试中发现燃油系统没有油压或油压不够，初步判断为电动汽油泵故障时，应对电动汽油泵进行具体检查。检查电动汽油泵时，首先应判断是控制系统故障，还是油泵本身的故障。对控制系统而言，应判断是 ECU 内部故障，还是 ECU 外部的控制电路故障，最后进一步检测确认故障元器件。

3.5.1　电动汽油泵控制系统的检查

如前所述，电动汽油泵控制系统主要控制油泵开关(是否工作)和油泵的转速(是否能改变转速)两方面。当油泵不动作或油泵不能改变转速时，首先应检查其控制系统。电动汽油泵控制系统主要由控制电路、继电器、电脑内的油泵控制部分组成。电动汽油泵控制电路有多种类型(见 3.2.2 节电动汽油泵的控制)，下面以 ECU 控制的油泵控制系统检查为例说明检查方法。

(1)打开油箱盖。

(2)打开点火开关(不起动发动机)，听油箱中有无汽油泵电动机转动的声音。如能听到油泵运转 3～5s 后停止，说明控制系统工作正常；如听不到油泵运转的声音，检查控制系统是否给油泵供电。在点火开关置于“ON”位置 3～5s 后，汽油泵插头应有 12V 电压，如无电压，检查汽油泵控制电路；有电压，检查汽油泵。

(3)关闭点火开关，用跨接线将故障检查插头内 F_P 和＋B 两插孔短接(见图 3-20)。再打开点火开关，若能听到油泵运转的声音，说明 ECU 外部油泵控制电路正常，故障在 ECU 内部或继电器；若仍听不到油泵运转的声音，则为 ECU 外部油泵控制电路故障，应先检查熔断丝、继电器有无损坏，各电路有无断路或接触不良；若电路正常，则应拆检电动汽油泵。

(4)检测熔断丝。将熔断丝从熔断器盒中取出，检测其阻值应为 0。如果测得值为∞，说明熔断丝熔断。熔断丝熔断，说明电路中存在过载现象，应排除电路过载原因后，再更换相同规格的熔断丝。如果直接更换熔断丝，会导致新的熔断丝继续熔断。

(5)检测油泵继电器。ECU 控制的油泵控制系统通常采用四脚电动汽油泵继电器，由开关和 ECU 共同控制的油泵控制系统(博世 L 型或 D 型)采用五脚电动汽油泵继电器。油泵继电器常见故障有线圈烧损、触点烧蚀或触点粘连。油泵继电器检测方法如下：

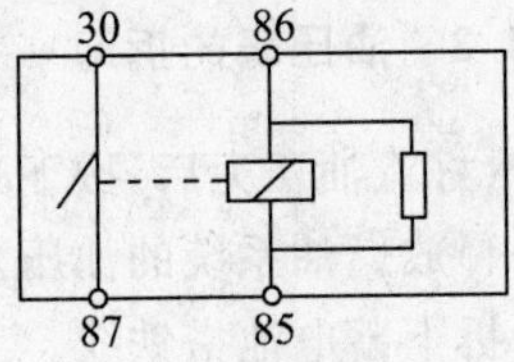

图 3-44 油泵继电器电路

30—接电源 87—接油泵 85—接 ECU

86—接点火开关进气温度传感器的安装位置

1)四脚电动汽油泵继电器的检测

四脚电动汽油泵继电器中有两脚用于接继电器的电磁线圈，另外两脚接继电器常开触点(见图 3-44)。

①用万用表电阻挡测量继电器电磁线圈两脚之间(见图 3-44 中端子 85 和 86)应能导通，常开触点两脚之间(见图 3-44 中端子 30 和 87)应不能导通，电阻阻值应为∞，否则，继电器触点粘连。

②在电磁线圈两脚接上 9～12V 电压(让继电器工作)，同时用万用表电阻挡测量常开触点两脚之间应能导通，如图 3-45 所示。若测量结果不符合要求，说明继电器不能正常工作，应更换电动汽油泵继电器。

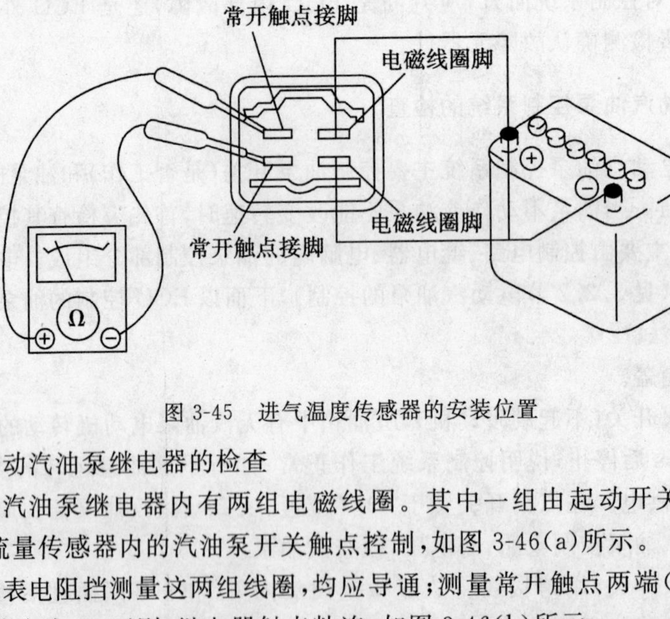

图 3-45 进气温度传感器的安装位置

2)五脚电动汽油泵继电器的检查

五脚电动汽油泵继电器内有两组电磁线圈。其中一组由起动开关控制，另一组由 ECU 或空气流量传感器内的汽油泵开关触点控制，如图 3-46(a)所示。

①用万用表电阻挡测量这两组线圈，均应导通；测量常开触点两端(F_P 和＋B)，应不导通，电阻阻值应为∞；否则，继电器触点粘连，如图 3-46(b)所示。

②分别在两组线圈两端施加 9～12 V 电压(让继电器工作)，同时用万用表电阻挡测量常开触点两脚之间应能导通，如图 3-46(c)(d)所示。若测量结果不符合要求，说明继电器不能正常工作，应更换电动汽油泵继电器。

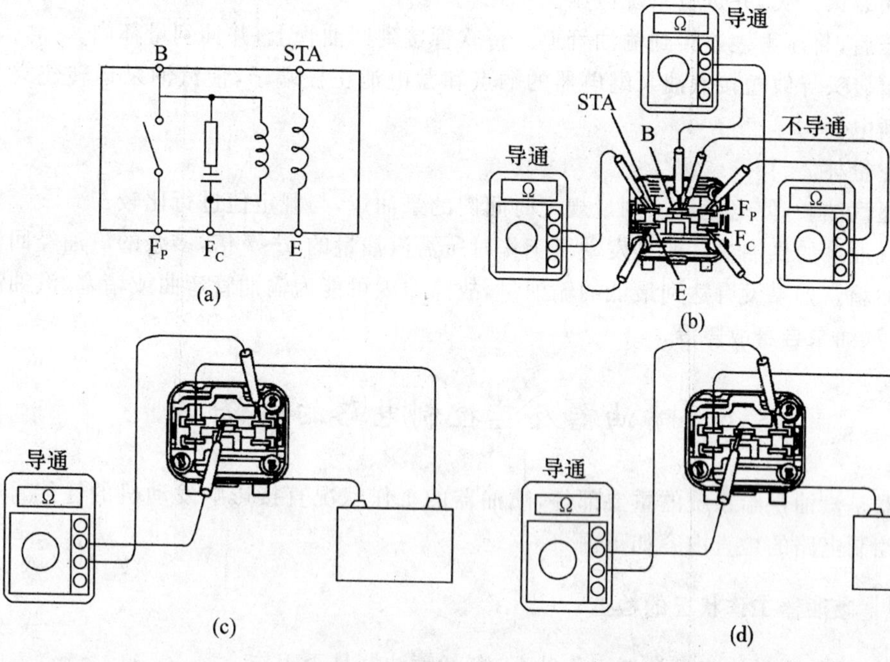

图 3-46　五脚电动汽油泵继电器的检测

3.5.2　电动汽油泵工作情况的检测

(1)电动汽油泵工作状态的检查。如图 3-47 所示,将电动汽油泵与蓄电池相接(正负极不能接错),并使电动汽油泵尽最远离蓄电池,每次接通不超过 10s(时间过长会烧坏电动汽油泵电动机的线圈),如电动汽油泵不转动,则应更换电动汽油泵。

(2)油泵电枢绕组电阻的检测。如图 3-48 所示,用万用表测量电动汽油泵电源端子和搭铁端子间的电阻,即为电动汽油泵直流电动机电枢绕组的电阻,其阻值应符合该车型规定值(一般 10Ω 左右)。如果发现电阻过小或过大,说明油泵电枢绕组存在短路、电刷接触不良或绕组有断路故障,则应更换汽油泵。

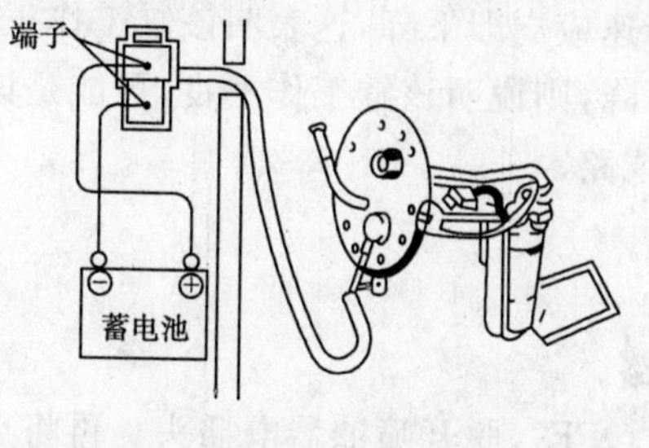

图 3-47　汽油泵泵油工作状态的检查

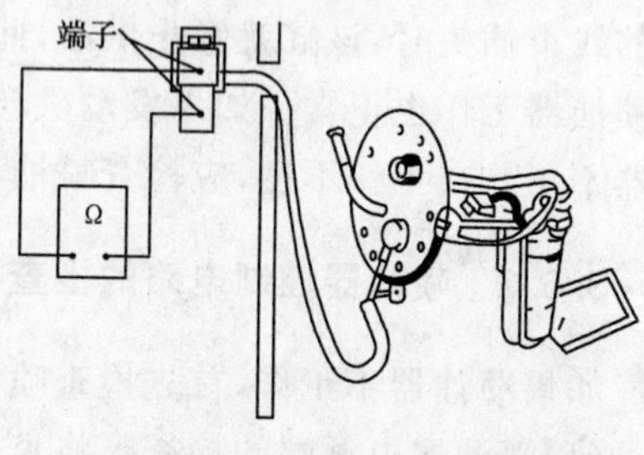

图 3-48　汽油泵电枢绕组电阻的检测

(3)电动汽油泵供油量、泵油压力的检测。如果电动汽油泵能正常运转,还要对电动汽油泵供油量和泵油压力进行检测。电动汽油泵泵油压力的检测与分析详见 3.4.2.5 节,电动汽油泵供油量的检测如下:

①关闭点火开关，并进行系统泄压。

②泄压后，将压力表连接到输油管上。将软管接到回油管上，并伸到量杯内。

③使用接头导线短接汽油泵继电器的触点和蓄电池正极端子，使汽油泵运转建立系统油压后断电。

④倒空量杯。

⑤接通汽油泵，使之运转。测量规定时间内的泵油量，与规定值进行比较。

电动汽油泵的供油量一般是发动机工作时所需汽油量的6～7倍，多余的汽油经回油管流回至油箱。如果没有达到最低的输油量，故障原因可能为输油管弯曲或堵塞、汽油滤清器堵塞、汽油泵自身故障等。

3.6 喷油器及其控制电路的检修

喷油器是汽油供给系统的重要部件，喷油器的工作状况直接影响发动机的性能。喷油器及其控制电路的检查内容如下。

3.6.1 喷油器工作状况的检查

停车情况下，通过检查喷油器工作状况，判断喷油器是否工作。

(1)听诊法。发动机热车后，怠速运转时，用旋具(螺丝刀)或听诊器接触喷油器，如图3-49所示，通过测听各缸喷油器工作的声音，来判断喷油器是否工作。若各缸喷油器工作声音清脆均匀，则各喷油器工作正常；若某缸喷油器的工作声音很小，则该缸喷油器的工作不正常，可能是针阀卡滞，应进一步检查。若听不见某缸喷油器的工作声音，则该缸喷油器不工作，应检查喷油器及其控制线路。

图3-49 用听诊法检查喷油器的工作情况

(2)断缸(油)检查法。发动机热车后，怠速运转时，依次拔下各缸喷油器的导线连接器，使喷油器停止喷油，进行断缸检查。当拔下某缸喷油器的线束插头时，该缸就停止供油，此时发动机转速应立即下降，这表明该缸工作正常，该缸喷油器工作也正常。如果发动机转速无明显下降，则说明该缸工作不良，可能是该缸喷油器不工作或工作不良，应检查喷油器及其控制线路。

3.6.2 喷油器控制电路的检查

如果喷油器不工作，首先检查喷油器控制电路。

(1)喷油器电源端的检查。将点火开关置于“OFF”，脱开喷油器电插头。再将点火开关置于点“ON”，将电压表的负表笔搭铁，正表笔先后测量线束电插头的两个端子，其中的一个端子应有12 V电压。如无电压，应检查点火开关、熔断器或主继电器及其线路。

(2)喷油器搭铁端的检查。喷油器是脉冲式的功率元件，为了避免损坏ECU中的电子电路，在ECU插接器上设有专门的引脚搭铁，以自成回路。用万用表检查ECU中的喷油器搭铁线和 ECU 的搭铁线是否搭铁良好。

(3)喷油脉冲信号的检测。自制一个串联有 330Ω 左右电阻的二极管试灯。断开点火开关，将专用检查试灯串接到喷油器连接器两插头上，如图 3-50 所示，起动发动机，二极管试灯应闪烁，否则，控制电路有故障。如果不闪烁，应检查喷油器电插头的控制端到 ECU 之间的线路及连接情况；如果所有缸喷油器电插头上的试灯都不亮，则检查与喷油控制相关的传感器输入信号(如曲轴和凸轮轴位置传感器)；如果检查部分喷油器时试灯未闪亮，则在检查完该喷油器的控制端连接情况后，检查 ECU 中的功率晶体管。

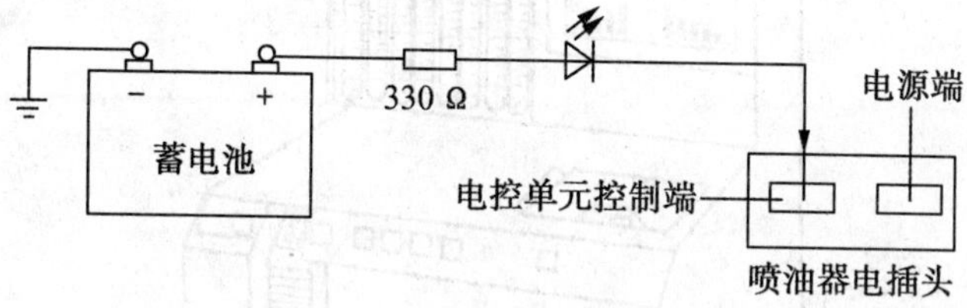

图 3-50　喷油脉冲信号的检测

也可用示波器直接检测喷油器脉冲波形来对控制电路进行检查。

3.6.3　喷油器电磁线圈电阻的检测

关闭点火开关，拔下喷油器的线束插头，用万用表测量喷油器两接线柱间的电阻，如图 3-51 所示。测量值应符合相应车型的标准。在 20℃时，高电阻型喷油器的电阻值应为 13～17Ω，低电阻型喷油器的电阻值应为 2～5Ω。如果电阻值不符，应更换喷油器。

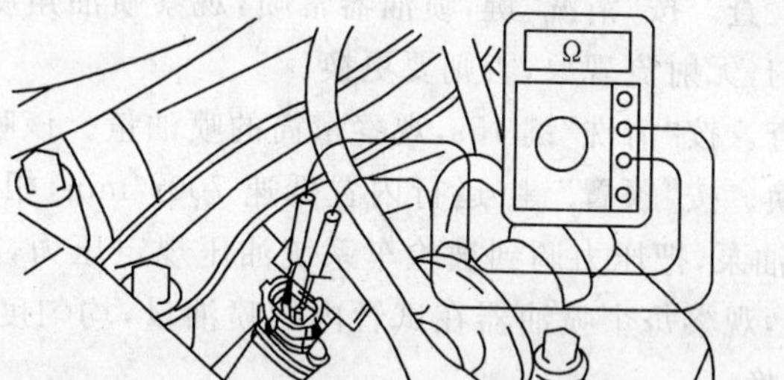

图 3-51　喷油器电磁线圈电阻的测量

3.6.4　喷油器喷油质量的检查

如果喷油器能喷油，还要检查喷油器的喷油质量。喷油质量的检查包括喷油量、喷雾质量和泄漏情况的检查。此项检查一般在喷油器自动检测清洗分析仪(见图 3-52)上进行。首先将喷油器从发动机上拆下，然后使用超声波清洗机清洗喷油器，最后将清洗完毕的喷油器安装在喷油器自动检测清洗分析仪上，连接好油管及电线。注意检查喷油器上的密封圈是否有变形或损坏，否则应更换。

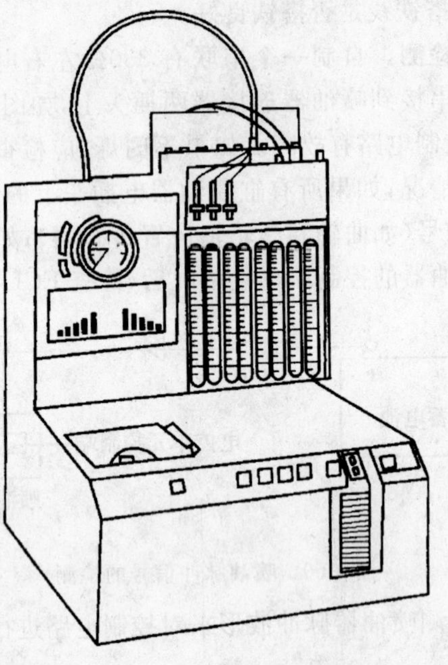

图 3-52　喷油器自动检测清洗分析仪

(1)喷油器泄漏情况的检查。起动测试仪油泵，将压力调节至该喷油器规定压力(不同车型汽油压力不同，需参考使用说明书，最好高 10%)，观察 5min 喷油器的滴漏情况。喷油器每分钟的滴漏应少于 2 滴，否则表明喷油器密封不好，应更换。

(2)喷雾质量的检查。按“清洗”键，喷油器常喷，观察喷油角度和雾化状态。喷油角度要一致，雾化要均匀，无射流现象，否则要更换。

(3)喷油量的检查。按“清洗”键 15s，观察量筒的喷油量。该喷油量应符合相应车型的规定值，否则应更换。按“预置”键(运行内置低速 700r/min，相应的脉宽为 3ms，相应次数为 4800)。打开油泵，把压力调到被检车系统油压规定压力，再按“测试”键，记数完毕(即显示“0000”)后，观察每个喷油器在试管内的喷油量，均匀度不超过 9%，则视为合格。超过范围的要更换。

表 3-1 为桑塔纳 2000GSi/GLi、捷达 AWGTX 型轿车喷油器技术参数。

表 3-1　　桑塔纳 2000GSi/GLi、捷达 AWGTX 型轿车喷油器技术参数

项　目	检测条件	2000GSi	2000GLi	捷达 AT、GTX
喷油器技术参数	室温条件下电阻/Ω	13～18	15.9±18	13～18
	发动机工作时电阻增量/Ω	4～6	4～6	4～6
	30s 喷油量/mL	78～85	78～85	70～100
	喷雾形状	小于 35°圆锥雾状		
	正常油压下漏油量	不多于 2 滴		

拓展阅读

1. 廖发良.汽车典型电控系统的结构与维修.北京:电子工业出版社,2005

2. 王遂双.汽车电子控制系统的原理与检修.北京:北京理工大学出版社,2007

3. 梁朝彦,卢浩义．汽车发动机电控系统的原理与维修．北京:北京航空航天大学出版社,2009

4. 韩建国.汽车电控系统检测与维修实训.北京:机械工业出版社,2008

5. 曹红兵.汽车发动机电控技术原理与维修.北京:机械工业出版社,2008

6. 冯渊.电控发动机维修.北京:机械工业出版社,2002

复习思考

1.汽油机电控燃油喷射系统的功用是什么？由哪几部分组成？简述其工作过程。

2.汽油机电控燃油喷射系统主要有哪些类型？它们各有何特点？

3.汽油供给系统的功用是什么？由哪些部件组成？分别安装在什么位置？画出其系统框图。

4.汽油机电控燃油喷射系统对汽油泵的要求是什么？电动汽油泵及其控制系统是如何实现这些要求的？

5.汽油脉动阻尼器的功用是什么？

6.汽油压力调节器的功用是什么？它是如何实现的？

7.电磁喷油器有哪些类型？它是如何工作的？

8.电子控制系统是怎样对喷油量进行控制的？

9.汽油供给系统油压的检测项目有哪些？如何检测？检测时有哪些注意事项？如何根据检测结果判断故障部位？

10.如何检测判断汽油压力调节器的工作情况？

11.如何对电动汽油泵控制电路进行检查？如何检测判断电动汽油泵的工作情况？

12.如何对喷油器控制电路进行检查？如何检测判断喷油器的工作情况？

13.分析汽油供给系统的故障诊断步骤(思路)。

第4章 汽油机进气控制系统的原理与检修

学习目标

1. 能通过观察，分辨汽油机进气控制系统的组成和部件，并描述其原理。

2. 能利用有关技术资料，查找并说明具体车型发动机进气控制系统各部件及其控制电路的类型和特点。

3. 能正确使用仪器设备，完成进气控制系统各执行器及其控制电路的检测，并分析检测结果。

考核标准

知识要求：

1. 能了解并说明汽油机进气控制系统的组成系统及其功能。

2. 能描述怠速控制系统、电子节气门控制系统、可变气门控制系统、可变进气管控制系统的组成、主要控制功能和控制过程，各执行器及其控制电路的类型、结构和工作原理。

技能要求：

1. 能对怠速控制系统各执行器及其控制电路进行检测，并分析检测结果。

2. 能对电子节气门控制系统各执行器及其控制电路进行检测，并分析检测结果。

3. 能对可变气门控制系统各执行器及其控制电路进行检测，并分析检测结果。

教学建议

教具：带有电控汽油机的轿车整车，汽油机电控系统示教板，汽油机电控系统故障诊断实训台架，各种类型的怠速控制阀、电子节气门、气门正时控制阀等实物，汽油机电控系统检测诊断实训软件。

建议：14学时，其中安排进气控制系统主要部件及其电路检测实训4学时。

4.1　汽油机进气控制系统概述

4.1.1　汽油机空气供给系统的功用与组成

汽油机空气供给系统的功用是：在发动机工作时，由驾驶员通过加速踏板操纵节气门的开度，以此来改变进气量，控制发动机的运转。

空气供给系统由空气滤清器、空气流量计、节气门、怠速控制阀、进气总管或进气腔、进气歧管等组成（见图 4-1）。

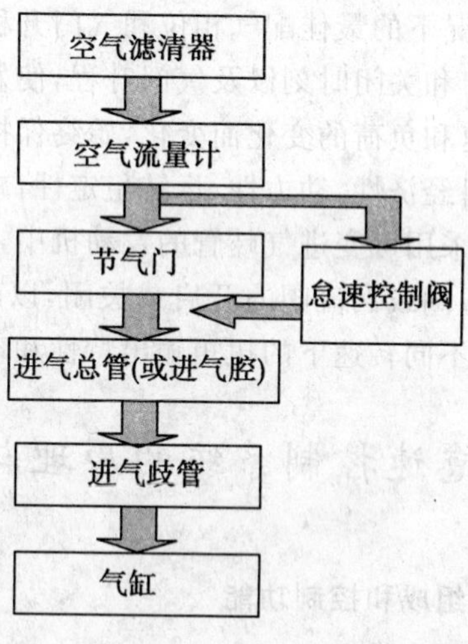

图 4-1　汽油机空气供给系统的组成

进入发动机的空气经空气滤清器滤去尘埃等杂质后，流经空气流量计，沿节气门通道进入进气总管或进气腔，再经进气歧管，最后经进气门进入各个气缸中；发动机怠速运转时，节气门关闭，空气经怠速控制阀绕过节气门进入气缸。

早期一些采用节气门直动式怠速控制的发动机没有怠速控制阀，现代一些采用电子节气门的发动机也取消了怠速控制阀，这些发动机在怠速时，由 ECU 通过调整节气门的开度来控制怠速。

4.1.2　汽油机进气控制系统的功用、组成与工作原理

进气控制是发动机电控系统除燃油控制、点火控制之外的另一个重要的控制内容，其功用是控制或改善发动机的进气量，以实现对发动机怠速的控制、电子节气门的控制、可变气门机构的控制、可变进气管的控制等任务，从而提高发动机怠速运转的稳定性、发动机的动力性、降低耗油量和排放污染。

进气控制系统包括怠速控制系统、电子节气门控制系统、可变气门控制系统、可变进气管控制系统等。

怠速控制系统：发动机电控系统具有对发动机的怠速转速进行自动控制的功能，ECU 通过各种传感器测得发动机工作温度、负荷等因素，确定最佳的怠速转速，并通过怠

速控制阀或电子节气门,自动控制怠速时的进气量,达到控制怠速转速的目的,使发动机在各种情况下具有稳定的怠速转速,防止怠速不稳或熄火,并尽可能地降低怠速时燃油消耗量和排放污染。

电子节气门控制系统:在采用电子节气门的发动机中,ECU 根据各种传感器测得驾驶员对加速踏板的操纵情况,同时根据发动机转速、汽车车速等因素,计算并确定在该工况下的最佳节气门开度,通过电子节气门执行器,控制节气门的开启和关闭,保证汽车获得最佳的动力性和燃油经济性,提高安全性和乘坐舒适性。此外,发动机电控系统还可以通过电子节气门实现牵引力控制、巡航控制等功能。

可变气门控制系统:在采用可变气门机构的发动机中,ECU 根据各种传感器测得的运转工况,计算并确定在该工况下的最佳配气相位和气门升程,通过正时控制电磁阀等执行机构,改变进、排气门的开启和关闭时刻以及气门升程,使发动机的配气相位、气门叠开角和气门升程能随发动机转速和负荷的变化而变化,始终保持最佳,从而保证发动机在任意转速和负荷都有良好的燃料经济性、动力性、运转稳定性,减少排放污染。

可变进气管控制系统:在采用可变进气歧管的发动机中,ECU 根据发动机工况,通过执行机构控制进气管中的谐振阀或涡流阀的开启或关闭,以改变进气的动力效应和涡流强度,以改善和提高发动机在不同转速下的扭矩输出特性和动力性。

4.2 怠速控制系统的原理与检修

4.2.1 怠速控制系统的组成和控制功能

1. 怠速控制系统的作用与组成

怠速控制系统是发动机电控系统的一个组成部分,它由相关的传感器、ECM(Engine Control Module,也称 ECU)、怠速控制阀等组成(见图 4-2),其作用是在发动机怠速运转时(即节气门全关时),自动控制发动机的怠速转速,使发动机在不同的运转条件都有最适当的怠速转速,提高怠速转速的稳定性,改善怠速工况下的排放性能,并保证发动机和汽车其他有关系统在怠速工况下的正常工作。

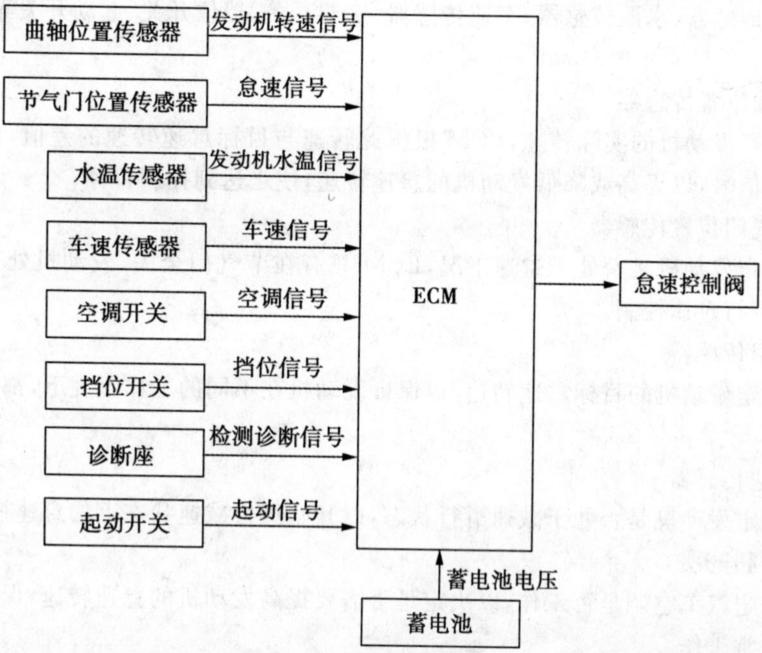

图 4-2　怠速控制系统的组成

当发动机处于怠速工况时，节气门全关，此时发动机的进气是通过一条绕过节气门的旁通气道进入进气歧管的。ECM 根据有关传感器获得与发动机怠速运转有关的信号，通过怠速控制阀控制旁通气道的大小，以改变发动机在怠速运转时的进气量，实现对发动机怠速转速的控制(见图 4-3)。

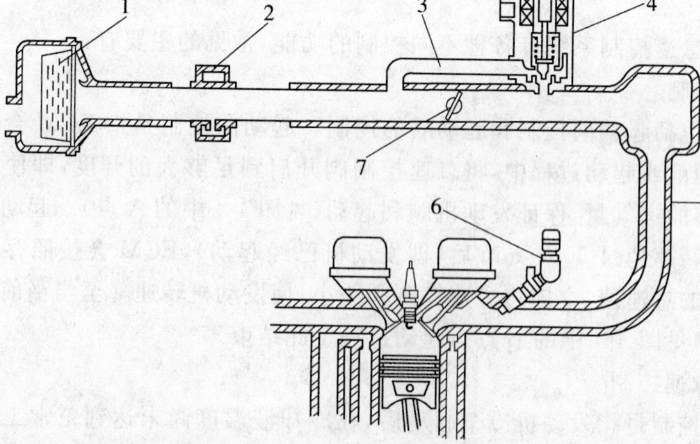

图 4-3　怠速控制系统的工作原理

1—空气滤清器　2—空气流量计　3—旁通气道　4—怠速控制阀
5—进气歧管　6—喷油器　7—节气门

在发动机电控系统中，与怠速控制有关的传感器及控制开关主要有曲轴位置传感器、节气门位置传感器、水温传感器、车速传感器、空调开关、挡位开关、起动开关等，其作用分别是：

(1)曲轴位置传感器

用于计算发动机的实际转速，ECM 根据此转速与目标怠速转速的差值，向怠速控制阀发出控制信号，以提高或降低发动机的怠速转速，使之达到控制目标。

(2)节气门位置传感器

用于判定发动机是否处于怠速工况，ECM 只有在节气门全关、发动机处于怠速工况时，才开始进行怠速控制。

(3)水温传感器

用于确定发动机的目标怠速转速，以保证发动机在不同的工作温度下，都有最合适的怠速转速。

(4)车速传感器

用于判定发动机是否处于减速滑行状态，以开始进行减速状态下的怠速控制。

(5)空调开关

用于判定汽车空调是否工作，以决定是否需要提高发动机的怠速转速，保证汽车空调压缩机的正常工作。

(6)挡位开关

用于判定汽车自动变速器是否已经挂上挡位，以便进行相应的怠速控制。

(7)起动开关

用于判定发动机是否处于起动工况，以便进行相应的起动怠速控制，例如将怠速控制阀开启到适当的开度，以改善发动机的起动性能。

2. 怠速控制系统的主要控制功能

不同发动机的怠速控制系统有各种不同控制的功能，常见的主要有：

(1)起动过程控制

起动过程控制包括起动前控制和起动后的控制。起动前控制是指 ECM 会根据起动开关的信号，在起动前或起动过程中，将怠速控制阀开启到足够大的开度，即使此时节气门全关，也能有足够的进气量，保证发动机顺利起动(见图 4-4 中的 A 点)。起动后控制是指在发动机起动中转速超过 500r/min 后(即发动机已经起动)，ECM 会按照存储器内储存的不同工作温度的怠速值，立即将怠速控制阀关小，使发动机转速降至与当前工作温度相适应的怠速转速(见图 4-4 中的 B 点)，起动过程至此结束。

(2)暖机过程怠速控制

暖机过程怠速控制是指发动机冷车起动后，在冷却液温度尚未达到正常工作温度的冷车运转过程中，ECM 会通过改变怠速控制阀的开度，将发动机怠速保持在与当前工作温度相适应的较高转速值(见图 4-4 中的 B→C)，以保证发动机冷车工况下的怠速运转稳定性。发动机冷却液温度越低，ECM 所控制的怠速转速就越高。这一控制过程从发动机起动后即开始，一直持续到发动机达到正常工作温度为止(通常为 70℃～80℃)。这种在冷车工况下较高的怠速也称为冷车快怠速。

(3)无负荷怠速控制

无负荷怠速控制是指发动机在正常工作温度下处于怠速运转工况时(即节气门全关),如果发动机没有其他负荷,ECM 会控制发动机的怠速转速,使之保持为某一目标值(通常为 700～800r/min),以保证其具有最佳的怠速稳定性和较低的排放污染。此时 ECM 会从曲轴位置传感器获得的发动机实际转速,并将该转速与目标怠速转速相比较,一旦发现发动机的实际转速与目标怠速转速不同,就会通过改变怠速控制阀的开度,控制发动机的进气量,直至发动机转速达到目标值为止(见图 4-4)。

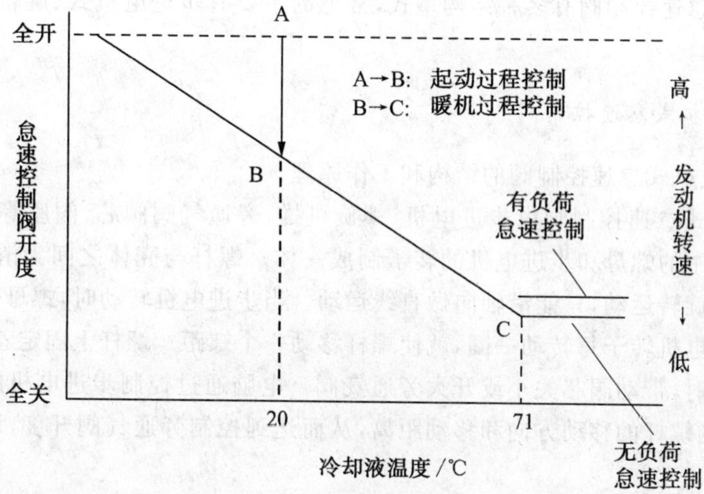

图 4-4　怠速控制系统的主要功能

(4)有负荷快怠速控制

有负荷快怠速控制是指发动机在正常工作温度下,处于怠速运转工况时,ECM 会根据有关传感器或开关的信号(如空调开关、挡位开关等),在发动机有一定的负荷时(如使用汽车空调、自动变速器挂上挡位、开启大灯或后窗除霜器等用电设备、转向助力器工作等),自动提高怠速转速,以防止发动机在怠速工况下因负荷过大而熄火,同时保证所开启的系统对发动机怠速转速的要求(如空调压缩机要求发动机有较高的怠速转速,通常为 900r/min)。这种在不同负荷下较高的怠速转速也称为快怠速(如空调快怠速等)。

(5)减速控制

有些发动机的怠速控制系统具有减速控制功能。这种功能是在发动机节气门突然关闭时,ECM 会控制怠速控制阀的开度,逐渐减小发动机的进气量,延缓发动机转速的下降速率,以改善发动机的排放性能,同时防止发动机在急减速时由于进气管真空度过大,燃油过度蒸发,导致混合气太浓,造成发动机熄火。

除了上述各种功能外,有些发动机的怠速控制系统还将蓄电池电压作为怠速控制的一个参考信号,当蓄电池电压过低时,ECM 会通过怠速控制阀提高发动机的怠速转速,以提高发电机的充电电压。

许多发动机电控系统还能通过诊断座接收来自电脑检测仪的相关指令,并据此控制发动机的怠速转速。ECM会根据维修人员通过电脑检测仪发出的诸如提高转速、降低转速、保持初始转速等指令，向怠速控制阀发出相应的控制信号，以控制其开度，从而改变发动机的怠速转速，满足维修人员的检测要求。

4.2.2 怠速控制阀

怠速控制阀通常安装在节气门体上，其作用是由发动机电脑控制其阀门的开度，改变绕过节气门的旁通气道的大小来，从而增加或减少发动机的怠速进气量，以达到控制怠速转速的目的。怠速控制阀有多种结构型式，常见的主要有步进电机式、旋转电磁阀式、线性电磁阀式等。

1. 步进电机式怠速控制阀

(1)步进电机式怠速控制阀的结构和工作原理

步进电机式怠速控制阀由步进电机、螺旋机构、旁通气阀阀芯、阀座等组成(见图4-5)。螺旋机构中的螺母和步进电机的转子制成一体。螺杆与壳体之间为滑动花键连接，使螺杆不能作旋转运动，只能沿轴向做直线运动。当步进电机转动时，螺母带动螺杆做轴向移动。步进电机转子每转动一圈，就使螺杆移动一个螺距。螺杆上固定着阀芯，螺杆向前或向后移动时，带动阀芯关小或开大旁通气阀。电脑通过控制步进电机的转动方向和转角，就可控制螺杆的移动方向和移动距离，从而达到控制旁通气阀开度，调整怠速进气量的目的。

步进电机是一种可由脉冲电信号来控制其转角和转动方向的电机。步进电机的旋转是以固定的角度一步一步运行的，当它每接收到一个脉冲信号时，就会按设定的方向转动一个固定的角度(称为“步进角”)。可以通过控制脉冲的个数来控制其转角的大小，通过控制脉冲频率来控制电机转动的速度。

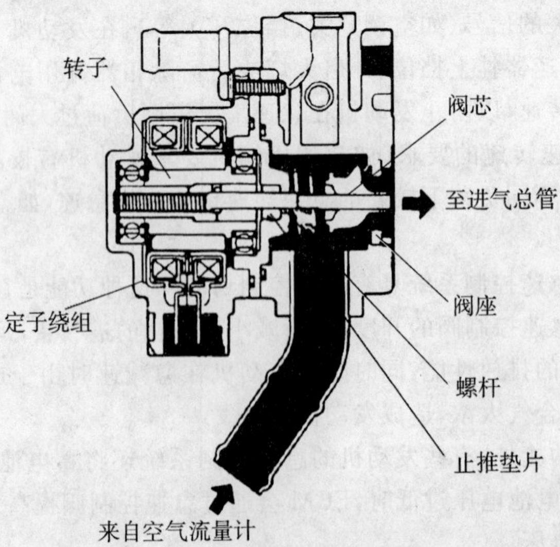

图4-5 步进电机式怠速控制阀

步进电机有多种类型，应用在怠速控制阀中的步进电机主要有永磁型、反应型两种。

图 4-6 是一种有 2 个励磁绕组、步进角为 90°的两相永磁型步进电机的工作原理图。它与普通直流电机基本相同，由转子和定子组成。其转子是一个永久磁铁。定子又分为定子铁心和定子绕组。定子铁心由矽钢片叠压而成，其形状如图 4-6(a)所示。定子绕组是绕置在定子铁心 4 个均匀分布的齿上的线圈，在直径方向上相对的两个齿上的线圈串联在一起，构成一相励磁绕组。如图 4-6 所示的步进电机有两个独立的绕组，故也称为两相步进电机。当向 BB_1 绕组输入一个电脉冲时，在磁力同性相斥、异性相吸的原理作用下，转子对准定子的相应磁极；当 BB_1 绕组的脉冲电流消失后，向 AA_1 绕组输入另一个电脉冲时，转子将朝逆时针方向转动 90°。若依次按＋A、－B、－A、＋B 的顺序把 4 个电脉冲输入电机定子绕组，就能使转子朝逆时针方向转动一整圈 。若按＋A、＋B、－A、－B 的顺序输入电脉冲，电机转子就会朝顺时针的方向转动一圈。每输入一个脉冲使电机转动的角度称为步进电机的步进角。增加定子的磁极或励磁绕组的个数(即相数)，都可以减小步进角，获得更高的控制精度。这种步进电机的步进角有 30°、15°、7.5°、3.75°、2.5°、1.8°等。

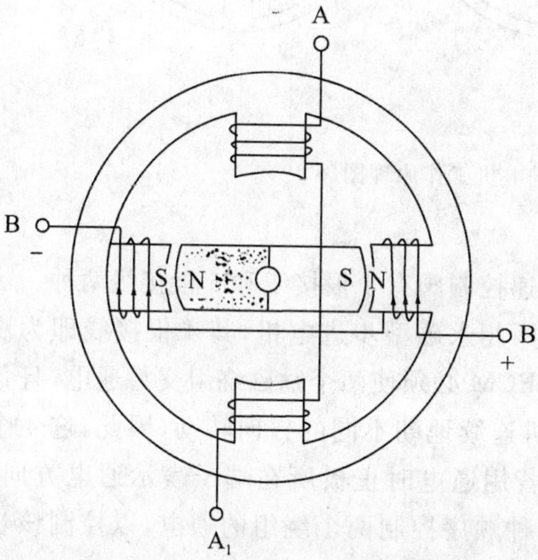

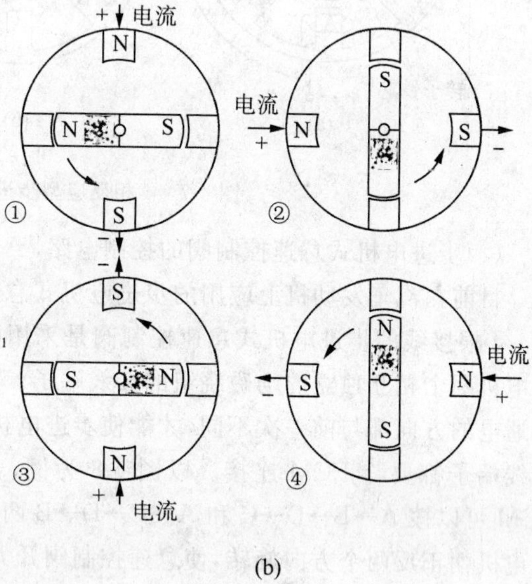

图 4-6　两相永磁型步进电机工作原理图

图 4-7 是一种有 4 个励磁绕组、步进角为 15°的 4 相反应型步进电机的工作原理图。它的转子由软铁制成，没有磁铁和绕组，只是形成均匀分布的 6 个凸齿。定子铁芯的形状如图 4-7(a)所示，定子绕组绕置在定子铁芯 8 个均匀分布的齿上，在直径方向上相对的两个齿上的线圈串联在一起，构成一个励磁绕组。定子的 8 个凸齿上共绕有相互独立的 A、B、C、D4 个励磁绕组(图中只画出其中 1 组)，故也称 4 相步进电机。

反应型步进电机是利用转子和定子的凸齿在磁力作用下相互吸引而使转子转动的。若任一相绕组通电，便形成一组定子磁极。当 A 相绕组通电而 B、C、D 相不通电时，便会在 AA 方向上产生一磁场，在磁力的作用下，吸引转子，使转子上相对的某 2 个齿与定子 A 磁极上的齿对齐[如图 4-7(a)中的齿 1、4]，此时 2、5 两个齿与 B 磁极上的齿错开 15°。

因此，若在A相通电后改为B相通电，A、C、D相断电，新的磁场磁力便会吸引转子的2、5两个齿与B磁极上的齿对齐，使转子沿逆时针方向转过15°[图4-7(a)]，此时3、6两个齿与C磁极上的齿错开15°。同理，若在B相通电后改为C相通电，A、B、D相断电，转子又会沿逆时针方向转过15°，使3、6两个齿与C磁极上的齿对齐[图4-7(a)]。如果ECM不停地按A→B→C→D→A→的顺序控制步进电机绕组的通断电，步进电机的转子便不停地逆时针转动。反之，若通电顺序改为A→D→C→B→A→步进电机的转子将顺时针不停地转动。

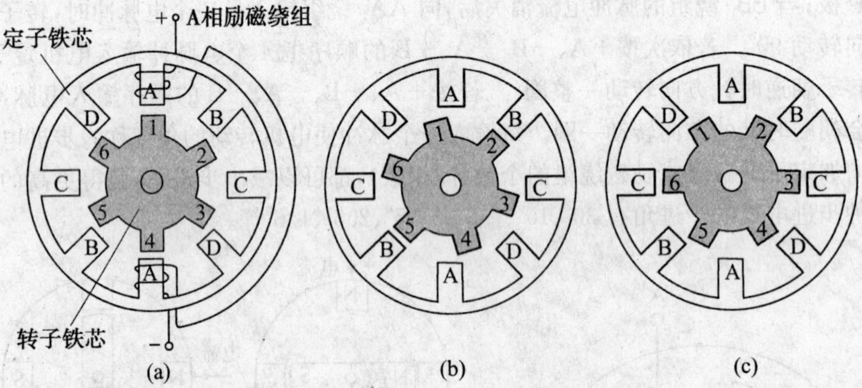

图4-7 4相反应型步进电机工作原理图

(2)步进电机式怠速控制阀的控制电路

目前在汽车发动机上应用的步进电机式怠速控制阀有4根接线和6根接线两种。

4根接线的步进电机式怠速控制阀是采用两相永磁型步进电机，其4根接线即为步进电机两个相互独立的励磁绕组的接线端子。ECM必须使两个励磁绕组交替通电，且每次通电的方向都与前一次不同，才能使步进电机连续地朝不同的方向转动，因此，这4个接线端子都要与ECM连接。以图4-8为例，若用通电时正极所在端子表示通电方向，ECM可以按A→B→D→C和A→C→D→B两种顺序控制两个绕组的通电，以控制该步进电机朝正反两个方向旋转，使怠速控制阀开大或关小。

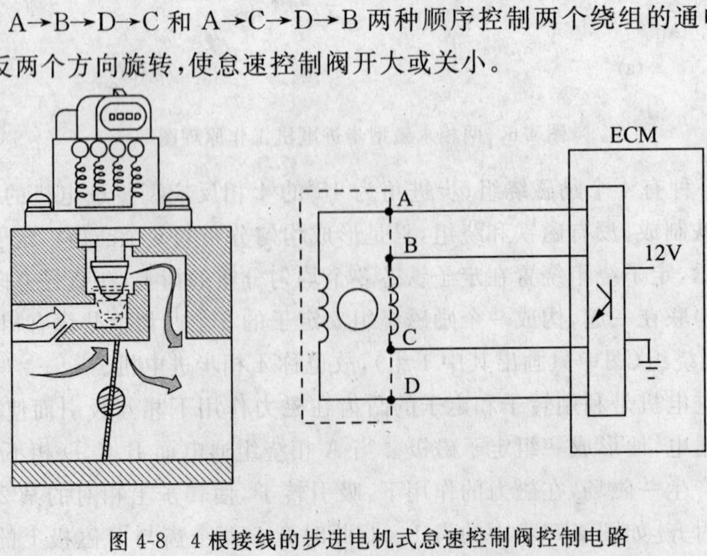

图4-8 4根接线的步进电机式怠速控制阀控制电路

6 根接线的步进电机式怠速控制阀采用的是 4 相反应型步进电机，这种步进电机各绕组的通电方向是固定不变的，其 6 根接线中有 2 根是 4 个绕组的电源端，另外 4 根则为 4 个绕组的搭铁端，分别与 ECM 连接（见图 4-9）。ECM 让各绕组以一定的顺序依次通电，从而控制电机的旋转方向，改变怠速控制阀的开度。若将步进电机定子上的绕组按排列顺序命名为 S_1、S_2、S_3、S_4，则 ECM 控制各绕组的通电顺序有 $S_1 \to S_2 \to S_3 \to S_4$ 和 $S_1 \to S_4 \to S_3 \to S_2$ 两种，分别控制该步进电机朝正反两个方向旋转，使怠速控制阀开大或关小。

步进电机的绕组每通电 1 次，怠速控制阀就朝开启或关闭的方向移动一步。大部分发动机的电控系统将步进电机式怠速控制阀从全关到全开的全部行程分为 125 步。在关闭点火开关使发动机熄火时，ECM 会控制 EFI 主继电器延迟断开约 2s，在此期间，ECM 会将步进电机式怠速控制阀开启到全开位置，为发动机的起动做好准备，并将此位置作为控制其开度的基准。

由于这种怠速控制阀是由步时电机通过螺旋机构驱动阀门，因此可将阀门设计得足够大，从而能在较大的范围改变怠速进气量，为发动机提供从冷车快怠速到正常怠速所需的进气量变化。

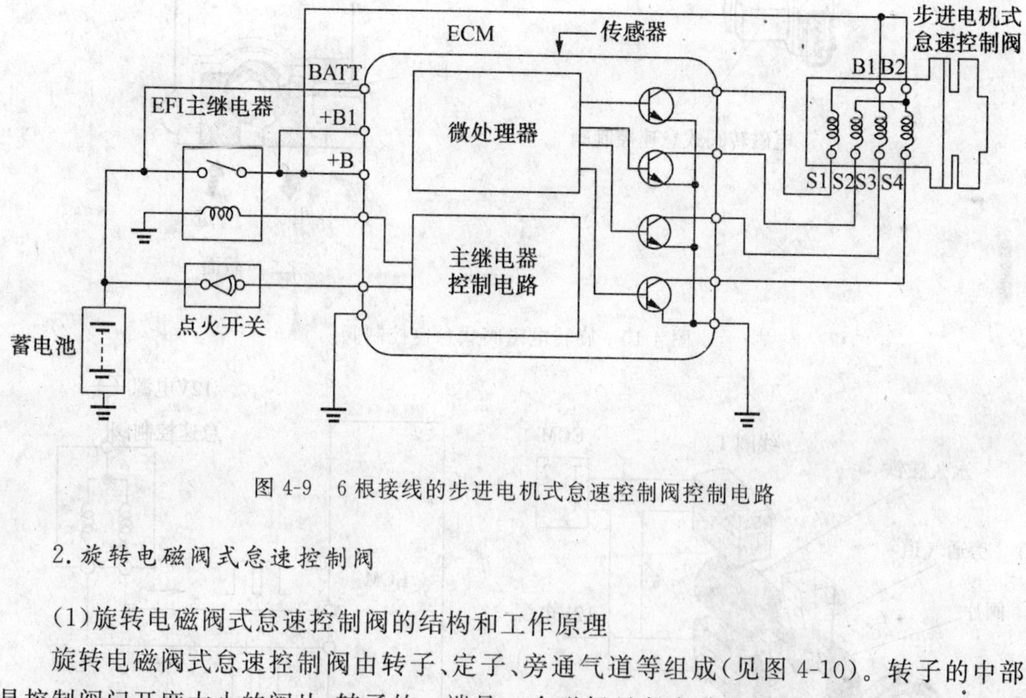

图 4-9　6 根接线的步进电机式怠速控制阀控制电路

2. 旋转电磁阀式怠速控制阀

（1）旋转电磁阀式怠速控制阀的结构和工作原理

旋转电磁阀式怠速控制阀由转子、定子、旁通气道等组成（见图 4-10）。转子的中部是控制阀门开度大小的阀片，转子的一端是一个磁场呈径向分布的圆柱形永久磁铁。定子由电磁线圈和铁芯组成。电磁线圈未通电时，转子由于其端部的永久磁铁与铁芯的相互吸引而处于某个固定的位置，此时阀片使旁通气道有一较小的开度；当电磁线圈通电时，铁芯中产生磁场。永久磁铁在该磁场的作用下，带动转子偏转至某一角度并保持不动。

传统的旋转电磁阀式怠速控制阀的定子中有两个相对布置、极性相反的电磁线圈[见图 4-11(a)]。其中一个线圈产生的磁场使阀门关闭，另一个线圈产生的磁场则使阀门开启。ECM以频率相同、相位相反的两个正方波脉冲电信号同时控制这两个电磁线圈的电流[见图4-11(b)]，并通过改变脉冲电信号的占空比来控制两个电磁线圈通电电流的大小，达到控制阀门开度的目的。所谓占空比是指在一串频率固定的脉冲信号(一般为方波)中，正脉冲(高电平)的持续时间与脉冲总周期的比值[见图4-11(c)]。当一个电磁线圈因脉冲电信号的占空比增加而使磁场强度增大时，另一个线圈的脉冲电信号的占空比则减小，而使磁场强度减弱[见图4-11(d)]，转子在两个磁场的作用下偏转至某一角度。

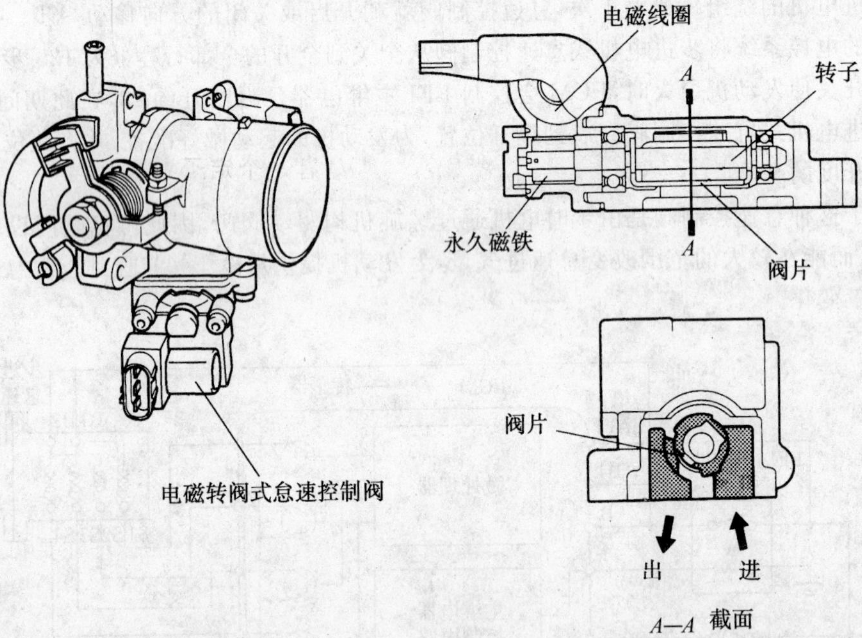

图4-10　旋转电磁阀式怠速控制阀

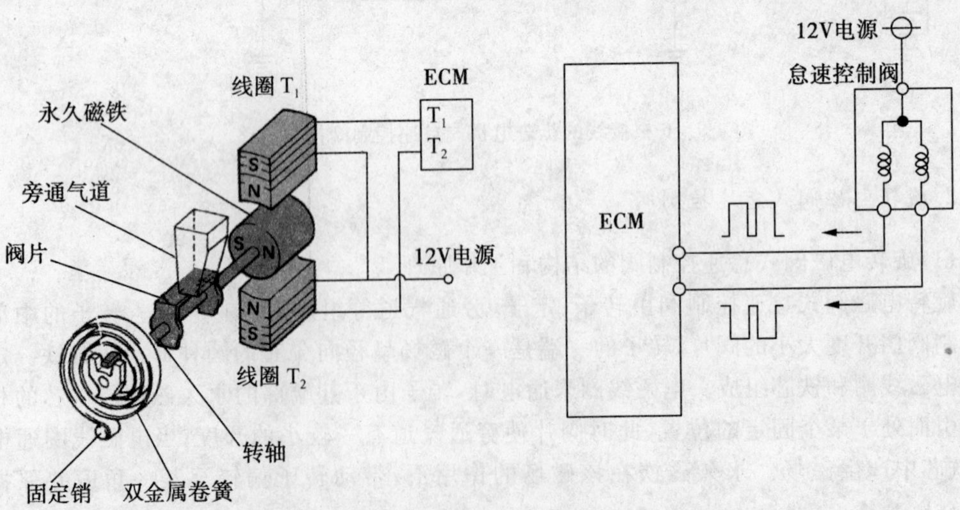

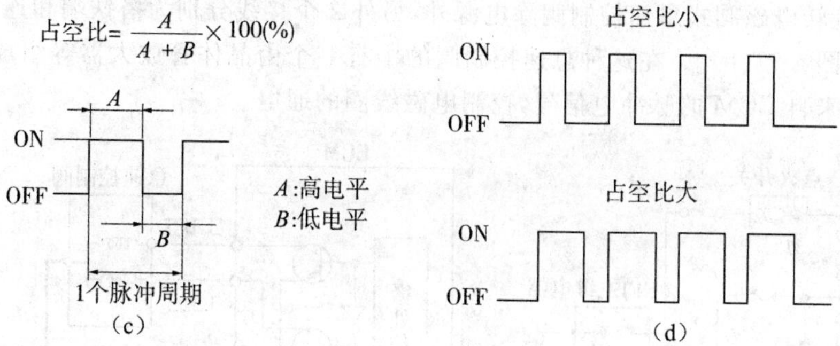

图 4-11　旋转电磁阀式怠速控制阀的工作原理

近年来采用的新型旋转电磁阀式怠速控制阀只有一个定子线圈[见图 4-12(a)]，ECM 通过改变脉冲电信号占空比的大小控制该定子线圈的电流[见图 4-12(b)]，以改变磁场强度的大小，达到改变转子的偏转角度和怠速控制阀开度的目的。

有些旋转电磁阀式怠速控制阀中有一个双金属卷簧。卷簧的一端固定在阀体上，另一端与转子连接。由于双金属卷簧会随着流经怠速控制阀水道的发动机冷却液温度的变化而产生扭转变形，从而改变了转子在自由状态下的位置，也即改变了怠速控制阀的初始开度。当怠速控制阀因控制电路出现故障而断电时，双金属片卷簧可使发动机的怠速转速仍能随发动机工作温度的不同而变化，从而在一定程度上实现冷车快怠速的自动调整。

旋转电磁阀式怠速控制阀转子的最大转动范围通常为 90°～180°，因此其所控制的旁通气道的大小有限，无法满足发动机所有怠速工况对进气量的控制需求，往往要和其他的怠速控制阀共同使用。

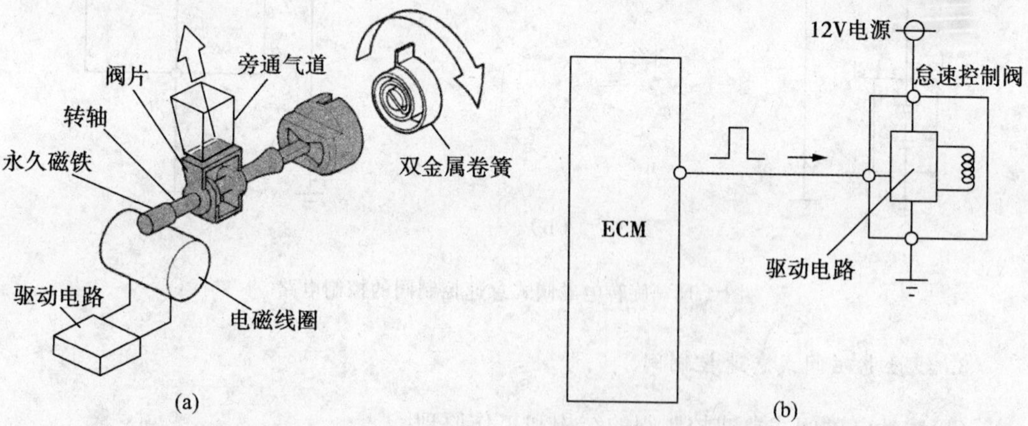

图 4-12　新型旋转式怠速控制阀的工作原理

(2)旋转电磁阀式怠速控制阀的控制电路

旋转电磁阀式怠速控制阀有 3 个接线端子，其中 1 根为来自 EFI 主继电器的 12V 电源。传统的旋转电磁阀式怠速控制阀除了电源接线外，另外 2 根接线是 2 个电磁线圈的搭铁控制端，都与 ECM 连接[见图 4-13(a)]。ECM 用互为反相的两个脉冲电信号分别控制这 2 个电磁线圈的电流。

新型的旋转电磁阀式怠速控制阀除电源外，另外 2 个接线分别为搭铁端和连接 ECM 的控制端[见图 4-13(b)]。在这种怠速控制阀的中有一个由晶体管放大器等组成的驱动电路，它根据来自 ECM 的脉冲电信号，控制电磁线圈的通电。

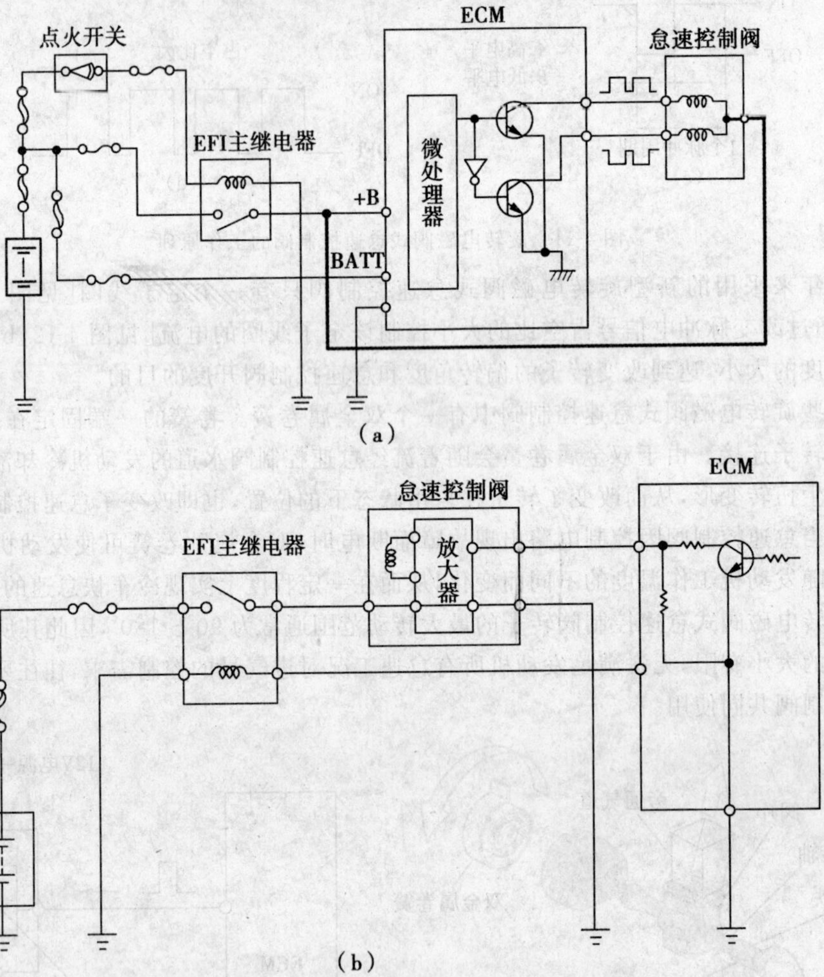

图 4-13　旋转电磁阀式怠速控制阀的控制电路

3. 线性电磁阀式怠速控制阀

(1)线性电磁阀式怠速控制阀的结构和工作原理

线性电磁阀式怠速控制阀是用一个线性电磁阀来控制阀门的开度，从而控制旁通气道的进气量。线性电磁阀在结构上与普通电磁阀基本相同，由电磁线圈、固定衔铁、活动衔铁、阀芯、阀座等组成(见图 4-14)。

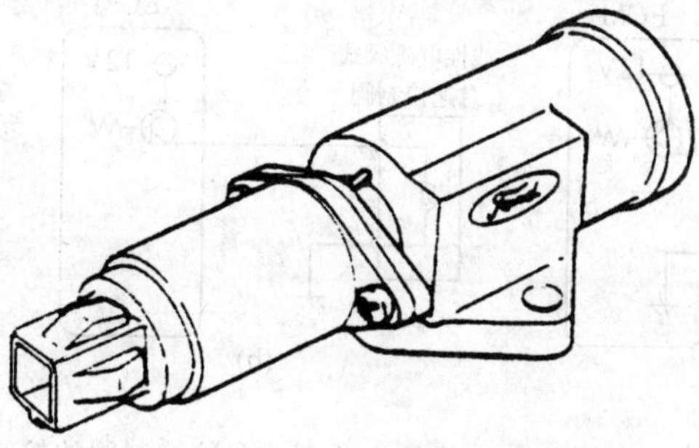

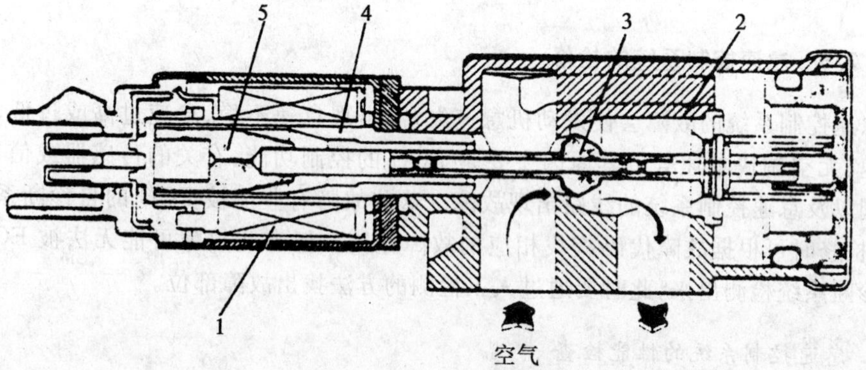

图 4-14　线性电磁阀式怠速控制阀

1—线性电磁阀线圈　2—阀座　3—阀芯　4—固定衔铁　5—活动衔铁

当电磁线圈通电时，产生磁力，活动衔铁被吸向右边，靠向固定衔铁，同时带动阀芯打开阀门，使旁通气道开启；当电磁线圈断电时，活动衔铁和阀芯在回位弹簧的作用下左移，关闭旁通气道。

线性电磁阀和普通电磁阀的不同之处是它的控制信号不是一个恒定的电压信号，而是一个频率不变的脉冲电信号，由 ECM 通过脉冲电信号的占空比来控制其阀门的开度，达到控制旁通气道进气量的目的。当怠速过低时，ECM 提高脉冲电信号的占空比，增加进气量；反之，当怠速过高时，降低占空比，减少怠速进气量。

线性电磁阀式怠速控制阀所控制的旁通气道的大小和旋转电磁阀式怠速控制阀一样有限，无法满足发动机所有怠速工况对进气量的控制需求，也需要和其他的怠速控制阀共同使用。

(2)线性电磁阀式怠速控制阀的控制电路

线性电磁阀式怠速控制阀只有两个接线端子，分别为电源和搭铁端。这种怠速控制阀以 12V 电压为工作电源，由 ECM 中的晶体管开关电路控制该电路的通断，从而形成脉冲电信号。其控制电路依汽车厂家或车型的不同有多种形式，ECM 可以控制其电源端[见图 4-15(a)、(b)]，也可以控制其搭铁端[见图 4-15(c)]；其搭铁端可以直接搭铁[见图 4-15(b)]，也可以经过 ECM 搭铁[见图 4-15(a)]。

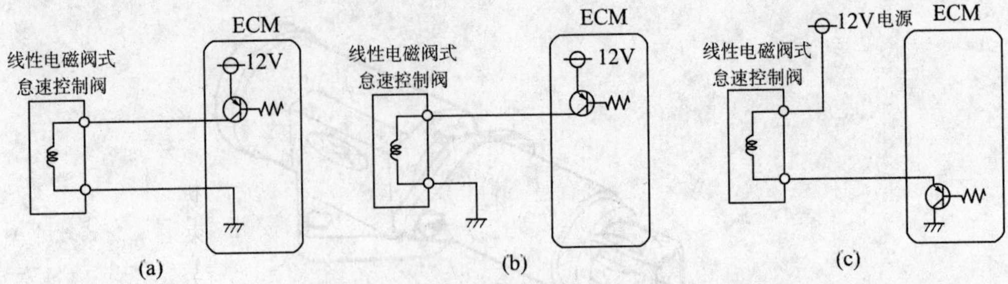

图 4-15 线性电磁阀式怠速控制阀的控制电路

4.2.3 怠速控制系统的检修

怠速控制系统的故障会使发动机怠速失常，出现怠速不稳、怠速过高或过低、无冷车快怠速、无空调快怠速等。其原因主要是 ECU 的控制功能、有关的传感器或信号、怠速控制阀以及怠速控制系统的线路出现故障。这些故障有些能被 ECU 的自诊断系统检测出来，检修时可根据故障代码查找相应的故障原因。但有些故障可能无法被 ECU 的故障自诊断系统检测出来，此时要通过人工检测的方法找出故障部位。

1. 怠速控制系统的性能检查

当发动机的怠速运转出现异常时，应先对怠速控制系统的工作性能进行检查，以判断怠速控制系统是否有故障。怠速控制系统工作性能的检查方法如下：

(1)在冷车状态下起动发动机，暖机过程中发动机怠速应能达到规定的快转怠速(通常为 1500r/min 左右)。在发动机达到正常工作温度后，怠速转速应能恢复正常(通常为 750r/min 左右)。如果冷车起动后怠速不能按上述规律变化，则说明怠速控制系统有故障。

(2)当发动机达到正常工作温度后，打开空调开关，发动机怠速应能上升至 900r/min 左右。若打开空调开关后发动机转速下降，则说明怠速控制系统有故障，无法完成空调快怠速控制。

(3)对于有怠速转速调整螺钉的发动机，可在发动机怠速运转中对怠速调整螺钉做少量调整(检查结束后应使怠速调整螺钉恢复原来位置)。如果怠速控制系统工作正常，在调整时发动机怠速转速应不会发生明显变化。若在调整中怠速转速有明显变化，说明怠速控制系统不工作。

(4)用数字万用表或示波器测量怠速控制阀各个端子上的信号。如果在发动机怠速运转中，怠速控制阀线束插头有脉冲电信号输出，说明怠速控制系统的有关传感器和 ECU 的怠速控制功能正常。若无脉冲电信号输出，可打开空调开关后再测试；若仍无脉冲电信号输出，说明怠速控制系统不工作。

2. 怠速控制系统主要部件及其电路的检测

(1)步进电机式怠速控制阀其电路的检测

1)步进电机式怠速控制阀的工作检查

在发动机熄火后拔下步进电机式怠速控制阀的线束插头,起动发动机,此时发动机怠速转速应很高(约 1500r/min 或更高)。在此情况下将怠速控制阀的线束插头插上,此时发动机怠速转速应逐渐降低,说明怠速控制阀工作正常。以上检查如有异常,则说明怠速控制阀或控制电路有故障。

2)步进电机式怠速控制阀控制电路的检测

①4 根接线的步进电机式怠速控制阀控制电路的检测。这种怠速控制阀的 4 根接线各自与 ECM 连接。检测时,应关闭点火开关,拔下怠速控制阀的线束插头,用数字万用表测量各接线端子与 ECM 线束插头的相应端子之间应导通无断路,相互之间以及与其他控制电路和搭铁应无短路。

②6 根接线的步进电机式怠速控制阀控制电路的检测。这种怠速控制阀的 6 根接线中,有 2 根为电源,另外 4 根各自与 ECM 连接。检测时,应拔下怠速控制阀的线束插头,打开点火开关,用数字万用表测量 2 根电源线的电压应为 12V 蓄电池电压。关闭点火开关,测量各接线端子与 ECM 线束插头的相应端子之间应导通无断路,相互之间以及与其他控制电路和搭铁应无短路。

3)步进电机式怠速控制阀的性能检测

①测量步进电机各线圈的电阻。步进电机式怠速控制阀通常有 2～4 组线圈,各组线圈的电阻为 25～35Ω。如有短路或断路,应更换怠速控制阀。

②检查步进电机式怠速控制阀的性能。将蓄电池电源以一定顺序输送给怠速控制阀的步进电机各绕组,就可使步进电机转动。各种步进电机的绕组形式和接线端的布置形式都不同。以丰田轿车发动机所用的步进电机式怠速控制阀为例,其检查方法是:将蓄电池正极接至 B_1 和 B_2 端,负极按 $S_1 \to S_2 \to S_3 \to S_4$ 的顺序依次接触各绕组接线端。此时随步进电机的转动,阀芯将向外伸出[见图 4-16(a)];若按 $S_4 \to S_3 \to S_2 \to S_1$ 的顺序使蓄电池负极和各绕组接线端接触,步进电机将朝相反的方向转动,阀芯将随之向内缩入[见图 4-16(b)]。

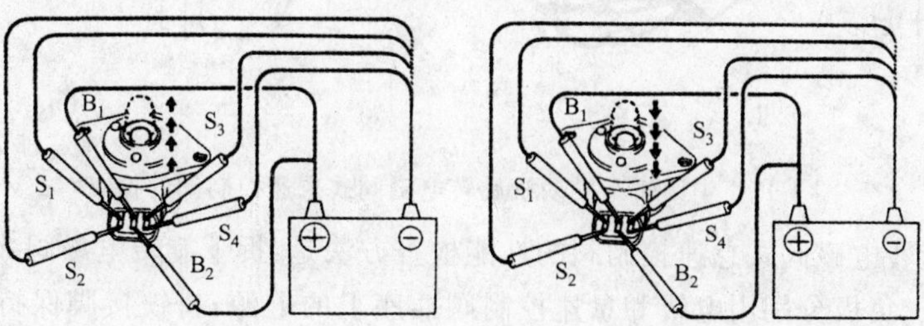

图 4-16　丰田轿车发动机步进电机式怠速控制阀的检测

以上检查如有异常,则说明步进电机式怠速控制阀的工作性能异常,应更换。

(2)旋转电磁阀式怠速控制阀其电路的检测

1)旋转电磁阀式怠速控制阀控制电路的检测

旋转电磁阀式怠速控制阀有3个接线端子。传统的旋转电磁阀式怠速控制阀的3根接线中,1根为电源线,另外2根为接ECM的控制线。新型的旋转电磁阀式怠速控制阀3根接线分别为电源线、搭铁线、接ECM的控制线。检测时,应拔下怠速控制阀的线束插头,打开点火开关,用数字万用表测量电源线端子,应为12V蓄电池电压。关闭点火开关,测量控制线端子与ECM线束插头的相应端子之间应导通无断路,与其他控制电路和搭铁之间应无短路,搭铁线与蓄电池负极之间的电阻应为0Ω。

2)旋转电磁阀式怠速控制阀的性能检测

①测量旋转电磁阀各电磁线圈的电阻。传统的旋转电磁阀式怠速控制阀的电磁线圈可通过测量其电阻,来判断其是否有短路或断路的故障。测量方法是:拔下旋转电磁阀式怠速控制阀的线束插头,用数字万用表分别测量怠速控制阀线束插座上的电源接脚和其余两个接脚之间的电阻。其正常电阻均为12.3~19.3Ω(丰田汽车)。如阻值不符合标准或有短路、断路,应更换怠速控制阀。

②检查旋转电磁阀式怠速控制阀的性能。传统的旋转电磁阀式怠速控制阀的性能检查方法是:拆下旋转电磁阀式怠速控制阀,将蓄电池的正极用1根电线和怠速控制阀插座上的电源接脚保持连接,同时用另1根电线将蓄电池负极分别与怠速控制阀插座上的其余2个接脚(控制端)连接。当其中1个接脚和蓄电池负极连接时,怠速控制阀的阀芯应旋转至关闭位置[见图4-17(a)];当另1个接脚和蓄电池负极连接时,怠速控制阀的阀芯应旋转至开启位置[见图4-17(b)]。如果连接蓄电池后,阀芯不能正常开启和关闭,则应更换怠速控制阀。

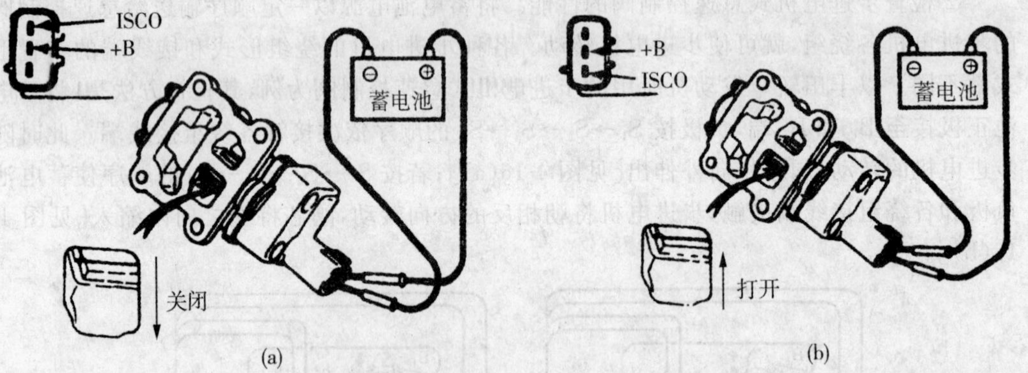

图4-17 丰田轿车发动机旋转电磁阀式怠速控制阀的检查

新型的旋转电磁阀式怠速控制阀的性能检查方法是:拆下旋转电磁阀式怠速控制阀,将蓄电池的正、负极分别用电线和怠速控制阀插座上的电源、搭铁接脚保持连接,同时用另1根电线将蓄电池负极与怠速控制阀插座上的控制接脚连接,此时怠速控制阀的阀芯应旋转至全开位置。如果连接后阀芯不能正常旋转,则应更换怠速控制阀。

(3)线性电磁阀式怠速控制阀其电路的检测

1)线性电磁阀式怠速控制阀的工作检查

在发动机运转中拔下线性电磁阀式怠速控制阀的线束插头，此时发动机转速应有所下降。否则说明怠速控制阀或控制电路有故障。

2)线性电磁阀式怠速控制阀控制电路的检测

线性电磁阀式怠速控制阀只有 2 个接线端子，分别为电源线和接 ECM 的控制线。检测时，应拔下怠速控制阀的线束插头，打开点火开关，用数字万用表测量电源端子，应为 12V 蓄电池电压。关闭点火开关，测量控制线端子与 ECM 线束插头的相应端子之间应导通无断路，与其他控制电路和搭铁之间应无短路。

3)线性电磁阀式怠速控制阀的检测

①拔下线性电磁阀式怠速控制阀的线束插头，用万用表测量怠速控制阀线圈的电阻。其正常电阻约 10～15Ω。如有短路或断路，应更换怠速控制阀。

②拆下线性电磁阀式怠速控制阀，将蓄电池的正负极分别用一根电线和线性电磁阀式怠速控制阀线束插座上的两个接脚作短暂的连接，在连接时应能看到怠速控制阀阀芯的移动或听到阀芯移动的声音。如有异常，应更换怠速控制阀。

拓展阅读

附加空气阀

附加空气阀是一种不用 ECM 控制、可以根据发动机冷却液温度自动改变开度的阀门。其作用是在发动机冷车起动时和起动后的暖机运转过程中增加怠速进气量，以控制发动机的冷车快怠速。在发动机冷车起动后的暖机过程中，附加空气阀开启，使部分空气经附加空气阀和旁通气道绕过节气门，直接进入节气门后的进气管内。因为这部分旁通空气是经过空气流量计计量过的，ECM 会按照总进气量计算并控制喷油量，这样就增加了发动机冷车怠速的混合气量，实现了快怠速，保证冷车怠速运转稳定(不熄火)，并且也可促使发动机尽快热起。在发动机暖机过程中，这部分附加空气量随着附加空气阀的逐渐关闭而不断减少，直至发动机完全热起，附加空气阀完全关闭，恢复正常怠速。

如果附加空气阀出现故障，当附加空气阀不能开启时，会导致发动机冷车怠速转速过低；反之，当附加空气阀不能关闭时，会导致发动机热车后怠速过高。

附加空气阀有多种型式，目前常见的是蜡式附加空气阀，其构造和工作原理类似于发动机冷却系中的蜡式节温器，不用电信号控制，而由发动机冷却液直接加热而起作用。蜡式附加空气阀由一个密封的蜡盒和阀芯组成(见图 4-18)，蜡盒的空腔里装有石蜡，利用石蜡受热后由固态变为液态时体积膨胀的特性控制阀芯的移动。在发动机工作时，冷却液经软管进入附加空气阀内的与空气隔绝的水道中，流经蜡盒周围。发动机冷车运转时，水温低，蜡盒内的蜡质凝固收缩，推杆在弹簧的作用下缩入蜡盒，带动阀芯开启阀门，打开旁通气道，增加怠速进气量，提高发动机冷车运转时的怠速转速(冷车快怠速)。发动机热车后，水温升高，蜡盒内的蜡质受热熔化膨胀，使推杆伸出，推动阀芯关闭阀门，使旁通气道逐渐关小，减少怠速进气量。当发动机达到正常工作温度时，阀门完全关闭。

附加空气阀常与旋转电磁阀式怠速控制阀或线性电磁阀式怠速控制阀一起使用，以弥补这两种怠速控制阀无法为发动机冷车怠速运转提供足够多的进气量的缺陷。采用这种结构的发动机有时还设有怠速调整螺钉(见图 4-18)，用于使发动机在节气门处于全关时有一个基本的怠速进气量，以保证怠速控制阀能正常发挥控制作用。

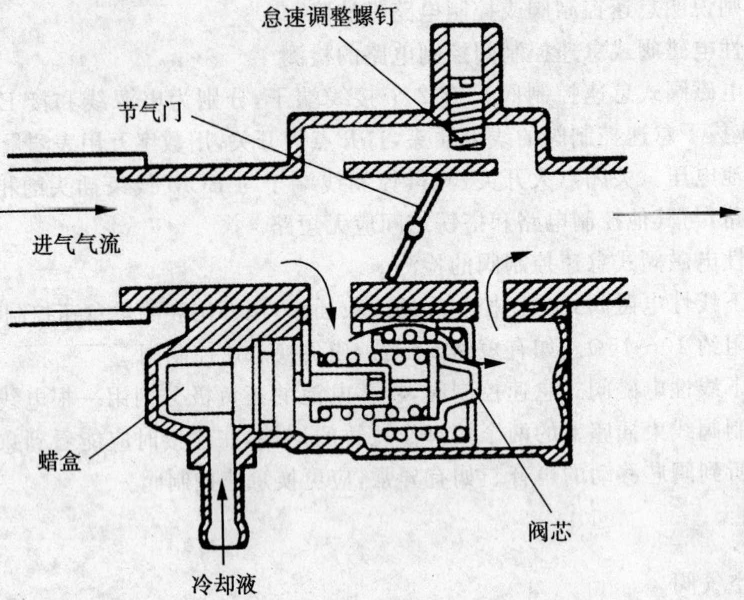

图 4-18　附加空气阀

附加空气阀的检测

对于目前常用的蜡式附加空气阀，其检测方法是：将附加空气阀从发动机上拆下，在室温状态下检查附加空气阀的开度。当室温低于 10℃时，附加空气阀应处于半开状态；当室温为 20℃时，附加空气阀应处于微开状态(约开启 1/3)。

将蜡式附加空气阀浸入热水中，并将水温加热至 80℃左右。此时附加空气阀应完全关闭。

以上检查如有异常，应更换附加空气阀。

4.3　电子节气门控制系统的原理与检修

4.3.1　电子节气门控制系统的组成和功能

1. 电子节气门控制系统的作用与组成

电子节气门控制系统的作用是根据驾驶员对加速踏板的踩踏量，由 ECM 通过电机控制节气门的开度，从而完成对发动机负荷的控制。该系统是发动机电控系统的一个组成部分，主要由电子节气门(含节气门电机、节气门位置传感器)、加速踏板位置传感器及其他与节气门开度控制有关的传感器和控制开关组成(见图 4-19)。

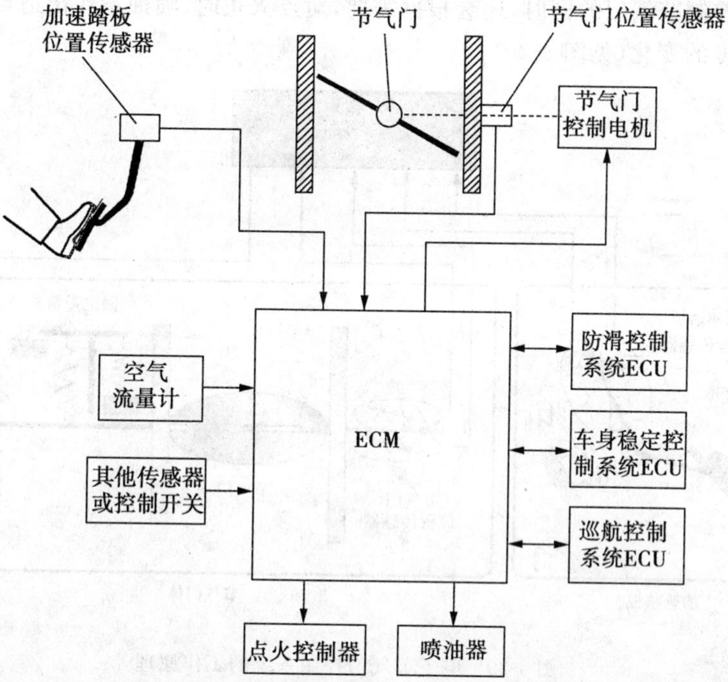

图 4-19　电子节气门控制系统的组成

对于传统的配备机械式节气门的发动机，由于节气门与加速踏板之间是通过拉索机械连接，因此，其开度与加速踏板之间的比例关系是固定，无法满足各种不同的使用条件下对节气门开度变化特性的要求。配备电子节气门控制系统的发动机则取消了传统的节气门拉索，其节气门不再由驾驶员通过加速踏板以机械的方式直接控制，而是由 ECM 根据加速踏板位置传感器及其他传感器的信号，通过节气门电机驱动节气门，使之开启或关闭，达到控制节气门开度的目的。ECM 在控制电子节气门的开度时，能够使节气门开度与加速踏板角度之间始终处于最佳的比例关系，从而保证发动机在各种工况和工作条件下都有最佳的性能表现。此外，电子节气门还具有怠速自动控制、驱动防滑控制、巡航控制等功能，可使发动机及汽车电控系统的结构得到简化。因此，电子节气门控制系统已成为当前汽车发动机的主流配置。

ECM 在控制节气门开度时，是以加速踏板位置传感器所测得的加速踏板被踩下的角度，作为控制节气门开度的主要依据。ECM 通过改变节气门电机的电流大小和方向，使电机朝不同的方向转动，驱动节气门开启或关闭，并以节气门位置传感器监测节气门的实际开启角度，实现对节气门开度的精确控制。当加速踏板被踩下时，ECM 通过节气门电机，使节气门朝开启方向转动，直至节气门位置传感器所测得的节气门开度达到与加速踏板位置相对应的角度为止。反之，当加速踏板被松开时，ECM 通过使节气门朝关闭方向转动，直至节气门开度达到与加速踏板位置相对应的角度为止。ECM 在控制节气门开度时，还要同时参考其他各种传感器测得的发动机运转工况，并根据汽车防滑控制系统、车身稳定控制系统、巡航控制系统等其他系统的要求，以控制节气门处于最佳的开度。此外,ECM 在控制节气门的同时,还会根据需要,对点火正时、喷油量作出适当的控制,以配合节气门开度的变化(见图 4-20)。

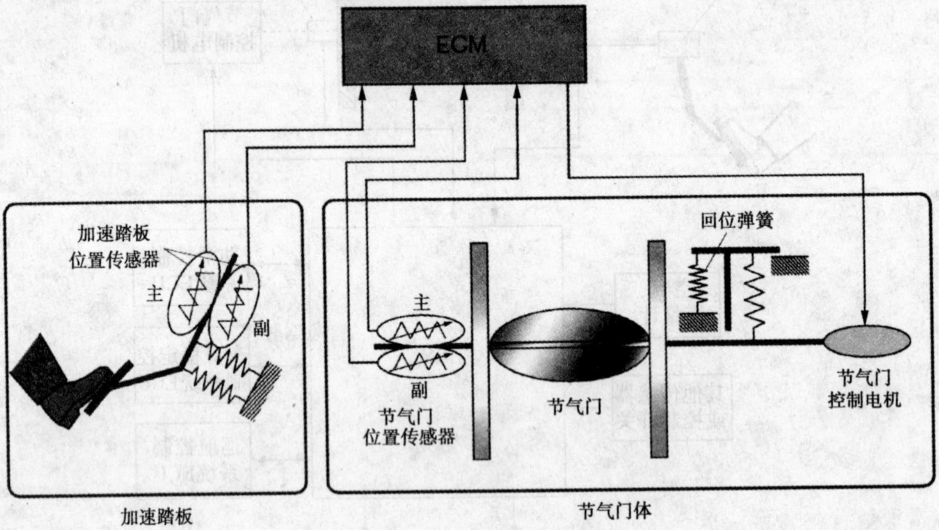

图 4-20　电子节气门控制系统的工作原理

2. 电子节气门控制系统的主要控制模式和功能

电子节气门控制系统具有传统的机械式节气门所不具备的智能控制功能。它能够根据驾驶员对加速踏板的踩踏情况,判定驾驶员的操作意图,从而采用不同的控制模式,以使发动机在各种工作条件下都有最佳的性能表现。此外,电子节气门控制系统还能接受来自汽车的其他电控系统 ECU 的指令,调整对节气门的控制方式,以满足这些电控系统对节气门的控制要求。不同品牌汽车发动机的电子节气门控制系统,其控制模式和功能不完全相同。

(1)正常模式

在一般使用情况下,ECM 以正常模式控制节气门。在这种控制模式中,ECM 使节气门的开度和加速踏板的踩踏量呈一定的非线性关系(非线性控制),以提高车辆的行驶平顺性,获得最佳的驾驶性能(见图 4-21)。

(2)动力模式

有些汽车有动力模式开关,在驾驶员打开该开关时,电子节气门控制系统会以动力模式控制节气门开度。有些品牌汽车在驾驶员对加速踏板的踩踏量比较大、速度比较快时,ECM 会判定车辆需要较大动力,从而对节气门采用动力模式进行控制。在这种控制模式中,ECM 使节气门的开度比正常模式要大,与加速踏板的踩踏量接近线性关系(见图 4-21),使车辆获得比普通模式更加强劲的动力。

(3)雪地驾驶模式

对于设有雪地驾驶模式开关的汽车,当驾驶员按下雪地驾驶模式开关时,ECM 会按雪地驾驶模式对节气门进行控制。此时,ECM 会降低气门开度与加速踏板踩踏量的比例，以保持为较小的节气门开度（见图 4-21），以防止车辆在较滑的路面上行驶时驱动轮打滑。

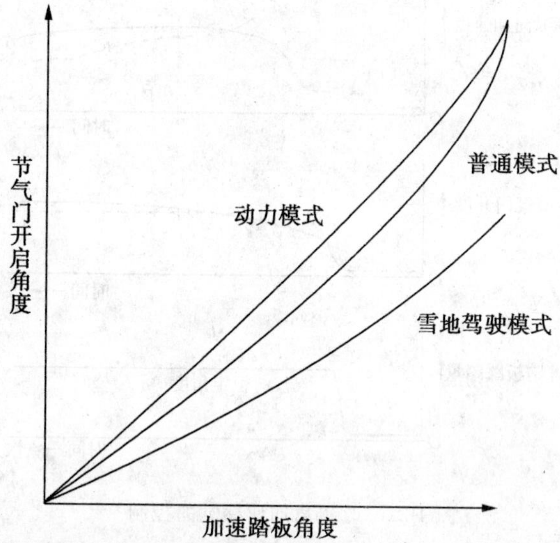

图 4-21　非线性控制

（4）改善换挡感觉的控制

对于配备自动变速器的汽车，ECM 会根据自动变速器 ECU 的信号，在换挡的瞬间减小节气门的开度，以降低发动机的输出扭矩，减小汽车的换挡冲击。

（5）改善急加速感觉的控制

当驾驶员快速踩下加速踏板时，ECM 会判定车辆处于急加速工况，从而对节气门采用改善急加速感觉的控制。此时，ECM 在加速踏板被快速踩下的初期，使节气门开度小于加速踏板被踩下的角度，随后让节气门逐渐增大开启角度，甚至超过加速踏板被踩下的角度。这种控制方式能使车辆能获得更加平稳的加速过程，而不会像传统的机械控制节气门，由于急加速时节气门一次性开启到某一固定的大角度，使车辆在节气门踩下的初期出现过大的加速度，而随后加速度又逐渐减小的情况（见图 4-22）。

（6）怠速自动控制

采用电子节气门的发动机，其怠速转速是由 ECM 直接通过电子节气门来控制的。当 ECM 判定发动机处于怠速工况时，会使节气门处于接近全关的位置，同时根据发动机当前转速与目标怠速转速的差值，通过节气门电机调整节气门的开度，使发动机在不同的工作温度和负荷条件下，都能具有理想的怠速转速，并保证怠速运转的稳定性。这种控制方式取消了怠速控制阀等执行元件，使发动机电控系统的结构得到简化。

（7）驱动防滑和车身稳定协调控制

对于配备驱动防滑控制系统（如 ASR、TRC 等）和车辆稳定控制系统（如 ESP、VSC 等）的汽车，由于 ECM 与这些控制系统的 ECU 都有线路连接，能进行一定的数据交换，从而使电子节气门能根据这些控制系统的要求，在需要的时候作出减小节气门开度等协调控制，以降低发动机的输出扭矩，有利于这些系统对车辆行驶稳定性的控制。

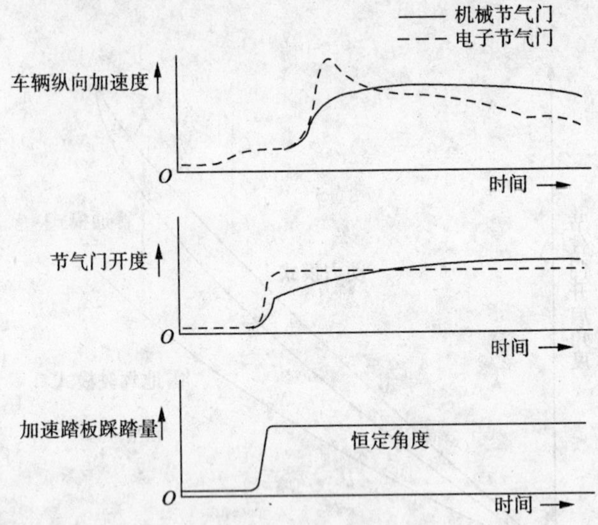

图 4-22　改善急加速感觉的控制

(8)最高车速控制

采用电子节气门的汽车，当车辆的行驶速度达到某一设定的高速(如 240km/h)时，会自动关闭节气门，抑制车速的提高，以防止汽车超速行驶。

(9)巡航控制

对于配备巡航控制系统的汽车，由于其巡航控制 ECU 与 ECM 之间有线路连接，因此，可以通过控制电子节气门的开启和关闭，完成巡航车速控制。这种控制方式取消了传统的巡航控制执行器及其与节气门之间的拉索，进一步简化了汽车电控系统的结构。

(10)失效保护控制

加速踏板以及由其控制的节气门是驾驶员控制发动机运转和汽车行驶状态的重要操纵机构，而且在使用中一直处于频繁工作的状态。作为一种电子控制的节气门系统，要在汽车整个使用寿命过程中始终迅速地响应驾驶员对加速踏板操纵，其可靠性尤为重要。因此，在加速踏板位置传感器和节气门位置传感器中，普遍采用了双电位器的结构型式，以提高 ECM 对该系统的故障监测能力。此外，一旦 ECM 中的故障自诊断系统在发动机运转过程中检测到电子节气门控制系统出现故障，会立刻点亮仪表台上的发动机电控系统故障警告灯，以提醒驾驶员。同时，ECM 会立即起动针对电子节气门控制系统的失效保护控制。在这一控制下，ECM 会根据不同的故障，采取不同的保护方式，以保证车辆具有基本的行驶能力(这种失效保护控制也称为跛行模式，或称故障慢行模式)。

1)加速踏板位置传感器电路故障：当加速踏板位置传感器中的主、副两个传感器电路有一个出现故障时，ECM 会通过两个传感器信号电压之间差值的异常，判定其中有一个传感器出现故障，从而立即起动失效保护控制。此时，ECM 会按正常的那个传感器信号控制节气门的开度，并使节气门开度比正常模式大。当主、副两个加速踏板位置传感器电路都出现故障，ECM 则将使节气门处于怠速位置。在此情况下，发动机只能在怠速工况下运转。

2)节气门位置传感器电路故障：当节气门位置传感器中的主、副两个传感器电路有一个出现故障时，ECM 会通过两个传感器信号电压之间差值的异常，判定其中有一个传感器出现故障，从而立即起动失效保护控制。此时，ECM 会切断节气门电机的电流，节气门在回位弹簧的作用下会处于较小的固定开度(约为 7°)，发动机转速要比正常的怠速转速高。ECM 按照加速踏板位置传感器的信号，通过改变喷油量和点火正时，可以在一定程度上改变发动机的转速，以维持对车辆行驶速度的控制。

3)节气门电机故障：当 ECM 检测到节气门电机或其电路有故障时，所采用失效保持控制方式和节气门位置传感器出现故障相同。

4.3.2　电子节气门及其控制电路

1. 电子节气门的结构和工作原理

电子节气门由节气门体、节气门、回位弹簧、节气门电机、减速齿轮、节气门位置传感器等组成(见图 4-23)。

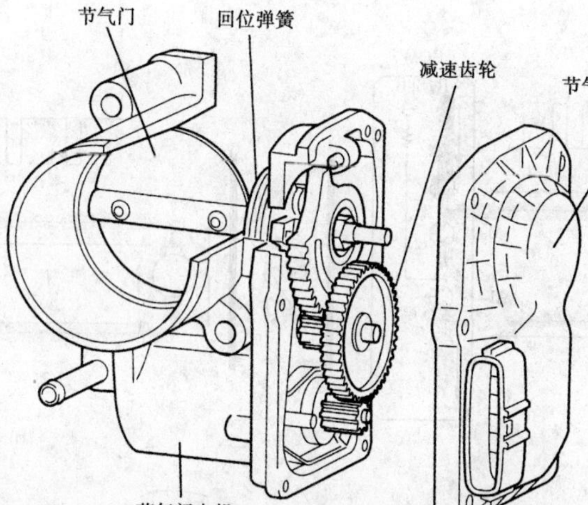

图 4-23　电子节气门

节气门电机可以在 ECM 的控制下朝不同的方向转动，通过减速齿轮驱动节气门轴，使节气门开启或关闭，同时带动节气门位置传感器的转子转动，将节气门的位置转换成电信号输送给 ECM。回位弹簧可以在节气门电机的电流被切断时(如点火开关关闭时)，将节气门关小至接近关闭的初始位置，此时节气门保持为较小的开度(为 6°～8°)。

节气门电机是一种反应灵敏度高、耗电量小的直流电机，其 2 个接线端子都和 ECM 连接(见图 4-24 中的 M＋和 M－)。每个端子在 ECM 中都有 2 个三极管开关电路控制，其中 1 个三极管可为该端子提供电源，另一个三极管则可使该端子搭铁。ECM 通过控制各端子 2 个三极管开关电路的导通或截止，改变节气门电机的电流方向[见图 4-24(a)(b)]，达到控制节气门电机转动方向的目的。ECM 控制电源端的三极管开关电路，使施加在节气门电机上的电流是一个频率固定的脉冲电流，并通过改变脉冲电流的占空比，达到控制节气门电机电流大小的目的。

节气门的转动方向和位置由节气门电机电流的方向、大小及节气门回位弹簧弹力三个因素决定。ECM 通过控制节气门电机电流的方向和大小，即可以让节气门开大、保持开度不变、关小。

当节气门电机的电流从 M＋流向 M－时［见图 4-24(a)］，电机朝节气门开启的方向旋转。电流较大时，电机克服回位弹簧的弹力使节气门开大，电流越大，节气门开启的速度越快。当电流减小到电机的转动力矩等于回位弹簧的弹力时，节气门保持在某一开度不变。当电流继续减小时，电机的转动力矩将小于回位弹簧的弹力，节气门在回位弹簧的作用下关小。

当电机电流为零时，节气门在回位弹簧的作用下回到接近全关的初始位置，其开度为 6°～8°(此时发动机转速比正常怠速转速高)。

要使节气门在小于初始位置的开度下工作(如怠速自动控制时)，应使节气门电机的电流从 M－流向 M＋［见图 4-24(b)］，此时节气门在电机带动下克服回位弹簧的弹力关小。增大电流，可使节气门关闭的速度加快，开度减小。反之，减小电流，可使节气门保持开度不变或开启。

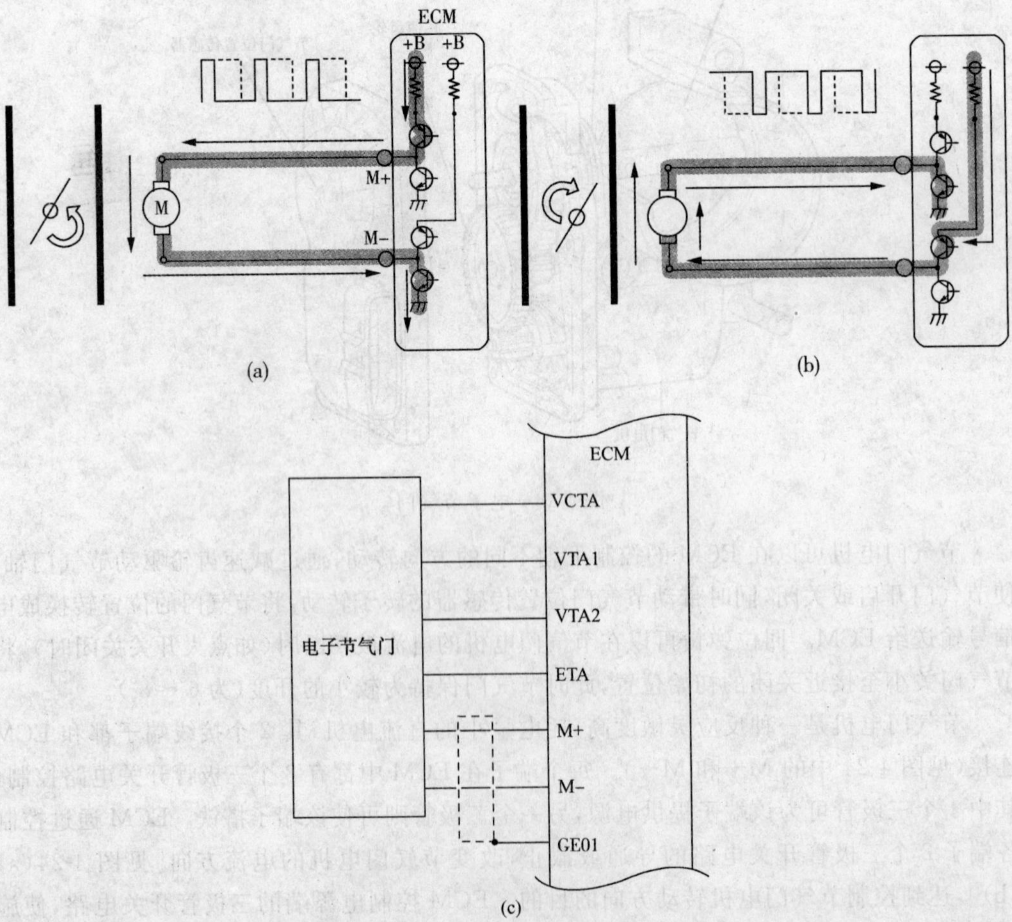

图 4-24　电子节气门的控制电路

2. 电子节气门的控制电路

电子节气门的控制电路由节气门电机控制电路和节气门位置传感器控制电路两部分组成。图 4-24(c)为丰田轿车发动机所用的电子节气门的控制电路，它有 6 根接线，全部都与 ECM 连接。其中 2 根为节气门电机的接线端子，另外 4 根为节气门位置传感器的接线端子。

4.3.3 电子节气门控制系统的检修

电子节气门控制系统出现故障，可能会使发动机怠速失常，出现怠速不稳、怠速转速过高或过低、无冷车快怠速、无空调快怠速等。其故障原因主要包括 ECM 的控制功能失常、有关的传感器或控制电路异常、电子节气门或其控制电路异常等。当上述故障出现时，如果发动机故障警告灯亮起，应先用解码器读取故障代码，根据故障代码查找相应的故障原因。但如果发动机故障警告灯没有亮起，说明该故障没有被 ECM 的故障自诊断系统检测出来，此时要通过其他的方法找出故障部位。

1. 电子节气门控制系统的性能检查

(1)怠速自动控制性能的检查

当发动机的怠速运转出现异常时，应先对电子节气门控制系统的怠速自动控制性能进行检查，以判断其控制功能是否正常。怠速自动控制性能的检查方法如下：

1)在冷车状态下起动发动机，暖机过程中发动机怠速应能达到规定的快转怠速(通常为 1500r/min 左右)。在发动机达到正常工作温度后，怠速转速应能恢复正常(通常为 750r/min 左右)。如果冷车起动后怠速不能按上述规律变化，则说明怠速自动控制性能异常。

2)当发动机达到正常工作温度后，打开空调开关，发动机怠速应能上升至 900r/min 左右。若打开空调开关后发动机转速下降，则说明怠速自动控制性能异常，无法完成空调快怠速控制。

(2)电子节气门工作性能的检查

当发动机出现加速无力、转速过高等运转异常时，应检查电子节气门的工作性能，其方法是：

1)运转发动机，检查发动机转速能否随着加速踏板的踩下或松开而变化，如有异常，应作进一步检查。

2)将解码器与检测诊断座连接，打开解码器，读取发动机电控系统的数据流。踩踏加速踏板，同时观察节气门位置传感器和加速踏板位置传感器的信号，两者应能同步增大或减小，否则说明电子节气门控制系统有故障。

2. 电子节气门控制系统主要部件的检测

(1)电子节气门的性能检测

1)打开点火开关，踩下加速踏板，检查节气门电机的工作声音，应无任何摩擦或卡滞的声音。

2)拆下连接在节气门上的进气管,检查电子节气门与壳体之间,应无异物或大量污物。打开点火开关,其开度应能随加速踏板的踩下而开大,无卡滞现象。

3)关闭点火开关,观察节气门是否能处于接近全关的初始位置。用手推动节气门,应能使节气门开启到最大位置,松开手后节气门应能回到初始位置,无任何卡滞现象。

4)拔下电子节气门的线束插头,用数字万用表测量节气门电机线圈的电阻。节气门电机两个接线端子之间的电阻应小于100Ω。

用导线将蓄电池的正负极与节气门电机的两个接线端子作短暂的连接。在更换正负极的连接方向时,节气门应能迅速地开启或关闭。断开接线后,节气门应能回到接近全关的初始位置。

以上检查如有异常,应拆检、清洗或更换电子节气门。

(2)电子节气门控制电路的检测

电子节气门的控制电路有两个部分,分别是节气门位置传感器和节气门电机的控制电路。节气门电机只有两接线端子,检测时应关闭点火开关,拔下电子节气门的线束插头,分别测量2个端子与ECM线束插头的相应端子之间应导通无断路,与其他控制电路和搭铁之间应无短路。

(3)节气门电机控制信号的检测

检测节气门电机的控制信号时,应运转发动机,用示波器分别检测节气门电机的两个接线端子上的信号波形,如图4-25所示。在踩下或松开加速踏板时,信号的占空比应随之变化。

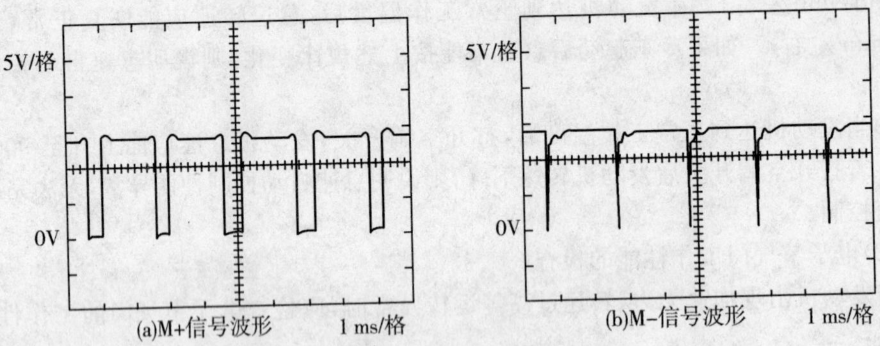

图4-25 节气门电机的控制信号波形

拓展阅读

丰田卡罗拉轿车1ZR发动机电子节气门控制电路

丰田卡罗拉轿车1ZR发动机电子节气门控制电路如图4-26所示。

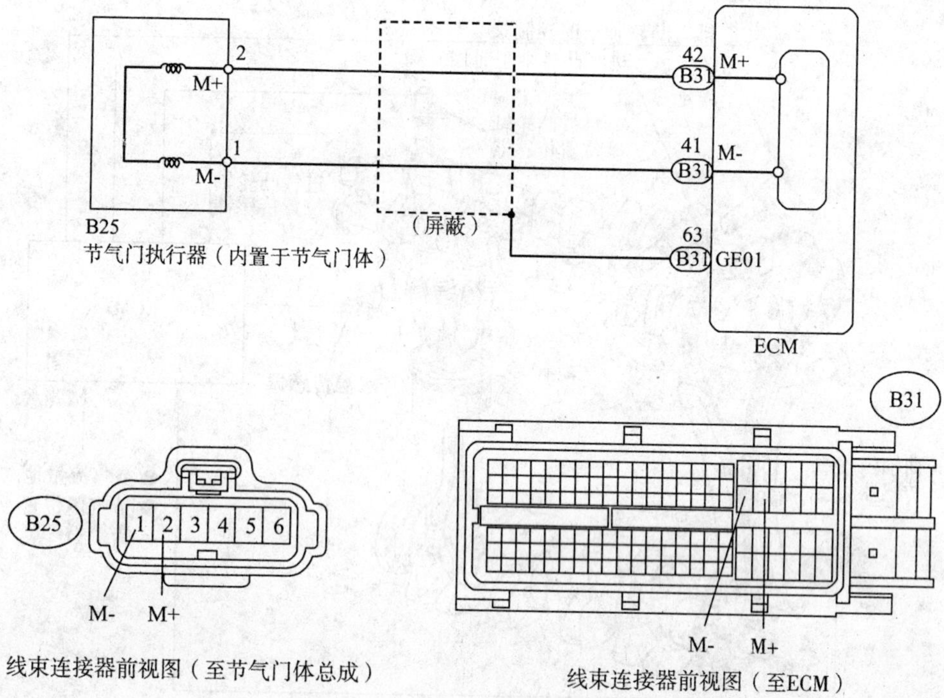

图 4-26　丰田卡罗拉轿车 1ZR 发动机电子节气门控制电路

4.4　可变气门控制系统的原理与检修

4.4.1　可变气门控制系统的组成和功能

可变气门控制系统的作用是控制发动机可变气门机构的工作，使发动机的配气相位（有些发动机还包括气门升程）能随发动机运转工况的变化而变化，始终保持最佳，从而保证发动机在任意工况下都有良好的燃料经济性、动力性、运转稳定性，减少排放污染。

可变气门机构有多种形式，但不论何种形式，其控制系统的组成都是相似的，以下以丰田轿车发动机所采用的型式为例加以说明（见图 4-27）。这种可变气门控制系统主要由 ECM、气门正时控制阀、曲轴位置传感器、凸轮轴位置传感器及其他与气门正时控制有关的传感器组成。

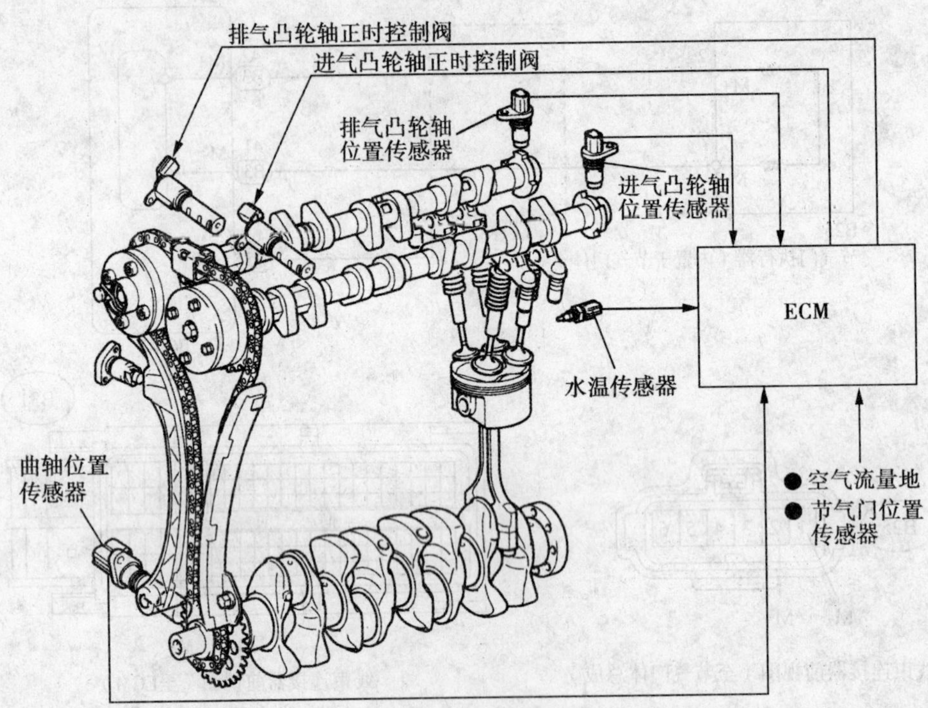

图 4-27　可变气门控制系统的组成

配备可变气门机构和可变气门控制系统的发动机，其配气相位（或气门正时）不再是固定不变的。ECM 根据发动机转速、负荷等有关的工况参数，计算出在该工况下最佳的目标气门正时，通过气门正时控制阀控制可变正时齿轮控制器的工作，以改变凸轮轴与正时齿轮之间的相对角度，使配气相位提前或推迟。同时，ECM 通过凸轮轴位置传感器，监测凸轮轴与正时齿轮之间的实际角位移，判定此时的实际配气相位（或气门正时），从而对气门正时控制阀的控制作出反馈调整，达到精确控制气门正时的目的（见图 4-28）。

4.4.2　气门正时控制阀及其控制电路

气门正时控制阀是一种线性电磁阀，它由 ECM 控制，用于控制进入正时齿轮控制器的油路。气门正时控制阀由电磁线圈、衔铁、滑阀、套筒、回位弹簧等组成（见图 4-29）。

来自发动机润滑系主油道的压力机油从套筒上的进油孔进入控制阀。当 ECM 施加在电磁线圈上的脉冲电信号的占空比小于某一数值时，滑阀在弹簧的弹力作用下向右移动，使压力机油进入延迟油室，同时让提前油室的机油从泄油孔排出，此时正时齿轮控制器使凸轮轴相对于正时齿轮朝延迟方向转动。

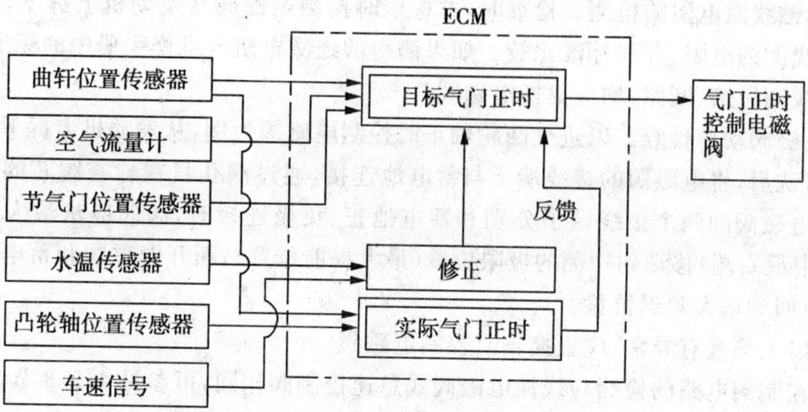

图 4-28　可变气门控制系统的工作原理

当 ECM 施加在电磁线圈上的脉冲电信号的占空比大于某一数值时，滑阀克服弹簧的弹力向左移动，使压力机油进入提前油室，同时让延迟油室的机油从泄油孔排出，此时正时齿轮控制器使凸轮轴相对于正时齿轮朝提前方向转动。

当 ECM 检测到实际气门正时和目标气门正时相等时，会将施加在电磁线圈上的脉冲电信号控制在某一中间值，此时滑阀处于套筒的中间位置，使提前油室和延迟油室的机油压力相同，此时正时齿轮控制器使凸轮轴与正时齿轮的相对角度保持不变。

当电磁线圈中没有电流时，滑阀将在回位弹簧的作用下右移至极限位置。

气门正时控制阀有两根接线端子，其控制电路与线性电磁阀式怠速控制阀相同，如图 4-29 所示。

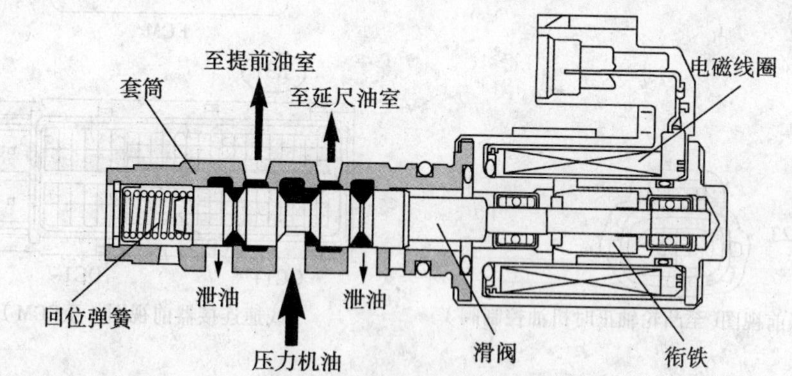

图 4-29　气门正时控制阀

4.4.3　气门正时控制系统的检修

气门正时控制系统出现故障时，会使实际气门正时与 ECM 的目标气门正时不符，ECM 会及时检测到这一故障，从而使发动机故障警告灯亮起。在检修时，应先使用解码器读取故障代码，根据故障代码查找故障原因。

正时控制阀是气门正时控制系统的主要执行器，其故障包括电磁线圈短路或断路、阀芯卡滞等。可通过测量电磁线圈的电阻和检查电磁阀的动作等方式来检测。

(1)电磁线圈电阻的检测。检查时,可将正时控制电磁阀从发动机上拆下,用万用表测量电磁线圈的电阻,并与标准比较。如果测得的线圈电阻与维修手册中的标准不符,或测得电磁线圈短路、断路,均应更换电磁阀。

(2)电磁阀动作检查。以进气凸轮轴正时控制电磁阀为例,从发动机上拆下正时控制电磁阀,清洗后,将电磁阀的接线端子与蓄电池连接,通过阀孔目视检查阀芯的动作是否正常。当电磁阀的两个接线端子分别和蓄电池正、负极连接时,阀芯应从最大延迟位置(图 4-29 中最右端)移动到一侧的极限位置(最大提前位置);断开电磁阀和蓄电池的接线后,阀芯应回到最大延迟位置。

如果以上检查有异常,应更换正时控制电磁阀。

正时控制阀电路的检测与线性电磁阀式怠速控制阀相同,可参见 4.2.3 节。

拓展阅读

丰田卡罗拉轿车 1ZR 发动机气门正时控制阀电路

丰田卡罗拉轿车 1ZR 发动机气门正时控制阀电路如图 4-30 所示。

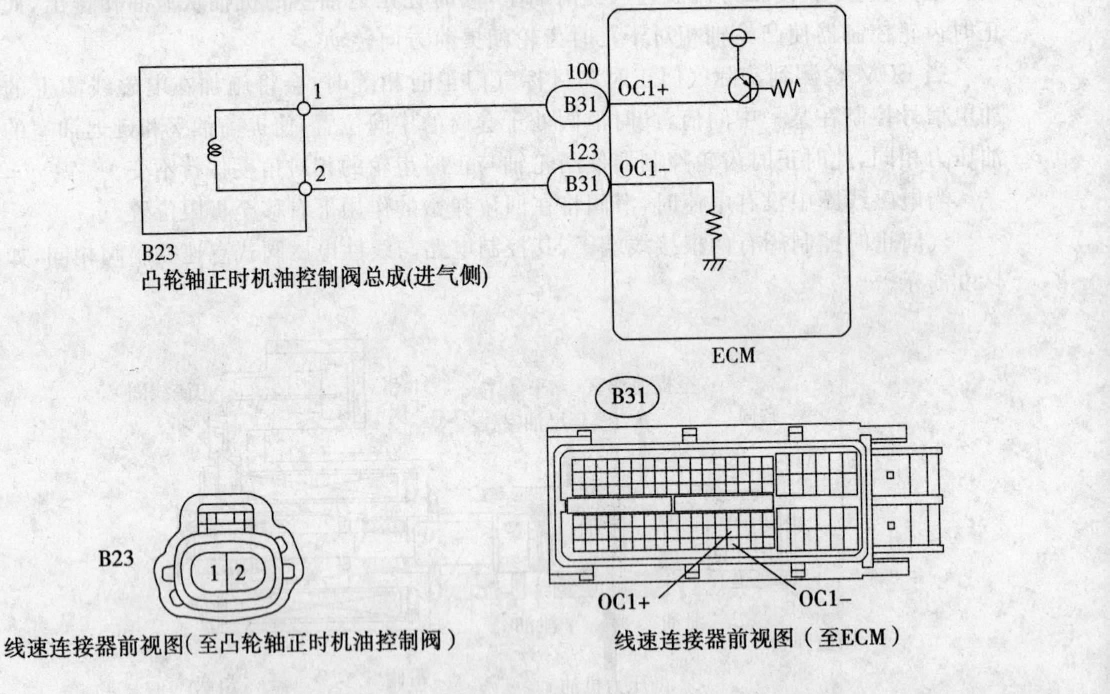

图 4-30　丰田卡罗拉轿车 1ZR 发动机气门正时控制阀电路

4.5　可变进气管控制系统

现代的汽油喷射式发动机在进气管上采用了各种特殊的结构形式,以便充分利用进气管内的空气动力效应,进一步提高各种转速工况下的进气量,增加发动机的动力输出,并改善其扭矩输出特性。这些特殊的结构形式包括采用长进气管、设置动力腔、谐振腔及采用可变进气管。

可变进气管控制系统的作用是控制发动机可变进气管的工作，使进气管的长度、形状能随发动机的运转工况而变化，以充分利用进气管内的空气动力效应，获得实现最佳的进气充量。

进气管内的空气动力效应是一种在物理本质上十分复杂的现象。为便于分析，可将这种效应视为气流惯性效应和气流压力波动效应共同作用的结果。

气流惯性效应是指在进气管内高速流动的气流由于具有一定的惯性，在气缸进气行程进行到活塞到达下止点后，仍可利用进气气流的惯性继续充气一段时间，以增加充气量。适当增加进气管的长度，可以增大气流惯性效应的效果。因此，很多汽油喷射式发动机在设计时采用长进气管，并将进气歧管设计成具有较大的弧度，以充分利用气流的惯性效应，提高充气量。

气流压力波动效应是指由于各缸进气过程具有间歇性和周期性，导致进气管内产生一定幅度的气流压力波动。这个压力波会沿着进气管以音速传播，并在管内往复反射。如果进气管的形状有利于这一压力波的反射并产生一定的共振，就能利用共振后的压力波提高进气量。

空气动力效应对充气效率的影响取决于进气管的长度和形状。因此，不同长度或不同形状的进气管，因空气动力效应的效果不同，其充气效率随发动机转速不同而变化的特性也不完全相同。如果发动机在不同的工况下可以采用不同的进气管，就可使发动机在所有转速范围内都获得更好的充气效果，并可改善其扭矩输出特性，提高低速和高速工况下的输出扭矩。可变进气管控制系统就是利用这一原理而设计的。

可变进气管控制系统主要由 ECM、节气门位置传感器、曲轴位置传感器、进气控制阀以及驱动进气控制阀的执行器（如三通电磁阀、真空膜片室）等组成（见图 4-31）。不同发动机的可变进气管控制系统的结构可能有很大的差异，但其工作原理是相似的。

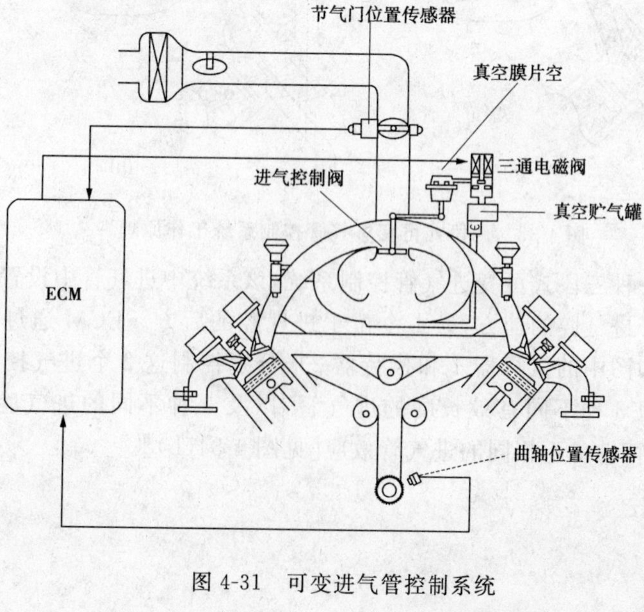

图 4-31　可变进气管控制系统

图 4-32 是一种两段式可变进气管控制系统，该系统在进气管中设置了一组进气控制阀(见图 4-33)。当阀片开启或关闭时，可改变进气管的有效长度，使进气管有两种不同的空气动力效应。

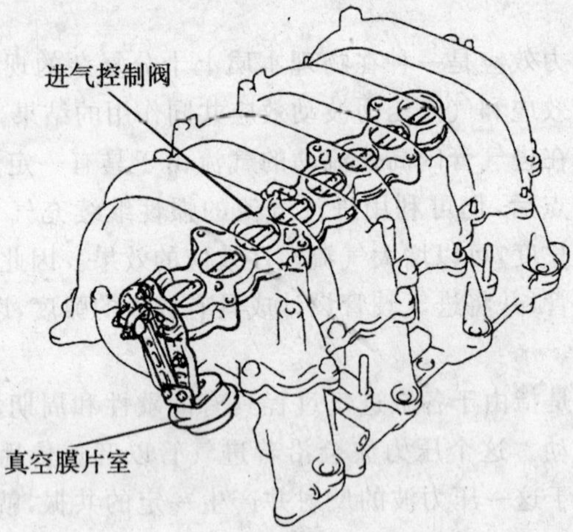

图 4-32　两段式可变进气管控制系统结构

ECM 根据发动机转速、节气门开度等参数，在适当的时刻通过三通电磁阀和真空膜片室，控制阀片的开启和关闭。在发动机设计过程中，通过台架试验可以获得阀片在开启和关闭两个位置时的充气效率随转速、节气门开度变化的特性曲线。ECM 依照两条曲线提供的数据，在发动机不同的转速或节气门开度范围内，让阀片开启或关闭，以使发动机在所有转速范围内都能获得最佳的充气效果。

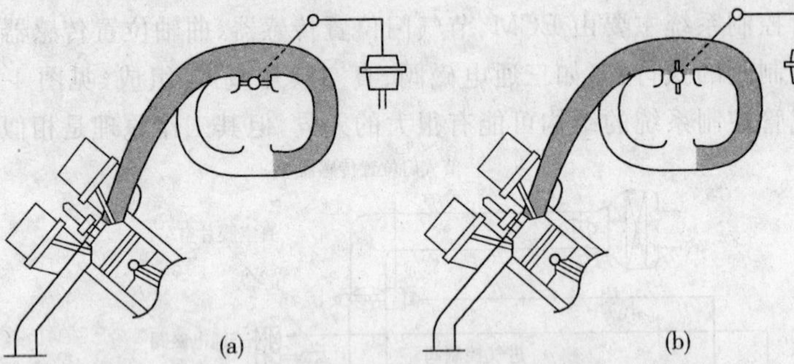

图 4-33　两段式可变进气管控制系统工作原理

图 4-34(a)是一种三段式可变进气管控制系统，该系统中进气管中设置了 2 个进气控制阀，其中 1 个位于进气腔的前方，另 1 个位于进气腔的后方。ECM 通过两个电磁阀和两个真空膜片室(即图中的执行器 1 和执行器 2)，分别控制这 2 个进气控制阀的开启和关闭，形成长、中、短 3 种不同有效长度的进气管，以及 3 种不同的进气腔形状(见图 4-35)，从而获得三种特性各不相同的进气管效应[见图 4-34(b)]。

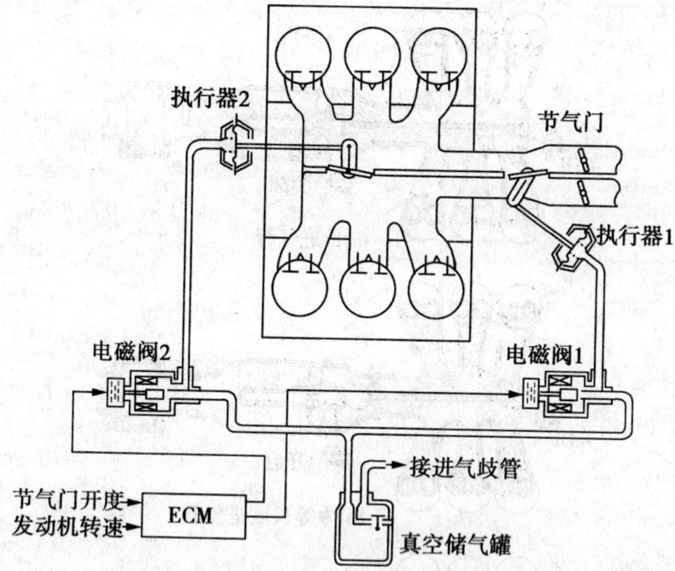

(a)

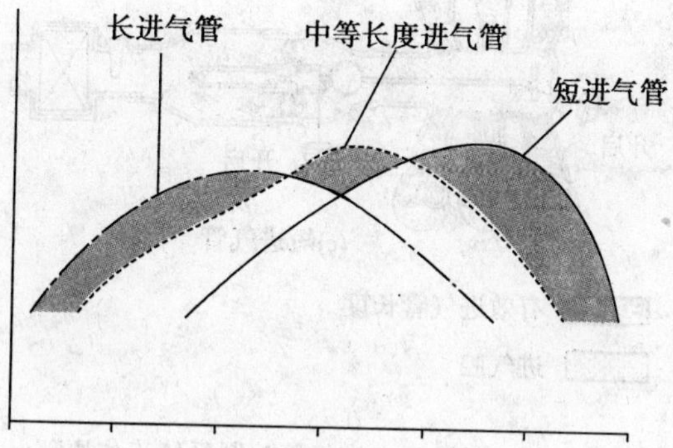

(b)

图 4-34　三段式可变进气管控制系统

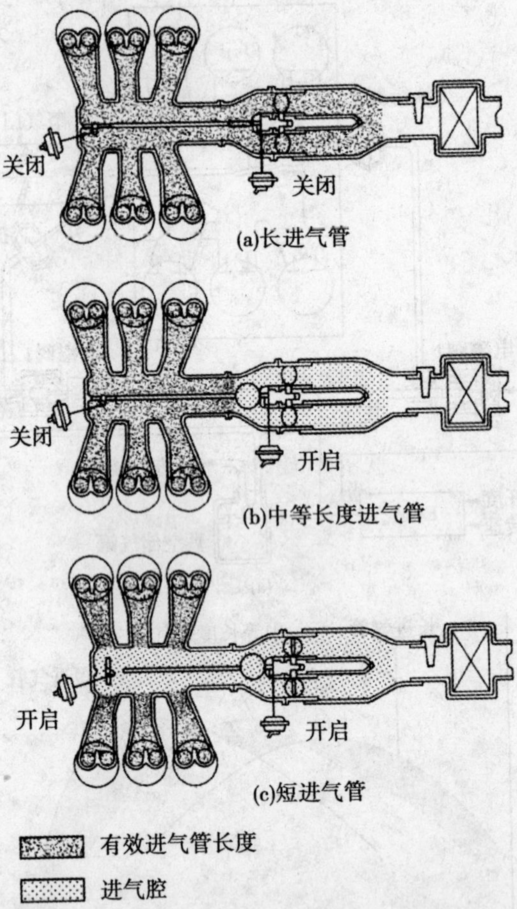

图 4-35　三段可变进气管控制系统工作原理

复习思考

1. 汽油机进气控制系统由哪些系统组成，各系统的功用是什么？
2. 怠速控制系统由哪些部件组成？其作用是什么？有哪些控制功能？
3. 怠速控制阀的作用是什么？有哪些结构形式？
4. 步进电机式怠速控制阀由哪些零件组成？如何工作？
5. 旋转电磁阀式怠速控制阀由哪些零件组成？如何工作？
6. 线性电磁阀式怠速控制阀由哪些零件组成？如何工作？
7. 分别画出步进电机式、旋转电磁阀式、线性电磁阀式怠速控制阀的控制电路。
8. 如何检查怠速控制系统的工作性能？
9. 如何检测步进电机式、旋转电磁阀式、线性电磁阀式怠速控制阀？
10. 电子节气门控制系统有哪些控制模式和功能？
11. 电子节气门由哪些零件组成？如何工作？

12. 如何检查电子节气门控制系统的性能？

13. 如何检测电子节气门？

14. 可变气门控制系统由哪些部件组成？其作用是什么？

15. 气门正时控制阀由哪些零件组成？如何工作？

16. 可变进气管控制系统由哪些部件组成？其作用是什么？

第5章　汽油机电控点火系统的原理与检修

学习目标

1. 理解电控点火系统的功能及工作原理。
2. 理解电控点火系统各零部件的功用及工作原理。
3. 熟悉电控点火系统各零部件的结构和安装位置。
4. 熟悉各类型电控点火系统的电路图。
5. 掌握汽油机电控点火系统及其各零部件的检测方法。
6. 掌握电控点火系统的故障诊断思路，能分析汽油机电控点火系统的常见故障及原因。
7. 能够正确拆装电控点火系统各零部件。

考核标准

知识要求：

1. 了解汽油机电控点火系统的常见故障及原因。
2. 掌握汽油机电控点火系统的检测方法。

技能要求：

1. 能根据故障现象制定正确的维修计划。
2. 能运用所学知识分析故障原因，并会判断故障部位。
3. 能正确使用检测仪器对汽油机电控点火系统进行检测。
4. 能按照正确操作规范进行元件的更换。
5. 能验正故障是否已彻底排除。

教学建议

教具：带有发动机电控点火系统的整车、各类型电控点火系统台架。

建议：14学时，5.3、5.4、5.5三节采用理实一体教学或开设相应实训项目。

5.1　点火系统概述

5.1.1　发动机对点火系统的要求

点火系统是汽油发动机重要的组成部分，它的作用是将蓄电池或发电机的低压电（一般为 12～14V）变成高压电（20～30kV），并在合适的时刻点燃被压缩的可燃混合气，使其燃烧。

为了保证发动机在各种工况和使用条件下都能可靠而准确地点燃可燃混合气，点火系统必须满足三个要求。

（1）能产生足以击穿火花塞电极间隙的高压电

电火花是在火花塞两电极之间由于高压放电而产生的。能使火花塞两电极间产生电火花所需要的高电压，称为击穿电压。击穿电压的数值不仅与火花塞两电极间的距离有关，还和气缸内的压力和温度有关。如果电极间距离愈大，气缸内气体压力愈高，而温度却愈低时，击穿电压就需愈高。实践证明，汽车发动机在满负荷低速时需 8～10kV 的高压，起动时则常需 9～17kV 的高压，正常点火一般在 15kV 以上，为了保证点火可靠，又考虑到能在各种困难条件下点火，实际上作用于火花塞两电极间的电压要提高到 20～30kV，而且高电压的升速要快。

（2）电火花应具有足够的点火能量

要使混合气可靠点燃，火花塞产生的电火花还应具有一定的能量。发动机正常工作时，由于混合气压缩终了的温度已接近其自燃温度，因此所需的火花能量很小（1～5mJ），但在发动机起动、怠速运转以及节气门急剧打开时，由于混合气雾化不良，废气稀释严重，电极温度低，则需较高的火花能量。考虑上述情况，为了保证可靠点火，火花塞一般应保证有 50～80mJ 的点火能量，起动时应产生大于 100mJ 的火花能量。

（3）点火时间应与发动机工况相适应

1）点火顺序。各缸应在压缩行程临近结束时点火。点火系统应按照发动机的工作顺序适时地对相应缸进行点火，即点火顺序应与发动机工作顺序一致，否则就不能适时点燃混合气，发动机就不能正常工作。

2）点火时刻。因为混合气在发动机的气缸内从开始点火到完全燃烧需要一定的时间，所以要使发动机产生最大的功率，就不能在压缩行程终了、活塞行至上止点才点火，而是需要适当提前一些。从火花塞开始跳火到该缸活塞运行至压缩上止点时曲轴转过的角度称为点火提前角。

若点火提前角过大，则活塞还在向上止点运动时，气体压力已达很大的数值，活塞受到迎面而来的反向压力的作用，压缩行程的负功增加使发动机功率下降，甚至有时造成曲轴反转使发动机不能工作，而且点火提前角过大也易于发生不正常燃烧——爆燃。若点火提前角过小，混合气的燃烧将在逐渐增大的容积内进行，因而燃烧最高压力降低，而且后燃增加，热损失增大，于是发动机功率下降，油耗增加，并使发动机过热。最佳的点火提前角不仅应保证发动机的动力性和燃油经济性都达到最佳，还必须保证排放污染最小。

最佳点火提前角与发动机转速、负荷、燃油品质、混合气浓度、发动机温度等相关。当发动机转速升高时，点火提前角相应增大(但非线性关系)；当发动机转速降低时，点火提前角相应减小。当发动机负荷增大时，点火提前角应减小；当发动机负荷减小时，点火提前角应增大。汽油的辛烷值越高，抗爆性越好，点火提前角可增大；汽油的辛烷值越低，抗爆性越差，点火提前角则应减小。

5.1.2 发动机点火系统的发展

发动机点火系统经历了从传统的机械式有触点点火系统到普通电子点火系统，再到现在都采用的电子控制点火系统三个阶段。

传统的机械式有触点点火系统具有高速易断火、触点易烧蚀、点火能量低、点火可靠性差等缺点，很难完全满足汽油机对点火系统的要求。

普通电子点火系统与机械式有触点点火系统相比，采用信号发生器代替触点，从根本上消除了由触点引起的缺点和故障。点火器能够对闭合角及流过初级线圈的电流进行控制，因而能保证在所有转速范围内可靠点火。普通电子点火系统还具有点火正时准确稳定，实现免维护等优点。但是普通电子点火系统对点火提前角的调整仍采用真空式和离心式调整机构，不能对点火提前角进行精确控制，更不能顾及其他因素对点火提前角的影响。同时，普通电子点火系统也不能对爆燃进行反馈控制，为了避免大负荷时可能发生的爆燃，实际点火提前角通常小于最佳点火提前角，使汽油机的综合性能不能达到最佳状态。

电子控制点火系统可以通过各种传感器感知多种因素对点火提前角的影响，以电子控制单元 ECU 为控制核心，能够对点火全过程进行控制，包括点火提前角控制、通电时间控制和爆燃控制，完全满足汽油机对点火系统的基本要求，使发动机的动力性、经济性达到较高的水平，同时排放污染也得到了有效的降低。电子控制点火系统又分为有分电器电控点火系统和无分电器电控点火系统。

5.1.3 电控点火系统的组成

电控点火系统的基本组成和电路如图 5-1 所示。电控点火系统中包含有初级电路、次级电路和控制电路。

初级电路(也叫低压电路)：蓄电池正极→点火开关→点火线圈的初级绕组→点火器(三极管)→蓄电池负极。

次级电路(也叫高压电路)：点火线圈的次级绕组→点火开关→蓄电池→搭铁→火花塞旁电极、中心电极→配电器(旁电极、分火头)→次级绕组。

控制电路：通过点火信号控制初级电路的通断。发动机工作时，ECU 根据接受到的传感器信号，按存储器中的相关程序和数据，确定出最佳点火提前角和通电时间，并以此向点火器发出指令(点火信号)，控制点火器中三极管的导通和截止，从而实现初级电路的导通和断开。当初级电路被导通时，有电流从点火线圈中的初级绕组中通过，点火线圈将点火能量以磁场的形式储存起来；当初级电路被切断时，次级绕组中产生很高的感应电动势，经分电器或直接送至工作气缸的火花塞，产生电火花，点燃混合气。

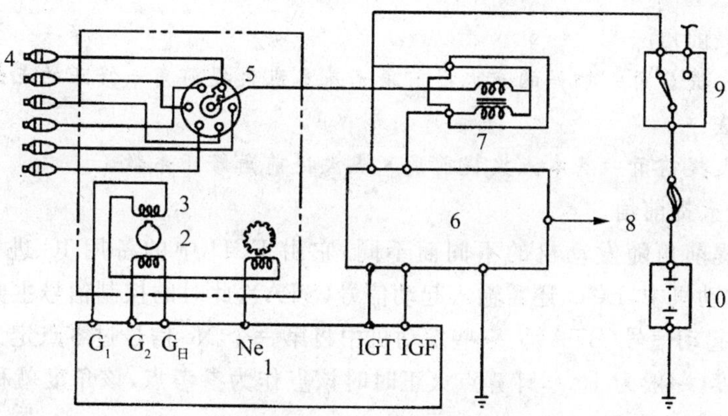

图5-1　电控点火系统的基本组成和电路图

1—发动机 ECU　2—信号转子　3—传感线圈　4—火花塞　5—分电器

6—点火器　7—点火线圈　8—转速表　9—点火开关　10—蓄电池

5.2　电控点火系统的控制

电控点火系统的控制包括点火提前角的控制、通电时间(闭合角)的控制和爆燃控制三个方面。

5.2.1　点火提前角的确定与控制

在电控点火系统中,ECU 内预先存储记忆有发动机在各种工况及运行条件下最理想的点火提前角。发动机运转时,ECU 根据各种传感器的信号,判断发动机所处的工况和运行条件,计算出最佳点火提前角。ECU 对点火提前角的控制分为发动机起动时点火提前角的控制和发动机起动后点火提前角的控制两种。

1. 发动机起动时点火提前角的控制

当发动机在起动时,转速较低且不稳定,进气歧管压力信号或进气量信号都不稳定,ECU 不进行最佳点火提前角的调整和控制,而是根据发动机转速信号(Ne)和起动开关信号(STA),以一固定的初始点火提前角(其大小随发动机而异,一般为10°)点火。当发动机转速超过一定值(通常大于500r/min)时,自动转换为由 ECU 控制的最佳点火提前角计算和控制程序。

2. 发动机起动后点火提前角的控制

发动机起动后,ECU 根据发动机的转速和负荷信号,确定基本点火提前角,并根据其他有关信号进行修正,最后确定实际的点火提前角,并向电子点火器发出点火信号,以控制点火系统的工作。

根据修正点火提前角的方法不同,ECU 对实际点火提前角的计算和控制主要有以下两种类型：

修正点火提前角法

实际的点火提前角＝初始的点火提前角＋基本点火提前角＋修正的点火提前角

修正系数法

实际的点火提前角＝基本点火提前角×点火提前角修正系数

(1)初始点火提前角

初始点火提前角随发动机的不同而不同，它由 ECU 中的备用 IC 进行设定（固定值）。在某些发动机中，ECU 还需输入起动信号（STA），此时的控制信号主要是发动机转速信号（Ne）和起动信号（STA）。一些发动机中将第一个 Ne 信号过零点定为压缩上止点前一个固定角度（一般为 10°），计算点火正时时该点作为参考点，该角度就称为初始点火提前角。

(2)基本点火提前角

发动机正常运转时，ECU 按怠速工况和非怠速工况两种情况，确定基本点火提前角。

发动机起动后在怠速运行期间，ECU 根据节气门位置传感器信号（IDL 信号）、发动机转速传感器信号（Ne 信号）和空调开关信号（A/C 信号）确定基本点火提前角，如图 5-2 所示。当发动机负荷变化（如空调工作时），发动机转速会改变，ECU 要调整点火提前角，使发动机在规定的怠速转速下稳定运转。

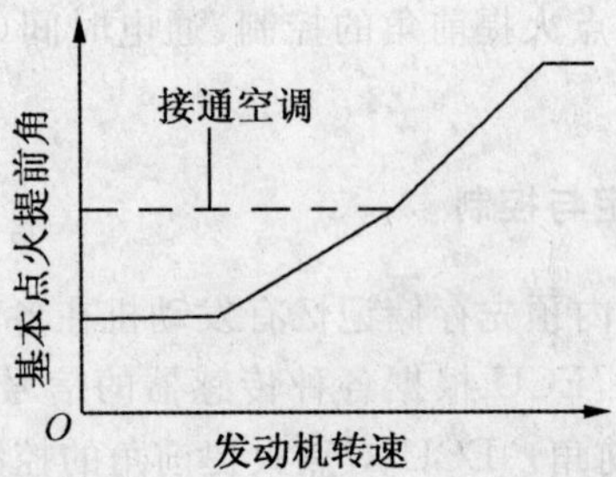

图 5-2　怠速时基本点火提前角的确定

发动机起动后处于怠速工况以外的其他工况时，ECU 根据发动机的转速信号和负载信号（单位转速的进气量或基本喷油量）确定基本点火提前角，不同转速和负载时的基本点火提前角数值存储在 ECU 内的存储器中，基本点火提前角的控制模型如图 5-3 所示。

还有一些发动机管理系统，按燃油辛烷值不同，在 ECU 存储器中存有两张基本点火提前角的数据表格时，驾驶员可根据使用燃油的辛烷值，通过燃油选择开关或插头进行选择，有的系统还能在发动机起动后自动进行识别。

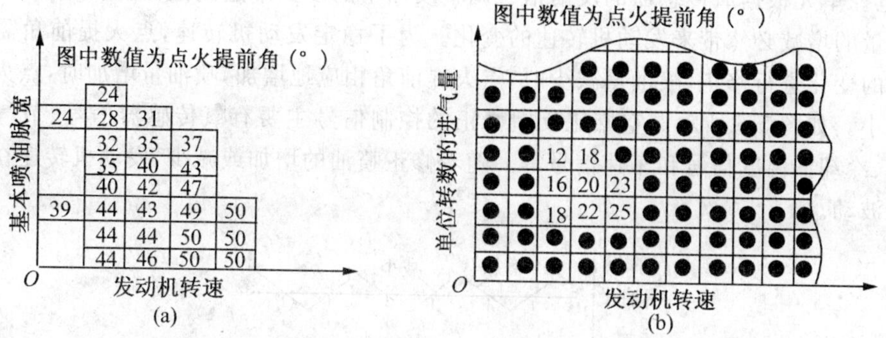

图 5-3　基本点火提前角的控制模型

(3)点火提前角的修正

除转速和负荷外，其他对点火提前角有重要影响的因素，均归入到修正点火提前角中。

不同的发动机控制系统中，对点火提前角的修正项目和修正方法也不同。修正方法有修正系数法和修正点火提前角法两种(如前所述)，修正系数(或修正点火提前角)与修正项目之间的关系曲线都是存储在 ECU 中，ECU 根据初始点火提前角、基本点火提前角和修正系数(或修正点火提前角)计算实际点火提前角。主要修正项目有暖机修正、过热修正、空燃比反馈修正、怠速稳定修正、与传动系相匹配的转矩修正和爆燃修正等。

1)暖机修正。发动机冷起动后，冷却液温度较低时，应增大点火提前角。在暖机过程中，随冷却液温度的升高，混合气的燃烧速度加快，点火提前角修正值逐渐减小，如图 5-4 所示。暖机修正的主要控制信号包括冷却液温度信号、空气流量信号和节气门位置信号等。

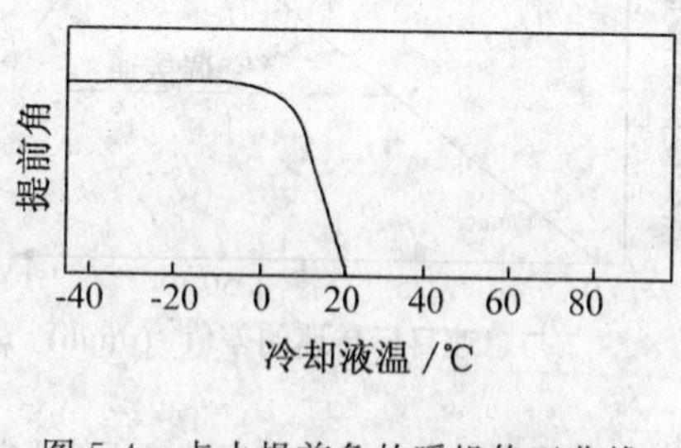

图 5-4　点火提前角的暖机修正曲线

2)过热修正。发动机处于正常运行工况时(怠速触点断开)，若冷却液温度过高，为了避免产生爆燃，应将点火提前角推迟。发动机处于怠速工况时(怠速触点闭合)，若冷却液温度过高，为了避免发动机长时间过热，应将点火提前角增大。如图 5-5 所示。过热修正的主要控制信号包括冷却液温度信号、节气门位置信号等。

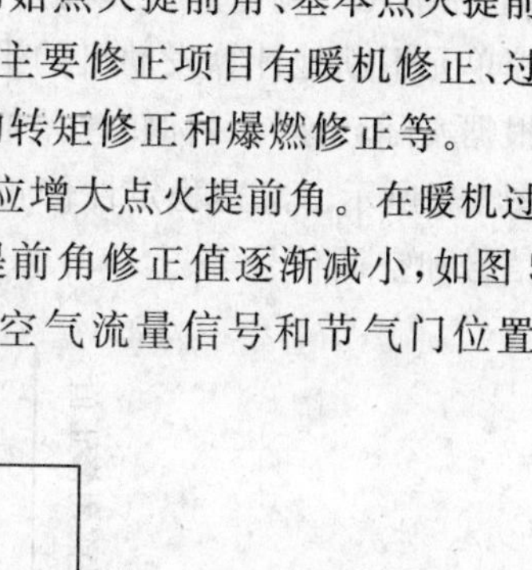

图 5-5　点火提前角的过热修正曲线

3)空燃比反馈修正。在闭环控制的电控汽油喷射系统，电控单元根据氧传感器的反馈信号调整喷油量的多少来达到最佳空燃比的控制，这种喷油量的增减必然带来发动机转速的变化。为了稳定发动机转速，点火提前角需根据喷油量的变化进行修正，喷油量减少时，点火提前角相应地增加，喷油量增加时，点火提前角应减小。如图 5-6 所示。空燃比反馈修正的控制信号主要有氧传感器信号、节气门位置信号、冷却液温度信号和车速信号等。随着修正喷油的增加或减少，发动机转速在一定范围内波动。

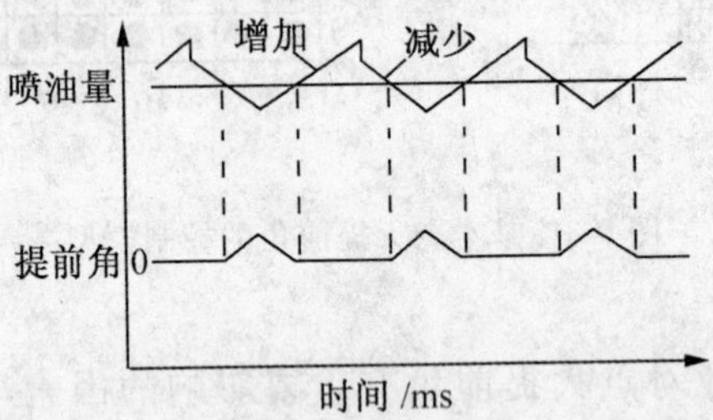

图 5-6　点火提前角的空燃比反馈修正曲线

4)怠速稳定性修正。发动机在怠速工况运行时，由于负荷变化使发动机转速发生变化，电控单元要调整点火提前角，使发动机在规定的怠速转速下稳定运转。怠速运转时，电控单元不断地计算发动机的平均转速，当发动机的转速低于规定的怠速转速时，电控单元根据实际转速与目标转速差值的大小(目标转速一实际转速)相应地增大点火提前角，如图 5-7 所示。怠速稳定性修正的控制信号主要有发动机转速信号、节气门位置信号、车速信号和空调信号等。

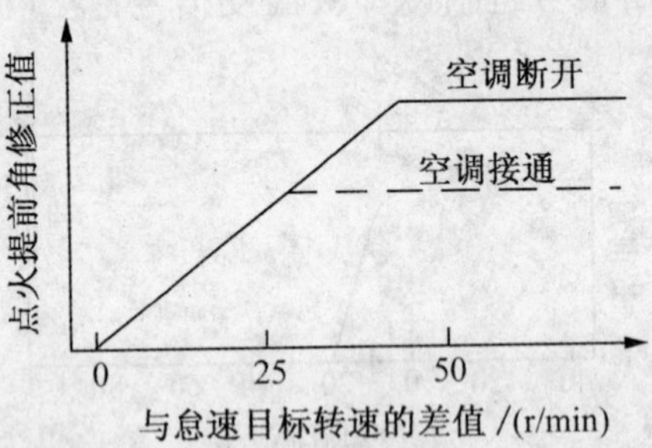

图 5-7　点火提前角的怠速稳定性修正修正曲线

5)与传动系相匹配的转矩修正。当自动变速器的齿轮机构换挡时，ECU 将减小点火提前角以降低转矩，削弱换挡冲击。

6)爆燃修正。爆燃修正见 5.2.3 节爆燃控制。

如果发动机的实际点火提前角(初始点火提前角＋基本点火提前角＋修正点火提前或延迟角)超出一定范围时，发动机将不能正常运转。为防止出现这种情况，在电控点火系统中，由电控单元对实际点火提前角的数值范围进行限制。最大和最小点火提前角的一般范围是：最大点火提前角为 35°～45°，最小点火提前角为－10°～0°。

5.2.2　闭合角(通电时间)控制

1. 控制通电时间的原因

闭合角的控制也称点火线圈初级线圈通电时间的控制。对于电感储能式电子点火系统，当点火线圈的初级电路被接通后，其初级电流是按指数规律增长的。初级电路被断开瞬间，初级电流所能达到的值(即断开电流)与初级电路接通的时间长短有关，只有通电时间达到一定值时，初级电流才可能达到一定的电流值(限流值)。而次级电压最大值是与断开电流成正比的。因此，在发动机工作时，必须保证点火线圈的初级电路有足够的通电时间，以获得一定大小的断开电流，在次级电路产生足够的高压电。但如果通电时间过长，点火线圈又会发热，并增大电能消耗。要兼顾上述两方面的要求，就必须对点火线圈初级电路的通电时间进行控制。

同时，蓄电池的电压变化也将影响初级电流。如果蓄电池电压下降，那么在相同的通电时间里，初级电流所达到的值将会减小，因此必须根据蓄电池电压对通电时间进行修正。

通过对闭合角的准确调节，不仅可以保证在不同的曲轴转速和蓄电池电压下都有相同的点火能量，还避免了点火线圈因长时间通大电流而过热损坏，同时减少了电能的无效损耗。

2. 通电时间的控制方法

在传统的点火系统中，点火线圈初级电路的通电时间取决于断电器触点的闭合角和发动机转速。对一定的发动机，断电器触点的闭合角是一定的，点火线圈初级电路的通电时间随发动机转速升高而缩短，导致发动机高速时点火能量低甚至断火。

在电控点火系统中，点火线圈初级电路的通电时间由 ECU 控制，ECU 根据发动机的转速信号和电源电压信号，从预先存储在 ECU 中的闭合角控制模型(见图 5-8)中确定最佳的闭合角(通电时间)，通过向点火器输出指令信号(IGT 信号)，控制点火器中晶体管的导通时间。随发动机转速提高和蓄电池电压下降，闭合角(通电时间)增长。

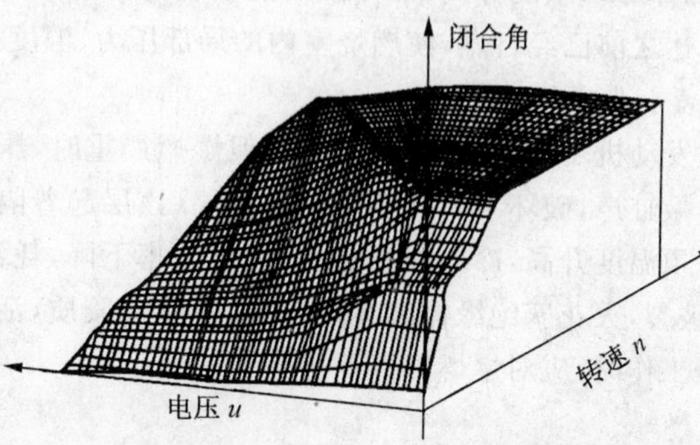

图 5-8　闭合角控制模型

3. 点火线圈的恒流控制

在电控点火系统中，为了减小转速对次级电压的影响，采用了初级线圈电阻很小的高能点火线圈，其初级电流最高可达 30A 以上。为了防止初级电流过大烧坏点火线圈，在部分电控点火系统的点火控制电路中增加了恒流控制电路，保证在任何转速下初级电流均为规定值(7A)，既改善了点火性能，又能防止初级电流过大而烧坏点火线圈。恒流控制原理如图 5-9 所示，在点火器功率晶体管的输出回路中增设一个电流检测电阻，用电流在该电阻上形成的电压降反馈控制晶体管的基极电流，只要这种反馈为负反馈，就可使晶体管的集电极电流稳定，从而实现恒流控制。

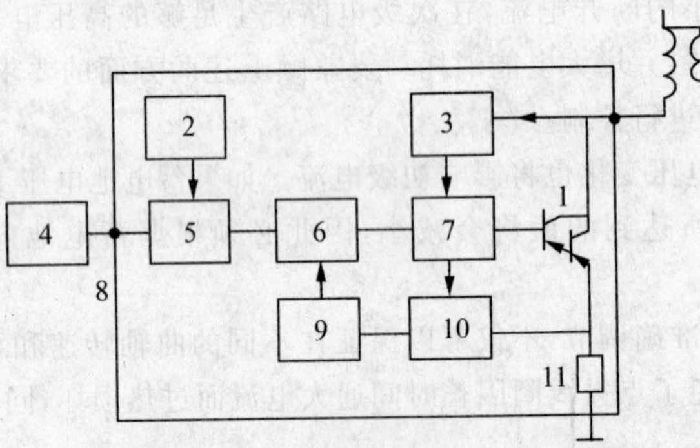

图 5-9 点火线圈的恒流控制原理框图

1—功率晶体管 2—偏流回路 3—过电压保护回路 4—传感器 5—波形整形回路 6—通电率发生回路 7—放大回路 8—点火器 9—通电率控制回路 10—恒流控制回路 11—电流检测电阻

5.2.3 爆燃控制

1. 爆燃及其危害

爆燃是汽油机工作时的一种不正常燃烧现象。它是指在正常火焰传播的过程中，处在最后燃烧位置上的那部分未燃混合气(常称末端混合气)，由于受到压缩和热辐射的作用，在火焰前锋尚未到达之前已经自燃，使燃烧室内的局部压力、温度很高，并伴随有冲击波的现象。

轻微的爆燃，可使发动机功率上升，油耗下降。但爆燃严重时，压力冲击波反复撞击缸壁，发出尖锐的金属敲缸声，破坏了燃烧室壁的激冷层(该层起着隔热膜的作用)，使传热增加，气缸盖和活塞顶温度升高，冷却液过热，汽油机功率下降，耗油率增加，甚至造成活塞、气门烧坏，轴瓦破裂，火花塞绝缘体破坏，润滑油氧化成胶质，活塞环卡死在环槽内等故障。因此，汽油机工作时，应对爆燃加以严格控制。

2. 爆燃的控制方法

理论和实践均已证明：爆燃与点火时刻存在着密切关系。点火提前角越大，燃烧的最大压力就越大，就越容易产生爆燃，推迟点火(即减小点火提前角)可以消除爆燃，但是，发动机发出最大扭矩的点火时刻是在开始产生爆燃点火时刻附近。因此，为了提高发动机动力、降低油耗，应使发动机的点火提前角处在不引起爆燃的情况下尽量增大点火提前角。

目前，发动机电子控制系统广泛使用点火提前角闭环控制系统。爆燃控制系统原理如图 5-10 所示，由安装在机体上的爆震传感器检测发动机的爆震强度，当爆震传感器检测到机体爆震时，电脑自动逐步减少点火提前角，直到发动机不产生爆震，当发动机不产生爆震时，在一定时期内维持当前的点火提前角，在此期间，若有爆震产生也同样减少点火提前角，若在这段时间内一直没有爆震产生，电脑又自动逐步增加点火提前角直到发动机产生爆震，这样电脑控制发动机始终处在爆震边缘，从而提高发动机功率，降低燃油消耗。实际点火提前角的闭环控制如图 5-11 所示。

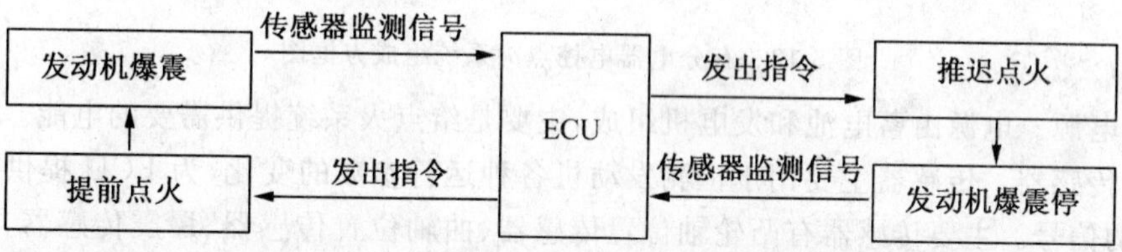

图 5-10　爆燃控制系统原理框图

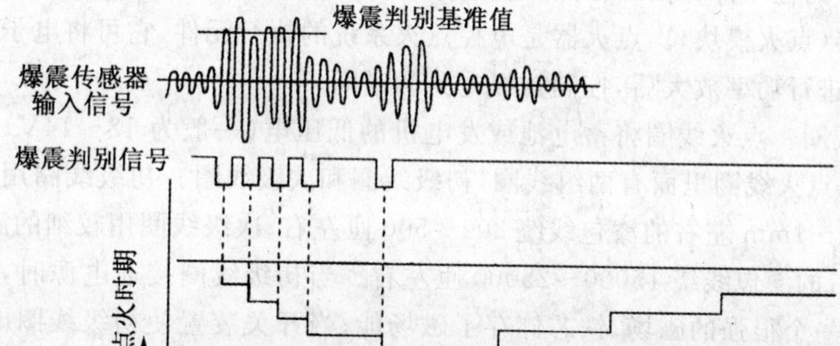

图 5-11　实际点火提前角的闭环控制图

5.3　有分电器电控点火系统

5.3.1　有分电器电控点火系统的组成

有分电器电控点火系统组成方框图如图 5-12 所示，一般主要由电源、各种传感器、ECU、点火器、点火线圈、分电器、高压线和火花塞等组成。

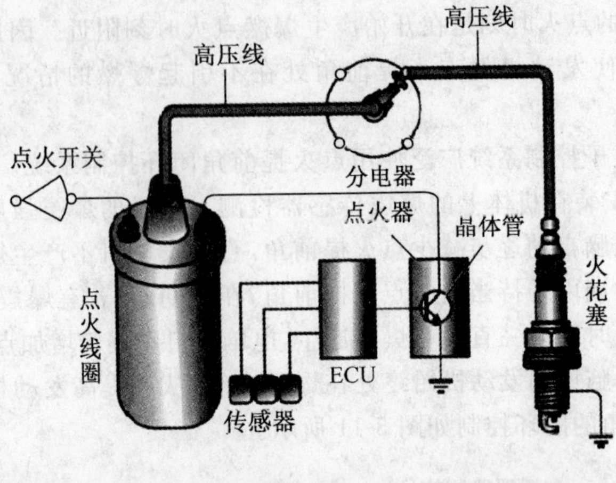

图 5-12　有分电器电控点火系统组成方框图

(1)电源。电源由蓄电池和发电机组成,主要是给点火系统提供需要的电能。

(2)传感器。传感器主要用于检测发动机各种运行参数的变化,为 ECU 提供点火控制所需的信号。主要传感器有凸轮轴位置传感器、曲轴位置传感器、爆震传感器、进气管绝对压力传感器、进气温度传感器、节气门位置传感器和冷却液温度传感器等。

(3)ECU。ECU 是电控点火系统的中枢。在发动机工作时,它不断地接收各传感器的信息,按内存的程序计算出最佳点火提前角,并向点火器发出点火信号指令。

(4)点火器(点火模块)。点火器是电控点火系统的执行元件,它可将电子控制系统输出的点火信号进行功率放大后,控制初级电路的通断。

(5)点火线圈。点火线圈将蓄电池或发电机的低压电(一般为 12～14V)变成高压电(20～30kV)。点火线圈里面有两组线圈,初级线圈和次级线圈。初级线圈用较粗的漆包线,通常用 0.5～1mm 左右的漆包线绕 200～500 匝左右;次级线圈用较细的漆包线,通常用 0.1mm 左右的漆包线绕 15000～25000 匝左右。当初级线圈接通电源时,随着电流的增长四周产生一个很强的磁场,铁芯储存了磁场能;当开关装置使初级线圈电路断开时,初级线圈的磁场迅速衰减,次级线圈就会感应出很高的电压。初级线圈的磁场消失速度越快,电流断开瞬间的电流越大,两个线圈的匝比越大,则次级线圈感应出来的电压越高。

(6)分电器。分电器根据发动机的点火顺序,将点火线圈产生的高压电依次输送给各缸的火花塞。

(7)火花塞。火花塞是把点火线圈产生的高压电引入燃烧室,在火花塞电极的间隙之间产生电火花,点燃混合气。

5.3.2　有分电器电控点火系统的工作原理

发动机工作时,ECU 根据接收到的各传感器信号,按存储器中存储的有关程序和相关数据,确定出该工况下最佳点火提前角和点火线圈初级电路闭合角(通电时间),并以此向点火器发出指令。点火器则根据 ECU 的指令,控制点火线圈初级电路的导通和截止。当电路导通时,有电流从点火线圈中的初级电路通过,点火线圈将点火能量以磁场的形式储存起来。当初级电路中的电流被切断时，在其次级线圈中将产生很高的感应电动势(15～20kV)，经分电器送至工作气缸的火花塞。点火能量经火花塞瞬间释放，产生的电火花点燃气缸内的混合气，使发动机完成做功过程。

下面以皇冠3.0 2JZ-GE发动机点火系统为例具体说明其工作过程。皇冠3.0 2JZ-GE发动机点火电路如图5-13所示。磁感应式曲轴位置传感器和凸轮轴位置传感器制作成一体，都安装在分电器内。该传感器分成上、下两部分，上部分产生G信号，下部分产生Ne信号，分别送入ECU。凸轮轴位置传感器有两个信号线圈，分别检测1、6缸上止点，当1缸上止点线圈先发出信号时，点火顺序为1→5→3→6→2→4；当6缸上止点线圈先发出信号时，点火顺序为6→2→4→1→5→3。当起动机带动发动机旋转时，分电器内双层线圈会产生交流脉冲信号。其中上层线圈所对应的信号齿为24个，曲轴转两圈(720°)分电器轴转一圈，它将产生24个完整的交流脉冲信号，此信号输送至ECU作为曲轴转角信号。下组线圈所对应的信号齿只有一个，但相对有两组线圈，分别为G_1、G_2，用于检测1、6缸上止点。当信号齿经过G_1线圈时，将产生一次完整的交流脉冲信号，此信号至ECU，当为正半周时，ECU将发出第一次IGT信号，点火模块内大功率晶体管导通，点火线圈初级线圈充磁。当为负半周时，IGT信号高电位变为低电位，点火模块内晶体管截止，点火线圈次级线圈产生高压电。

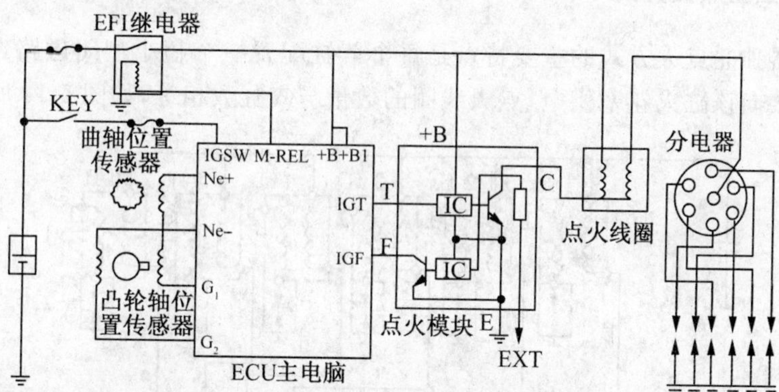

图5-13　皇冠3.0 2JZ-GE发动机点火电路图

点火线圈次级线圈高电压经高压线分火头→1缸旁电极→1缸高压线→1缸火花塞点火。

点火控制具有点火监视功能，点火监视电路是用来专门检测点火线圈初级电路工作情况的。当点火线圈初级回路能够正常导通、截止时，初级线圈自感电动势被IGF信号发生器识别捕捉产生电信号，IGF信号发生器控制晶体管导通，IGF信号电压由5V变为0V。产生IGF信号，表示点火成功信号，ECU根据IGF信号，将继续发出喷油指令。点火器将反馈给ECU一个点火确认信号IGF。当点火线圈初级回路不能正常导通、截止时，火花塞不能正常跳火，此时若曲轴转角传感器正常，喷油器会照常喷油，这将造成三元催化转化装置过热而损坏。为了避免上述情况发生，当ECU连续3～5次未接收到点火确认信号IGF时，ECU便控制喷油器停止喷油。

当第一缸点火信号产生后，ECU将以G_1信号为基准记数，当记录4个Ne信号(相当于曲轴转 120°)后发出第二个 IGT 信号使第五缸点火,再记数 4 个 Ne 信号发出第三个 IGT 信号使第三缸点火,依此类推,完成发动机六个缸(1—5—3—6—2—4)的点火。

5.4 无分电器电控点火系统

5.4.1 无分电器电控点火系统特点

有分电器电控点火系统的主要特点是:只有一个点火线圈,点火线圈产生的高压电通过分电器按照发动机的做功顺序依次输送给各气缸火花塞。

无分电器电控点火系统(DLI)完全取消了分电器,点火线圈产生的高压电直接送给火花塞进行点火,因此又称直接点火系统。无分电器电控点火系统由于没有分电器,节省了空间,降低了点火能量的高压传输损失,进一步提高了点火系统的可靠性和耐久性,但其需要增加点火线圈数量,结构和控制电路更复杂。

无分电器电控点火系统根据点火线圈的数量和高压电分配方式的不同,可分为独立点火方式、双缸同时点火方式和二极管配电点火方式三种。

5.4.2 独立点火方式

无分电器独立点火方式的主要特点是每个气缸配置一个超小型闭磁路点火线圈,由点火线圈直接向该缸火花塞供电,点火线圈的数量与气缸数相等,如图 5-14 所示。

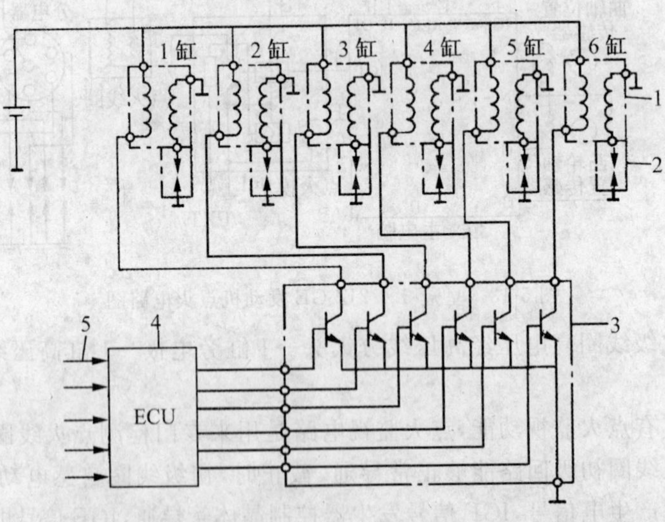

图 5-14 无分电器独立点火方式电控点火系统

1—点火线圈 2—火花塞 3—点火器 4—ECU 5—各种传感器

发动机工作时,ECU 按各缸的工作顺序向点火控制模块发出点火信号,点火控制模块内相应的晶体管截止,使对应气缸点火线圈的初级绕组断开,在次级绕组上感应出高压电,火花塞产生火花,点燃已被压缩的混合气。独立点火系统由于每缸都有各自独立的点火线圈,所以即使发动机的转速很高,点火线圈也有较长的通电时间(大的闭合角),可提供足够高的点火电压和点火能量。与有分电器电控点火系统相比，在发动机转速和点火能量相同的情况下，单位时间内通过点火线圈初级电路的电流要小得多，点火线圈不易发热，且点火线圈的体积又可以非常小巧，一般直接将点火线圈压装在火花塞上。

5.4.3　双缸同时点火方式

无分电器同时点火方式的主要特点是两个活塞同时到达上止点位置的气缸（一个为压缩冲程的上止点，另一个为排气冲程的上止点）共用一个点火线圈，该两缸火花塞同时跳火，点火线圈的数量等于气缸数的一半，如图5-15所示。与独立点火方式相比，采用同时点火方式的电控点火系统的结构和控制电路较简单，所以应用也比较多。但由于保留了点火线圈与火花塞之间的高压线，能量损失略大。

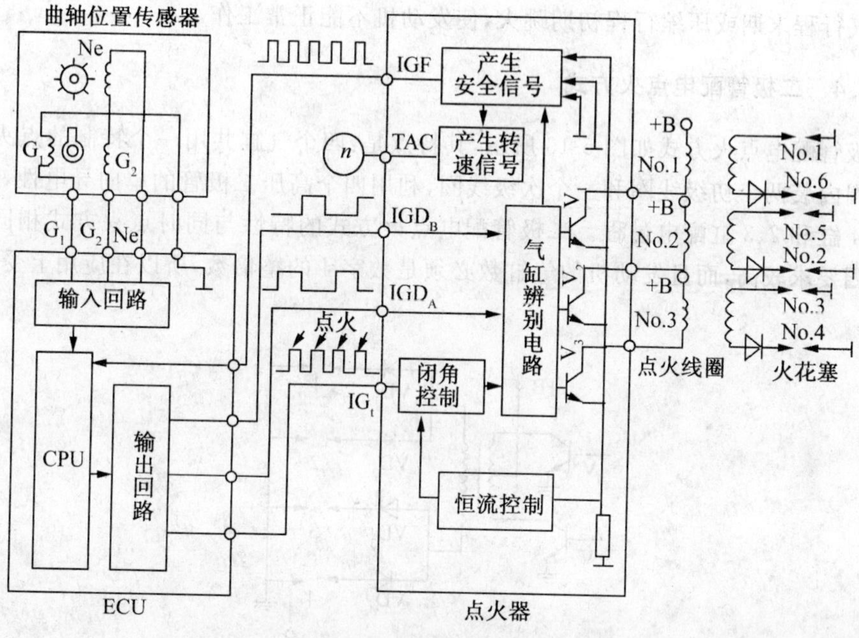

图5-15　无分电器双缸同时点火方式电控点火系统

对于同时点火的两个气缸，由于一个气缸的活塞已接近压缩行程的终点，气缸内的压力较高，放电较困难，所需要的击穿电压较高；而另一个气缸的活塞已接近排气行程的终点，气缸内的压力已接近大气压，放电较容易，所需要的击穿电压较低。因此，在这种火花塞串联布置的点火电路中，当两缸火花塞同时跳火时，电路的阻抗几乎都在压缩缸，压缩缸承受大部分的电压降。与普通的只有一个火花塞跳火的点火系统相比，压缩缸的击穿电压相差不大，在排气缸损失的电能也不大。

在无分电器双缸同时点火系统中，ECU除输出控制通电时刻和通电时间的点火正时指令（IGT）外，还需要输出能够辨别向哪一组气缸点火的辨缸指令（IGD）。如图5-15所示，曲轴位置传感器向ECU提供曲轴转角信号Ne和活塞上止点位置信号G_1、G_2，发动机ECU根据G_1、G_2信号判断出下次进行点火的气缸组，并发出辨缸指令IGD_A和IGD_B。

ECU 输出辨缸指令与发动机点火气缸之间的约定如表 5-1 所示。

表 5-1　ECU 输出的辨缸指令 IGD_A、IGD_B 与发动机点火气缸的约定关系

IGD_A 状态	IGD_B 状态	点火线圈	点火汽缸
低电平 0	高电平 1	1#	1、6 缸
低电平地	低电平地	2#	2、5 缸
高电平 1	低电平 0	3#	3、4 缸

串联在每组高压回路中的二极管的作用是：利用二极管的反向截止功能，防止发动机高速运行时初级绕组接通的瞬间，在次级绕组上产生的感应电压（大约 1kV），造成火花塞在进气行程末期或压缩行程初期跳火，使发动机不能正常工作。

5.4.4　二极管配电点火方式

二极管配电点火方式如图 5-16 所示，其特点是：四个气缸共用一个特制的点火线圈，点火线圈内装两个初级线圈和一个次级线圈，利用四个高压二极管的单向导电性，交替完成对 1、4 缸和 2、3 缸配电过程。二极管配电点火方式的特性与同时点火方式相同，但对点火线圈要求较高，而且发动机的气缸数必须是数字 4 的整倍数，所以在应用上受到一定的限制。

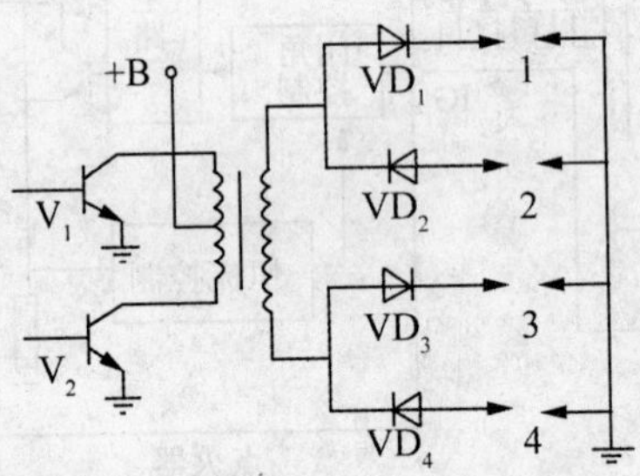

图 5-16　二极管配电点火方式电控点火系统

由于点火线圈有两组初级绕组，且电流方向相反，所以点火时在次级绕组产生的电压极性相反。当功率晶体管 V_1 截止时，点火线圈次级绕组产生上正下负的高压电，这时，高电压二极管 VD_1、VD_4 导通，1、4 缸火花塞跳火；当功率晶体管 V_2 截止时，点火线圈次级绕组产生下正上负的高压电，这时，高压二极管 VD_2、VD_3 导通，2、3 缸火花塞跳火。

5.5　电控点火系统的故障诊断

在汽油发动机各系统中，点火系统对发动机的性能影响最大，据统计数字显示，约 50% 的故障是因为点火系统工作不良引起的，因此，发动机性能检测往往从点火系统开始。

对电控点火系统来说，因不点火、点火能量不足、点火时间不当等造成发动机不工作或动力不足等故障，可能是电子控制系统（各种传感器、控制器的故障）和控制系统以外的原因所致。电子控制系统一般都有故障自诊断功能。在检查时，首先读取所有故障代码，按代码所指示的故障区域进行故障检查。在没有故障码的情况下，再检查控制系统以外的可能故障部位，如线路故障、器件性能不良等。

5.5.1　点火系统的故障诊断流程

以丰田车系为例。当点火系统出现故障时，可按图 5-17 所示的故障诊断流程图进行诊断。

断开各缸喷油器插头，从分电器盖上拔下中央高压线（有分电器点火系统）或拔出某缸火花塞（无分电器点火系统、连接好线路），用高压钳夹住它，并使其端部离缸体（搭铁点）12.5mm，用起动机带动曲轴旋转，观察线端是否跳火及火花强弱。如果高压线端跳火且火花强，表明低压电路中的信号发生器、点火控制器及点火线圈性能良好，故障在 IGF 信号；如不跳火或火花弱，故障在点火线圈、低压电路连接导线、霍尔信号发生器或点火控制器，应进一步检查。

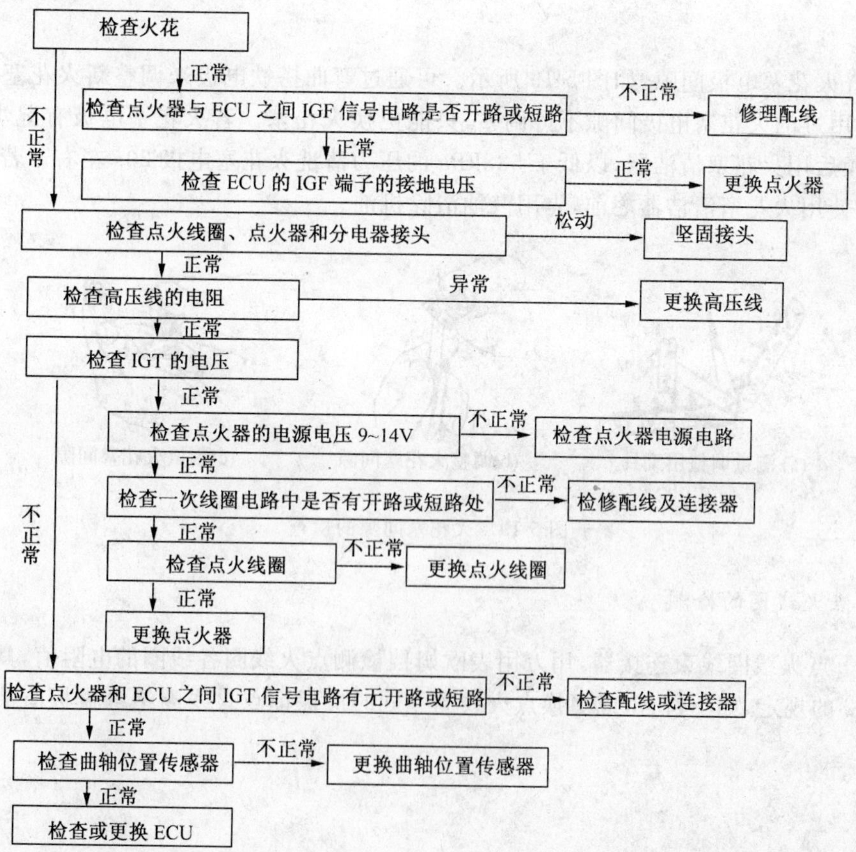

图 5-17　点火系统的故障诊断流程图

5.5.2 主要部件的检测

1. 火花塞的检测

拆下火花塞，检查火花塞的螺纹及绝缘体有无损坏。如有异常，应更换火花塞。用绝缘电阻表测量火花塞绝缘电阻，如图 5-18 所示，电阻值应为 10MΩ 或更大。

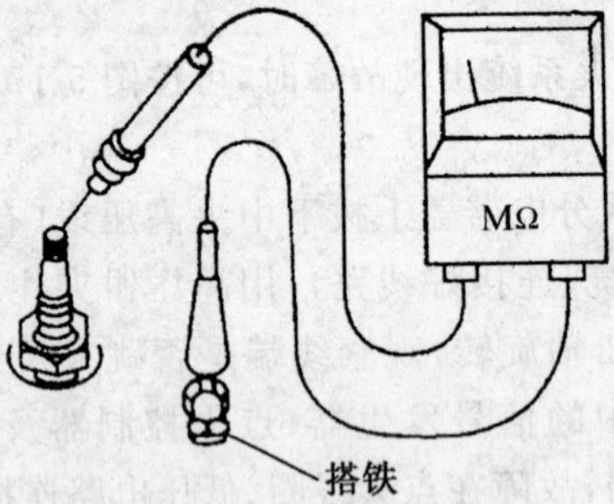

图 5-18 火花塞绝缘电阻的测量

检查火花塞电极间隙，如图 5-19 所示。可通过弯曲搭铁电极来调整新火花塞的电极间隙；使用过的火花塞电极间隙不可调整，只能更换火花塞。若火花塞电极有湿炭痕迹，待其干燥后用火花塞清洁器，以低于 588kPa 的压力清洗火花塞电极 20s 左右。若有机油痕迹，在使用火花塞清洁器之前，先用汽油清除机油。

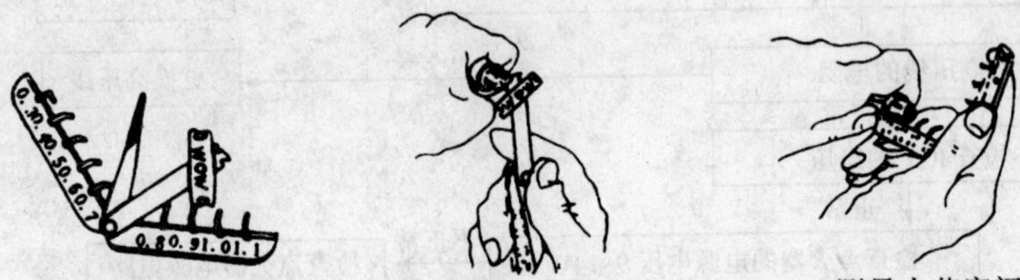

(a) 测量调整用工具 (b)调整火花塞间隙 (c)测量火花塞间隙

图 5-19 火花塞间隙的检查

2. 点火线圈的检测

拔下点火线圈线束连接器，用万用表欧姆挡检测点火线圈各线圈的电阻值，其值应符合表 5-2 的规定，如不符合，应更换点火线圈。同时应保证点火线圈绝缘盖板清洁、干燥、不漏电。

表 5-2　　点火线圈电阻值

线圈	初级线圈电阻/Ω		次级线圈电阻/Ω	
	冷态	热态	冷态	热态
皇冠 3.0 2JZ-GE	0.36～0.55	0.45～0.65	9000～15400	11400～13800
夏利 2000	1.11～1.75	1.41～2.05	9000～15700	11400～18800

3. 其他高压元件的检测

用电阻表分别测量分火头、火花塞插头、防干扰接头和高压导线的电阻，如图 5-20～图5-23 所示。各部件的电阻不在规定范围之内，应更换新件。

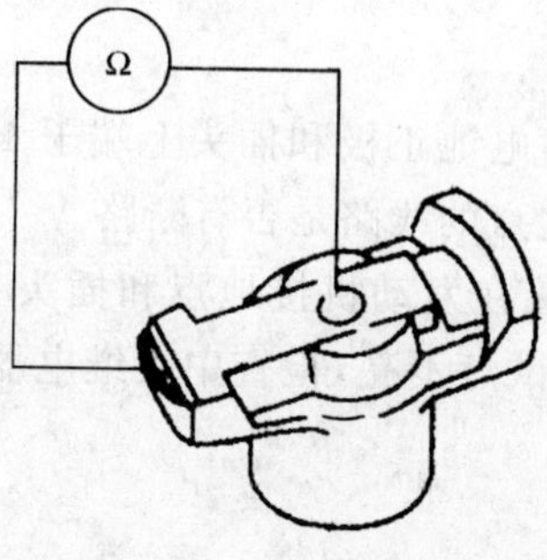

图 5-20　分火头电阻的检查

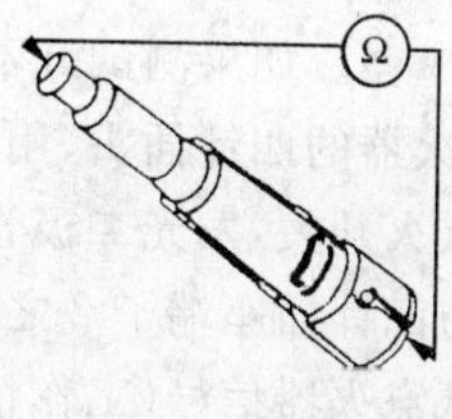

图 5-21　火花塞插头电阻的检查

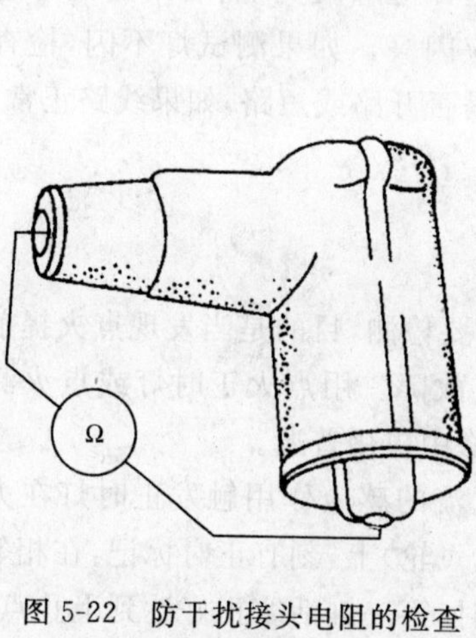

图 5-22　防干扰接头电阻的检查

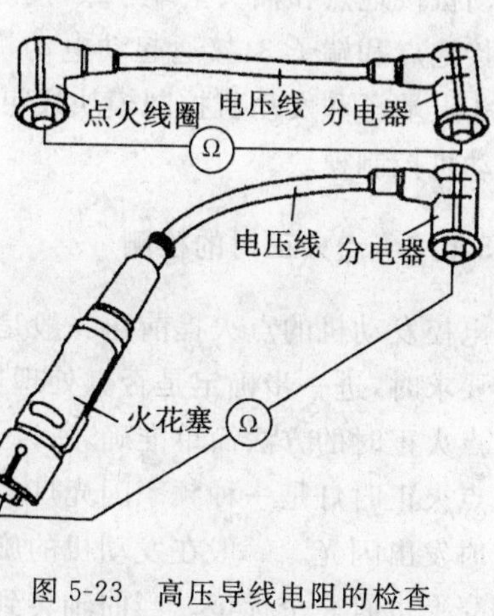

图 5-23　高压导线电阻的检查

4. 点火器的检测

点火器的检测主要包括点火器的供电电压的检测和点火器信号(IGT、IGF)的检测。下面以桑塔纳 2000AJR 型发动机为例。

桑塔纳 2000AJR 型发动机点火系统采用无分电器双火花直接点火系统，其点火系电路接线图，如图 5-24 所示。

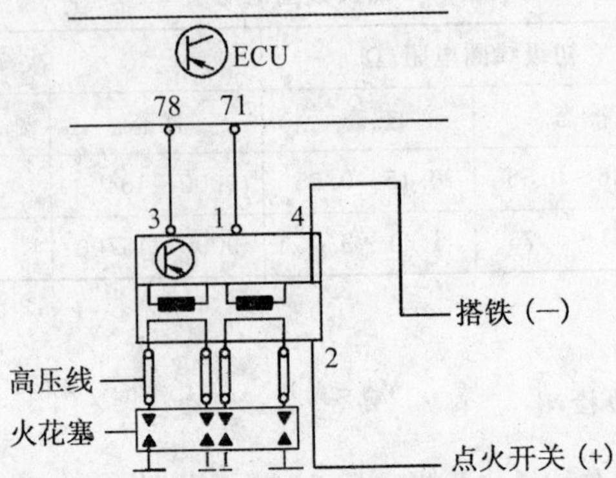

图 5-24　桑塔纳 2000AJR 型发动机点火系电路接线图

(1)测试点火器的供电电路

拔下点火器四针插头，用发光二极管测试灯连接蓄电池正极和插头上端子 4，发光二极管测试灯应亮。如果测试灯不亮，检查端子 4 和接地点的线路是否有断路。

拔下点火器的四针插头，用发光二极管测试灯连接在发动机接地点和插头上端子 2 之间，打开点火开关，发光二极管测试灯应亮。如果测试灯不亮，检查中央继电器盒 D 插头 23 端子与四针插座端子 2 之间线路是否断路。

(2)测试点火器信号(工作情况)

拔下所有喷油器的插头和点火器的四针插头，打开点火开关，用发光二极管测试灯连接发动机接地点和插头上端子 1，接通起动机数秒，测试灯应闪亮，然后用测试灯连接发动机接地点和端子 3，接通起动电动机数秒，测试灯应闪亮。如果测试灯不闪，检查点火器插头上端子和发动机控制模块线束的插头间导线是否开路或短路，如果线路正常，应更换发动机控制模块。

5.5.3　点火正时的检测

电控发动机的点火提前角一般是不可调的，但需要检测，目的是当发现点火提前角不符合要求时，进一步确定是否微处理器或传感器存在故障。用点火正时灯或点火测试仪检测点火正时的方法简单准确，所以，在汽车检测维修中应用普遍。

点火正时灯是一种频率闪光灯，利用高压线中电流的感应作用触发正时灯在火花塞点火时发出闪光。一般在发动机的旋转部分(齿轮或飞轮)上，刻有正时标记，在相邻的固定机壳上也有一个标记。当曲轴转到两个标记对齐时，第一缸活塞正好达到上止点位置。如果没有点火提前，每次活塞到达止点时点火，触发点亮时的正时灯照射有标记处，可以看到两个标记对齐。如果有点火提前，正时灯亮时第一缸活塞还未到上止点，即活动标记还未转到固定标记处，两个标记没有对齐，它们之间相对应的曲轴转角的角度差，就是点火提前角。

如图 5-25 所示，用点火正时灯检测点火正时的方法为：

擦拭曲轴带盘或飞轮上的标记处，使标记清晰可见；起动发动机，使水温上升至 70℃

～80℃；预热后，检查发动机怠速是否在规定范围内；将正时灯的两个电源夹，红色线连接在蓄电池正极上，黑色线连接在蓄电池负极上；将正时灯的外卡式传感器卡在第一缸分压线上，同时将正时灯上的电位计旋钮旋转到"0"位置；在发动机怠速稳定运转情况下，将正时灯打开并对准规定的正时标记(奥迪、桑塔纳等轿车对准飞轮上的标记)。

判断：若正时灯闪光与正时标记正好对准，说明点火时刻正时。若正时灯闪光出现在正时标记的前方，说明点火过早；反之则点火过迟。调整正时灯上电位计使两标记对齐，则正时灯上指示的读数即为发动机怠速时的点火提前角。

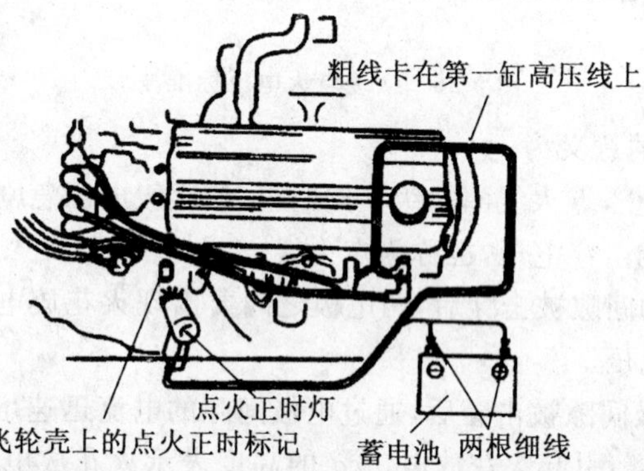

图 5-25　点火正时的检测

5.5.4　点火系统的示波器检测

发动机的点火线圈是由两部分线圈组成的：低压部分的初级线圈和高压部分的次级线圈。当初级线圈的电流被切断时，初级线圈会产生 200～300V 的电压，而在次级线圈上将产生高达 15～30kV 的电压，所以，两者的波形有所不同。示波器可以显示电压随时间变化的波形，使用汽车专用的点火示波器可以查看点火系的工作波形，并根据点火的波形判断点火系的故障。

把示波器连接在运转的汽油机点火系电路上，示波器屏幕上将显示出点火系中电压随时间变化的曲线，即点火波形。示波器屏幕显示的波形，在垂直方向上表示电压，在水平方向上表示时间，基线的上方为正电压，下方为负电压。

1. 标准次级点火波形

如图 5-26 所示，为单缸标准次级点火波形。

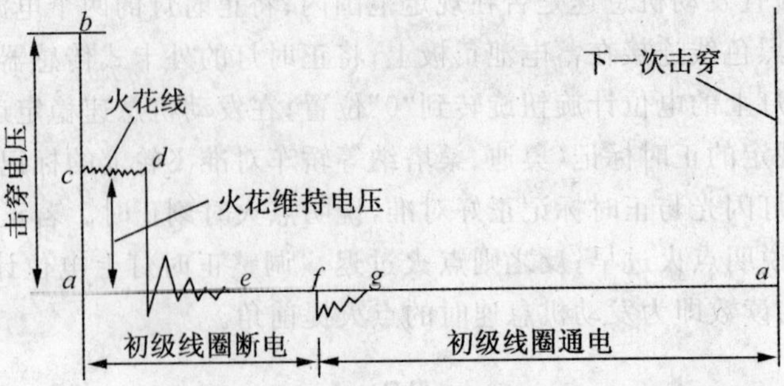

图 5-26　次级点火电压标准波形

标准波形上各点的意义为：

a 点：初级电路截止，点火线圈初级突然断电，使次级电压急剧上升。

ab 段：为火花塞的击穿电压，也称为点火线。

bc 段：当火花塞的间隙被击穿后，两电极之间要出现火花放电，同时次级电压骤然下降，*bc* 为此时的放电电压。

cd 段：火花塞电极间隙被击穿后，通过电极间隙的电流迅速增加，致使两极间隙中的可燃气体粒子发生电离，引起火花放电。*cd* 的高度表示火花放电的电压，*cd* 的宽度表示火花放电的持续时间。

在火花塞间隙被击穿的同时，储存在次级电容 C_2（指分布电容，即点火线圈匝间、火花塞中心电极与侧电极间、高压导线与机体间等所具有的电容量总和）的能量迅速释放，故 *abc* 段被称为电容放电。其特点是放电时间极短（1μs），放电电流很大（可达几十安培）。电容放电时，伴有迅速消失的高频振荡，频率为 1～10MHz。

de 段：电感放电阶段。其特点是放电电压低，放电电流小，持续时间长，但振荡频率仍然较高。

f 点：初级电路开始接通，引起次级电压的变化。值得注意的是：在 *a* 点，初级电流是急剧减小的，而在 *f* 点电流是逐渐增加的，所以这两点感应的次级电压的方向相反，而且大小也不相同。

fg 段：因初级电流接通而引起回路电压出现衰减振荡。

2. 分析次级点火波形的要点

(1)观察 *ab* 段，即点火线

主要看点火线的高度（点火电压）是否符合该车技术参数，点火线的中后段是否有杂波。一般汽车在怠速时，次级点火电压为 7～15kV。

如果点火电压过高，表明在次级线路中存在着高电阻，如高压导线电线电阻过大、开路或损坏，分火头与分电器盖侧电极之间的间隙过大，火花塞的电极间隙过大或者损坏，混合气过稀。如果点火电压过低表明次级线路的电阻低于正常值，如火花塞污蚀或损坏，火花塞、高压线漏电等。

(2)观察 cd 段(即火花线,燃烧电压)是否近似水平

主要观察火花线的起点是否和火花放电电压一致和稳定,以及火花线是否有余波。正常的损烧电压续数应为 0.5～5.0kV。

如果火花线近似水平,火花线的起点和火花放电电压一致且稳定,表明各缸的空燃气一致,火花塞是正常的。如果火花线的起点比正常火花放电电压低一些,说明混合气过稀;如果火花塞有污蚀或积炭,火花线的起点会上下跳动且火花线明显倾斜;如果火花线有过多的杂波,表明气缸点火不良,其原因为点火过早,喷油器损坏,火花塞污蚀或其他原因。

如果燃烧电压高,故障原因可能是:高压导线开路;火花塞电极间隙过大;高压导线接头过脏或锈蚀。

(3)观察 cd 段的宽度

主要看火花线的火花放电持续时间是否符合该车的技术参数。火花放电持续时间表明气缸内混合气的浓与稀。火花放电持续时间过长(通常超过 2ms)表示混合气过浓;相反,火花放电持续时间过短(通常少于 0.75ms)表示混合气过稀。

造成燃烧时间短的原因有:高压导线电阻过大或开路;火花塞电极间隙过大;分火头与分电器盖间隙过大;混合气积炭。造成燃烧时间长的原因有:混合气过浓;火花塞电极间隙过小;火花塞电极积炭。

3. 常见单缸次级故障波形

如图 5-27 所示,次级波形的火花线倾斜且较陡峭(下降较快),而火花线的起点也很高。其故障是分电器与该气缸之间的分缸线断路,使次级电路电阻增大或火花塞的间隙过大,使击穿电压过高。次级波形在初级电路闭合段的第二次振荡波小而少,其原因是点火线圈的阻抗过大将初级电路接通时产生的振荡波吸收。

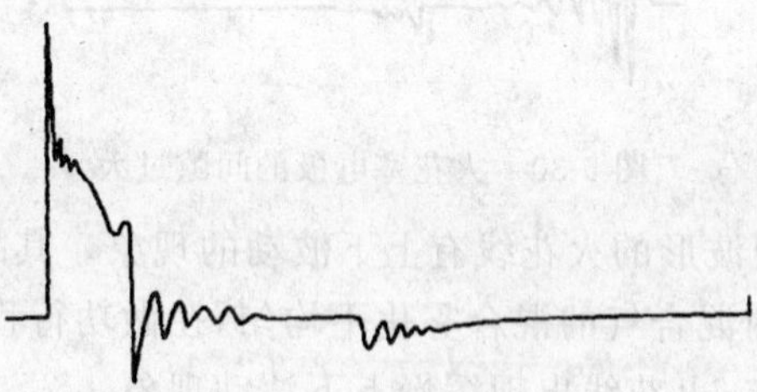

图 5-27　次级电路的电阻过大

如图 5-28 所示,次级波形的火花线向下倾斜且不稳定,有细小的多余波形出现,而火花线的持续电压也不正常。其故障原因是火花塞上具有较多的积炭和油污。火花塞积炭就相当于在火花塞上并联一个分路电阻。当初级电路断开时,次级电路内产生泄漏电流,使击穿电压下降,火花塞的放电过程不稳定。

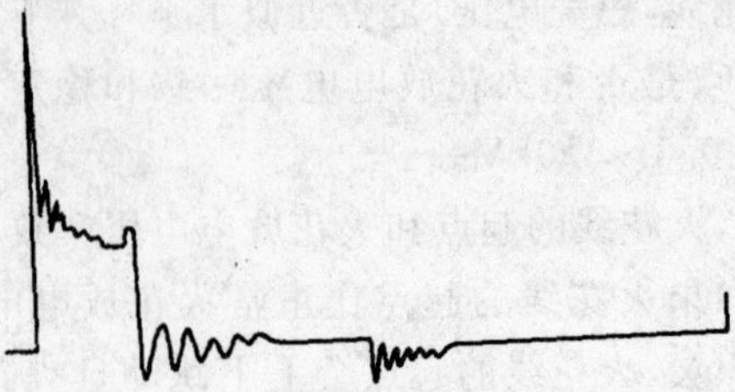

图 5-28　火花塞有积炭和油污

如图 5-29 所示，次级波形出现上下平移，其故障原因是次级电路出现间歇性断电，导致次级波形有上下波动。

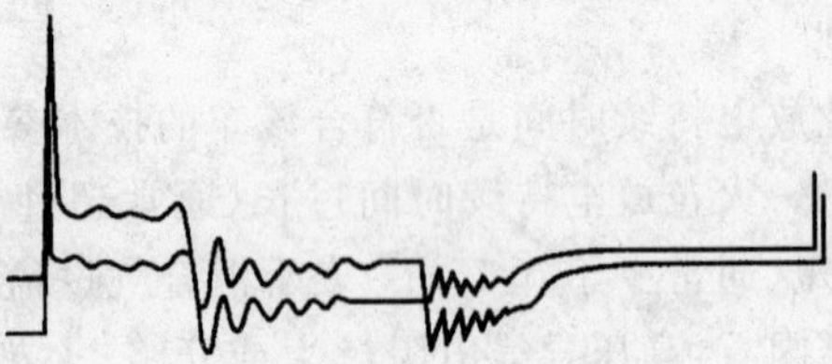

图 5-29　次级电路间歇性断电

如图 5-30 所示，次级波形在初级电路截止段的火花线与第一次振荡界限分不清，失去火花放电过程，其故障原因是火花塞电极的间隙过大，击穿电压再高也无法击穿，而失去了火花塞的放电过程，也就是失去了火花线。

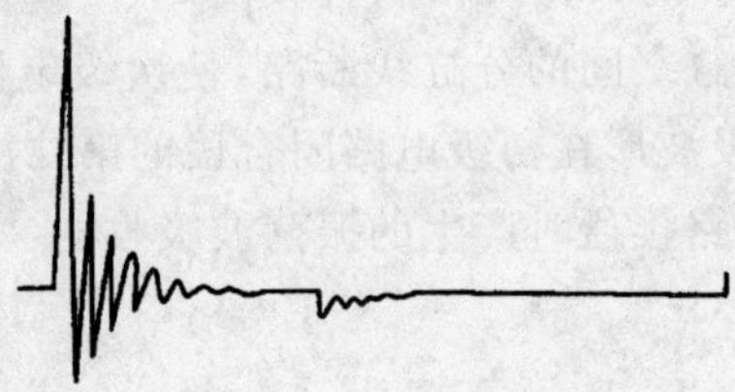

图 5-30　火花塞电极的间隙过大

如图 5-31 所示，次级波形的火花线有上下波动的现象。其故障原因是喷油器工作不良，喷油不均，引起气缸内混合气的混合雾化不均匀，在做功行程的燃烧不稳定，致使火花线的持续阶段电压不稳定，火花线出现缓慢上下波动现象。

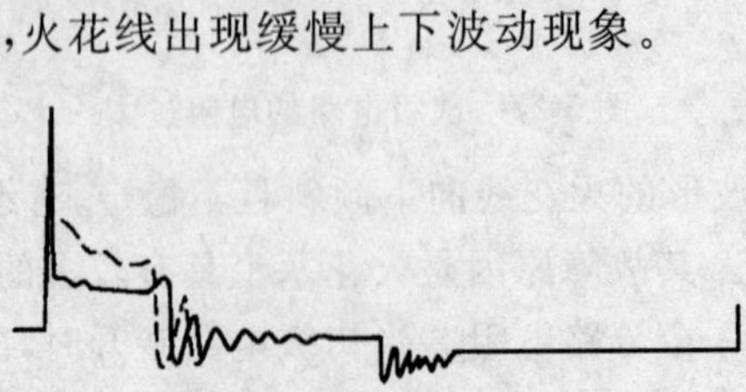

图 5-31　喷油器工作不良

如图 5-32 所示，次级波形出现颠倒现象，其故障原因是点火线圈的初级绕组的两个接线柱接反或电源极性接反，以至于初级电流反向，而次级信号与初级信号是通过变压器耦合而得，故次级电流反向，次级信号的波形出现反置。

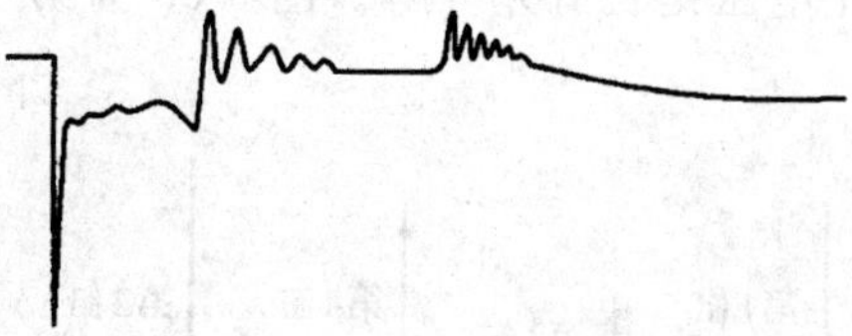

图 5-32　初级电路接反

如图 5-33 所示，次级波形的火花线起点过低，且火花线有抖动现象出现。其故障原因：一是火花塞过热，当火花塞电极过热时，击穿电压将会下降 30%～50%；二是气门漏气，气门漏气会造成火花塞电极周围的混合气的密度变小，电极的击穿电压变低。

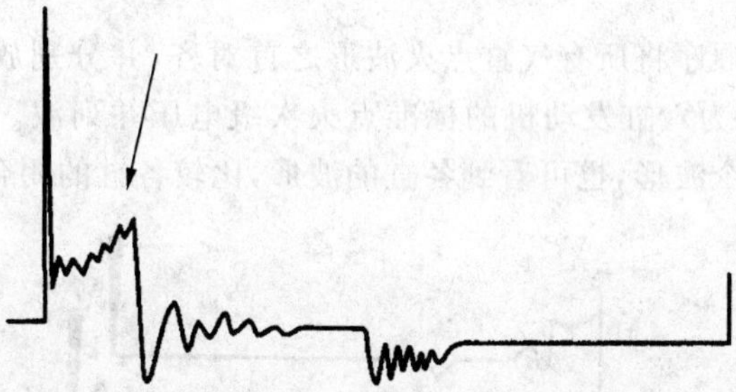

图 5-33　火花塞过热或气门漏气

如图 5-34 所示，次级波形的火花线出现抖动现象。可能是发动机的分电器盖或分火头松动，使发动机在高速运转时，因分电器的振动使火花塞的放电过程中电压不稳定，火花线出现抖动现象。

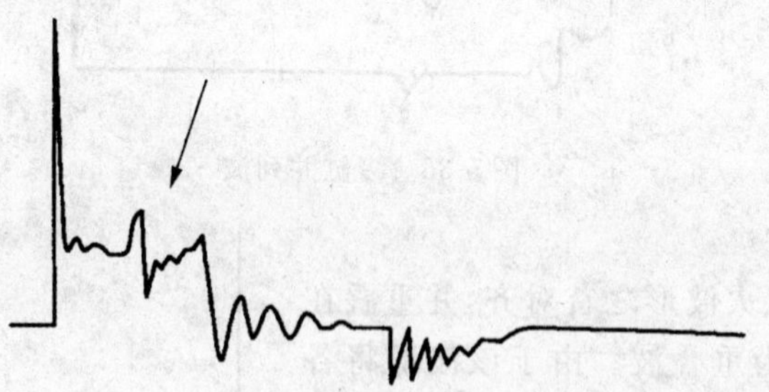

图 5-34　分电器盖或分火头松动

4. 不同气缸次级点火电压波形的对比分析

将不同气缸次级点火电压波形按照一定的排列方式排在一起，通过比较和分析，了解发动机点火系的技术状况，帮助检查人员发现并判断其故障所在。点火示波器采集到发动机点火信号后，可以多缸平列波、并列波、重叠波等形式显示点火波形。

(1)多缸平列波

从左到右按点火顺序将所有各缸点火波形首尾相连的排列形式称为多缸平列波。如

图 5-35 所示为六缸发动机的标准点火次级电压平列波。从多缸平列波，可观察到各缸次级击穿电压是否均衡、火花电压是否有差异等。图 5-35 为第三缸异常的平列波，表明第三缸击穿电压太低。

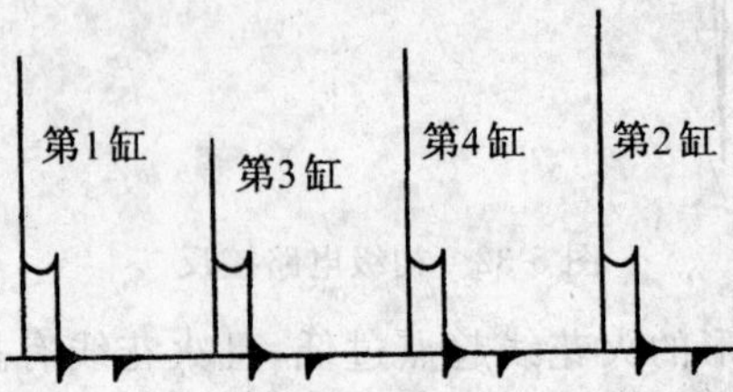

图 5-35　多缸平列波(第三缸异常)

(2)多缸并列波

从下至上按点火顺序将所有气缸点火波形之首对齐，并分别放置的排列形式称为并列波。如图 5-36 所示为六缸发动机的标准点火次级电压并列波。这一波形既能观察到点火系所有各缸的整个波形，也可看到各缸的波形，比较各缸的闭合角和火花持续时间。

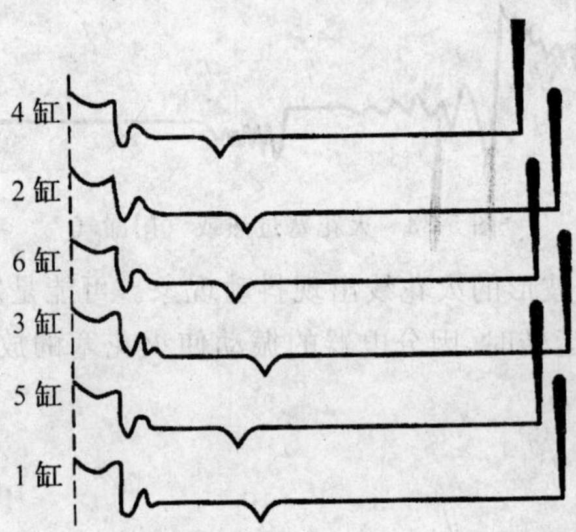

图 5-36　多缸并列波

(3)多缸重叠波

将所有各缸的点火波形之首对齐，并重叠在一起的排列形式称为重叠波。由于该波形将各缸点火波形叠加，因而可评价各缸工作的一致性。各缸工作一致的重叠波就像一个单缸波形，只要其中一个缸工作不佳，其波形就会偏离重叠波。重叠波可观察到各缸波形间的重叠角及各缸对应触点闭合时刻的分散程度(见图 5-37 中的 f 点)。要求闭合段波形的变化范围(见图 5-37 中 d 部分)不应超过波段长度的 5%。

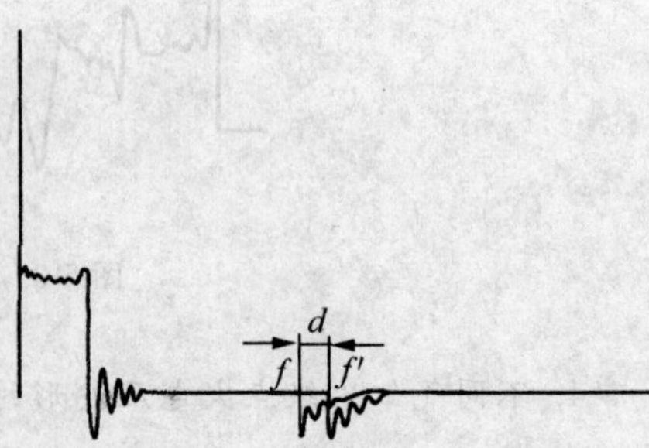

图 5-37　多缸重叠波

拓展阅读

1. 李玉柱. 汽车检测与故障诊断技术. 北京：冶金工业出版社，2009

2. 韩建国. 汽车电控系统检测与维修实训. 北京：机械工业出版社，2008

3. 曹红兵. 汽车发动机电控技术原理与维修. 北京：机械工业出版社，2008

复习思考

1. 汽油机点火系统的功用是什么？发动机对点火系统有哪些要求？
2. 汽油机点火系统的发展经历了哪几个阶段？它们有什么区别？
3. 分析电控点火系统电路，简述其工作过程。
4. 电控点火系统对点火提前角、闭合角、爆燃是如何控制的？
5. 分析有分电器电控点火系统电路图，简述其工作过程。
6. 无分电器电控点火系统有哪几种类型？根据电路图分析其特点。
7. 分析电控点火系统的故障诊断程序？
8. 如何检测电控点火系统各主要元器件的性能？
9. 如何检查点火提前角？
10. 如何观察和分析次级点火波形？
11. 如何根据不同的次级点火波形判断故障？

第6章　汽油机排放控制系统的原理与检修

学习目标

1. 了解汽车排放污染物的危害及产生的原因。
2. 了解汽车排放控制系统的组成及功用。
3. 熟悉汽车排放控制系统的结构原理。
4. 熟悉汽车排放控制系统的常见故障及原因。
5. 掌握汽车排放控制系统的检测方法。

考核标准

知识要求：

1. 排放控制系统的组成。
2. 排放控制系统的原理。
3. 排放控制系统的故障现象。
4. 排放控制系统的检测方法。

技能要求：

1. 能根据故障现象制定正确的维修计划。
2. 能运用所学知识分析故障原因并会判断故障部位。
3. 能正确使用检测仪器对汽油机排放控制系统进行检测。
4. 能按照正确操作规范进行元件的更换。
5. 能验正故障是否已彻底排除。

教学建议

教具：带有各种排放控制系统的整车或实验台架、增加必要的检测设备。

建议：12学时，6.2～6.5节采用理实一体教学。

6.1　汽油机排放控制系统概述

6.1.1　汽油机排放污染物及其危害

汽车排放污染物主要来源于汽车尾气、发动机曲轴箱窜气及油箱的燃料蒸发。汽车排放的污染物主要有：CO（一氧化碳）、HC（碳氢化合物）、NO_x（氮氧化合物）等。汽车排放污染物在离地面高 1m 左右浓度最大，极易进入人的呼吸系统，影响人的身体健康。

汽车排放污染物对环境直接造成的危害有：

（1）CO。CO 是发动机供给的混合气中空气不足、燃烧不完全时的产物。CO 被吸入人体后，由于它与血红素结合的亲和力极强，比氧大 200 倍，致使人体缺氧而引起头痛、头晕、呕吐等中毒症状，严重时会致人死亡。

（2）HC。HC 是发动机中未燃烧的燃料分解后产生的气体，汽车排放的 HC 成分十分复杂，包含有 100 多种各类烃化合物。碳氢化合物中的大多数成分对人体健康影响不明显，但其中有一些成分对人体的呼吸道有明显的刺激作用，可引起眼睛发炎、呼吸道发炎，且具有难闻的臭味。HC 也是生成光化学烟雾的主要成分。

（3）NO_x。NO_x 是发动机高温时的产物。它对人体的影响是刺激眼睛，引起角膜炎，侵入人体肺部引起喘息症、肺气肿等，还能刺激鼻黏膜，降低嗅觉能力。此外，它还是形成光化学烟雾的成分。大气污染物中的氮氧化物有 30％～50％来自汽车。

6.1.2　汽油机排放污染物的成因

（1）CO 的形成。汽油发动机的燃料是汽油，它是 HC 的混合物。当燃料在供给的空气充足的条件下燃烧时，生成 CO_2 和 H_2O。当燃料在空气供给不充足的条件下燃烧时，因不完全燃烧而产生 CO。此外，若燃烧后的温度很高，会使已经形成的 CO_2 分解成 CO 和 O_2。所以，排气中总会有 CO 的存在。

（2）HC 的形成。汽车排出的 HC 主要是发动机未燃烧的产物，其次是曲轴箱通风口漏出及油箱蒸发（对于安装化油器的车，还有化油器蒸发）。排气中 HC 的形成原因比 CO 要复杂得多。对于四冲程发动机而言，缸壁激冷和燃料不完全燃烧是 HC 的主要成因。在二冲程汽油机中，由于扫气作用，部分混合气通过汽缸直接进入排气，这种汽油机的 HC 排放量可能比四冲程汽油机大好几倍。

不论是汽油机还是柴油机，都是通过火焰传播使燃料燃烧的，但是，紧靠缸壁的那层气体（0.05～0.5mm），由于低温缸壁的冷却作用，火焰传播不到，使这层混合气中的 HC 随废气排出。除此以外，火焰也不能在激冷缝隙内传播，一般在小于 1mm 的缝隙内（如活塞顶部与第一道气环之间的空隙），混合气不可能完全燃烧。

（3）NO_x 的形成。在发动机排出的 NO_x 中，主要成分是 NO 和少量的 NO_2。当废气排放到大气中后，部分 NO 与空气中的氧相结合又生成 NO_2。因此，被汽车污染的大气同时存在着 NO 和 NO_2。

NO_x 的形成主要与燃烧温度、混合气浓度和汽缸内的氧浓度有关：当混合气较稀时，

温度对 NO_x 起支配作用;当混合气浓时,氧的浓度对 NO_x 起决定作用。

6.1.3 汽油机排放控制系统的组成

现在的汽车上采用了各种排气控制方式,用来降低氮氧化合物、碳氢化合物、一氧化碳气体的排放。最常见的废气净化装置有:

(1)催化转化器。在排气管内装有一种催化转化器,将有污染的废气转化成非污染物。

(2)废气再循环(EGR)。EGR 主要作用是用来降低废气中的氮氧化合物。在加速和发动机高负荷时,燃烧室温度会上升,而高温会促使氮气和空气中的氧化合生成氮氧化合物。使用 EGR 将废气中的 CO_2 和水蒸气送入进气管再循环,使混合气变稀,并且带走混合气燃烧生成的一部分热量而使燃烧室温度降低,减少 NO_x 的产生。

(3)燃油蒸气回收装置(EVAP)。燃油箱内,会经常出现一些蒸气,而这些蒸气中含有大量 HC。为了防止这些蒸气进入大气,危害人类和浪费能源,在汽车上设置了燃油蒸气回收罐装置(活性炭罐)。

(4)曲轴箱强制通风装置(PCV)。由于缸内的可燃混合气在压缩冲程和作功冲程时,因活塞环和气门密封不严,会向曲轴箱内窜入一些没有被燃烧的气体(主要成分为 HC),这些气体中所含的成分能破坏机油,使之产生油泥,而使曲轴箱锈蚀。所以,在曲轴箱(气缸盖罩)和进气歧管之间安装了一个曲轴箱强制通风阀(PCV)。

(5)二次空气吸入和喷射系统。发动机所排放的废气中的 HC 和 CO 是可燃性气体,如果使空气进入排气歧管,且废气够热,废气就会在排入大气以前重新燃烧,废气中的 CO 和 HC 也就转化成无污染的 CO_2 和 H_2O。为实现这一目的,常用二次空气吸入(AS)法和二次空气喷射(AI)法,减少排气污染。

6.2 三元催化转化器、氧传感器与闭环控制系统的原理与检修

6.2.1 三元催化转换器的结构原理

三元催化转化器(Three-Way Catalytic Converter)简称 TWC,所谓"三元"是指能同时处理 CO、HC 和 NO_x 三种有害气体,三元催化剂是金属铂(或钯)和铑的混合物,当废气通过催化转化器时,它以排气中的 CO 和 HC 作为还原剂,把 NO_x 还原为氮(N_2)和氧(O_2),而 CO 和 HC 在还原反应中被氧化为 CO_2 和 H_2O。也就是说它不仅能促使 CO、HC 的氧化反应,也能促使 NO_x 的还原反应,从而使 CO、HC 和 NO_x 三种有害气体催化转化为 H_2O、CO_2、N_2 等无害气体,如图 6-1 所示。

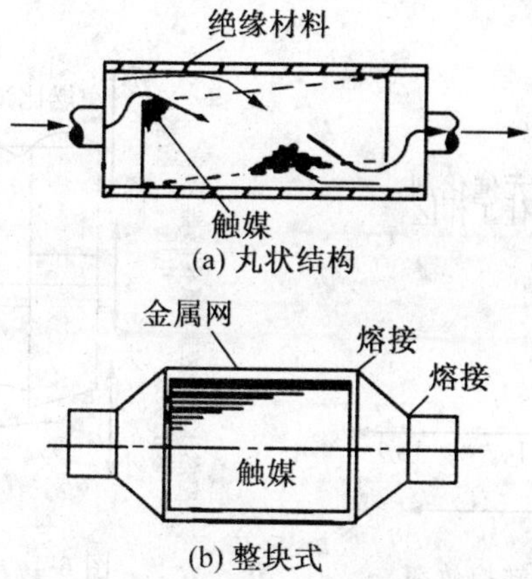

图 6-1　三元催化转化器的结构与作用

三元催化转换器安装在排气管中，三元催化转换器有颗粒式和整体式两种类型，颗粒式载体将催化剂沉积在颗粒状氧化铝载体表面，应用较少。整体式将催化剂沉积在蜂巢状表面，可增大催化剂与废气的实际接触面积。有陶瓷的和金属的两种类型。

催化转换器的外形像消声器，其主要由载体、涂在载体上的催化活性层、承纳载体的钢板壳体和钢板壳体之间的隔离层或缓冲层，如图 6-2 所示。

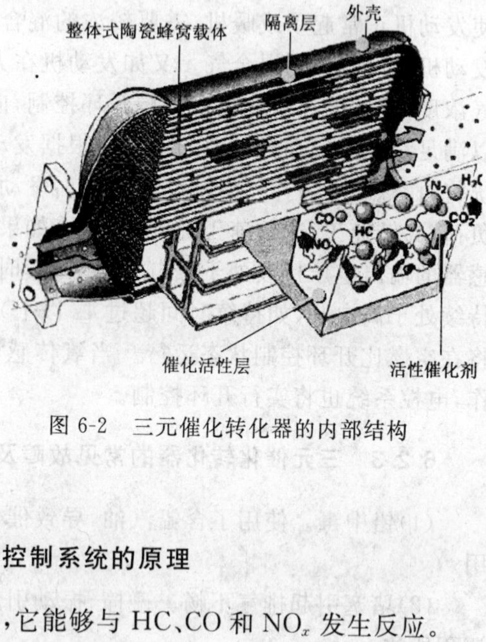

图 6-2　三元催化转化器的内部结构

6.2.2　三元催化转化器、氧传感器与闭环控制系统的原理

三元催化剂是金属铂(或钯)和铑的混合物，它能够与 HC、CO 和 NO_x 发生反应。

从图 6-3 中可知，要使三元催化转换器发挥好的作用，必须把可燃混合气空燃比控制在理论值(约 14.7)附近，才能同时高效净化 CO、HC 和 NO_x。所以，现代汽车在三元催化转换器前面(或前、后)的排气管内都装有氧传感器，用于检测氧含量，形成闭环控制。以确定实际空燃比比理论空燃比大还是小，并向电控单元(ECU)反馈相应的电压信号，对喷油量做进一步修正，确保实际空燃比能够在 14.7 附近。控制过程如图 6-4 所示。

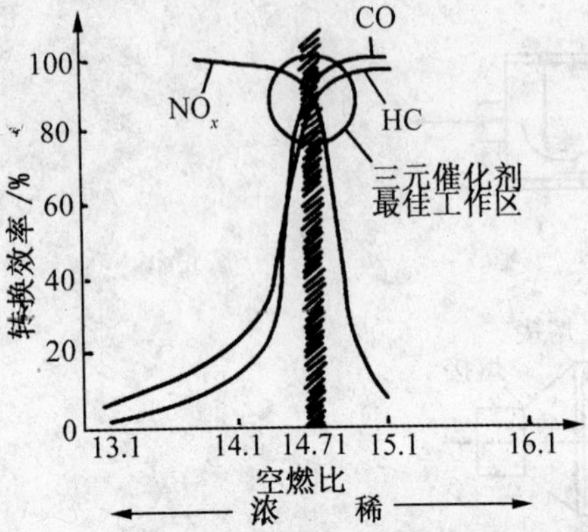

图 6-3　三元催化转换器转换效率与空燃比之间的关系

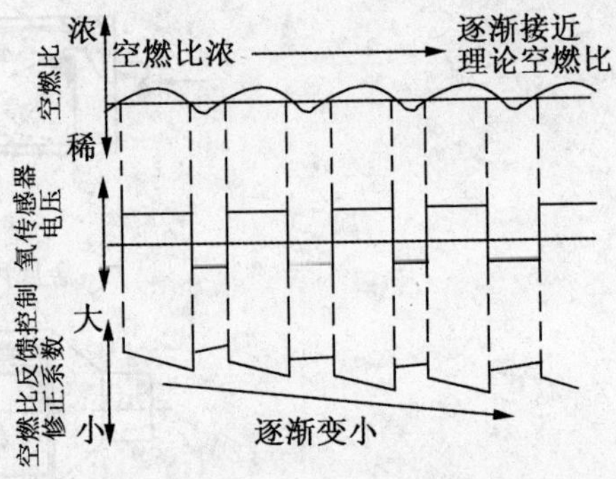

图 6-4　空燃比反馈控制过程

但理论空燃比对发动机有些工况并不适宜，如发动机的起动工况、暖机工况等。为了使发动机正常起动或暖机，需要较浓的混合气，此时电控系统对空燃比实行开环控制，向发动机提供偏浓的混合气。又如发动机在大负荷或高转速工况时，需要较浓的功率混合气浓度，此时电控系统也将实行开环控制，向发动机提供具有功率混合气浓度的混合气，以满足汽车对发动机动力的要求。根据发动机各运行工况对混合气浓度的要求，电控系统将对空燃比实行开环控制的工况有：发动机起动工况、冷起动后及暖机工况的前期、大负荷、高转速工况、加速工况等。另外，如果由于发动机原因或氧传感器的原因，造成氧传感器的输出电压持续处于低电平（如持续时间超过 10s 以上），或者氧传感器的输出电压持续处于高电平（如持续时间超过 4s 以上），则 ECU 将自动停止空燃比反馈控制，发动机将在空燃比开环控制状态运行。当氧传感器的温度小于 300℃时，氧传感器不能正常工作，电控系统也将实行开环控制。

6.2.3　三元催化转化器的常见故障及原因

(1)铅中毒。使用了含铅汽油，导致催化剂表面被覆盖而失效，不能起催化反应的作用。

(2)堵塞引起排气不畅。碰撞、振动引起的变形、破裂及排气中的锌、碳等在载体表面沉积所致。

(3)老化而丧失催化功能。长期在高温下工作、CO 和 HC 含量过高等。

6.2.4　三元催化转换器的故障症状

(1)发动机废气排放量大。

(2)排气背压过高导致发动机起动困难或不能起动。

(3)怠速不良、加速无力、转速不稳定。

6.2.5　三元催化转化器的检修

(1)将真空表接到进气歧管上，起动发动机，使发动机缓慢加速到 2500r/min，若真空表读数瞬间又回到原有水平(47.5～74.5kPa),并能维持 15s,说明三元催化转化器没有堵塞,否则有堵塞。

(2)拆下三元催化转化器,如果能从里面倒出很多粉末,说明已坏,更换处理。也可以用灯光检查三元催化转化器内部有无变形、损坏、堵塞等。

(3)利用汽油机废气分析仪对尾气进行分析检查。在确定其他系统(燃油系统、点火系统、电子控制系统、排放控制系统)好的情况下,通过检查分析 HC、NO_x、CO 的含量进行检查判断三元催化转化器的好坏。

6.2.6　三元催化转换器使用注意事项

(1)汽油发动机应使用无铅汽油。如果使用加铅汽油,铅覆盖在催化剂表面将使催化剂因“铅中毒”而失效。

(2)使用中必须保证点火系统可靠的工作,如火花塞缺火或点火不正时,未燃烧的混合气进入转换器,使催化床温度急剧升高(可达 1400℃),转换器负荷加大,寿命降低.

(3)催化剂与载体的容积必须与发动机的排量相匹配,具有足够的强度和抗热冲击性,才能保证对 CO、HC 和 NO_x 的净化率高。

(4)催化转换器必须配有温度控制装置或旁通管道,避免载体过热烧毁堵塞排气管道。

(5)因三元催化转换器固定不牢或汽车在不平路面上行驶时的颠簸,容易导致转换器中的催化剂截体损坏;装用蜂巢型转换器的汽车,一般汽车每行驶 80000km 应更换转换器芯体;装用颗粒型转换器的汽车,其颗粒形催化剂的重量低于规定值时,应全部更换。

6.2.7　采用双氧传感器的检修方法

1. 氧传感器损坏后最直接的表现

发动机油耗增加,排气管冒黑烟,加速性能及驾驶性会有一定的影响。

2. 故障一般原因

潮湿水汽进入传感器内部,温度骤变,探针断裂;氧传感器“中毒”。

3. 简易故障检测

(1)加热电阻阻值的检测

卸下接头,把数字万用表打到欧姆挡,两表笔分别接传感器 1#(白色)、2#(白色)针脚,如图 6-5 所示。常温下加热电阻的阻值为 2.5～4.9Ω。

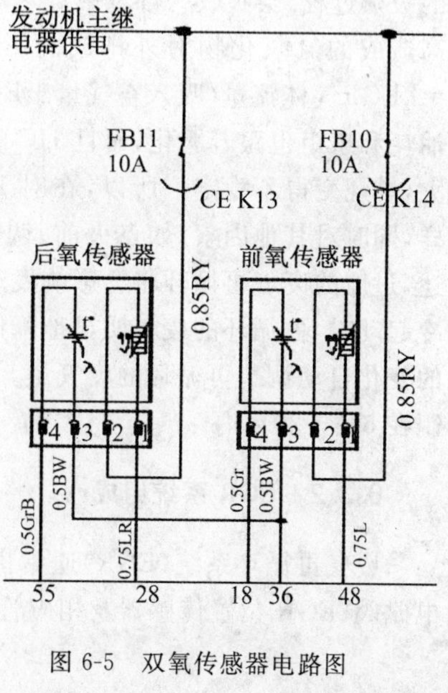

图 6-5　双氧传感器电路图

(2)信号电压的检测

接上接头,怠速状态下,待氧传感器达到其工作温度350℃时，把数字万用表打到直流电压挡，两表笔分别接传感器3#（灰色）、4#（黑色）针脚，此时电压应在0.1～0.9V之间快速地波动，要求8次/10s以上。

6.2.8 氧传感器维修注意事项

(1) 维修过程中禁止在氧传感器上使用清洗液、油性液体或挥发性固体。

(2) 更换氧传感器后应该在氧传感器上涂抹一层防锈油，防止生锈后无法拆除。氧传感器都带有电缆。电缆的另一端为电接头，外围包有石棉防火套，新的氧传感器螺纹上涂抹有防锈油，安装时不要清除这些防锈油。

6.3 废气再循环系统的原理与检修

6.3.1 EGR对NO_x生成的影响

为了防止大气污染，在排放法规中规定了汽车排出气体中氮氧化合物（NO_x）的排放量。废气再循环(Exhaust Gas Recycle，EGR)系统是将一部分废气引入进气系统中和混合气一起再进入汽缸中燃烧，以抑制氮氧化合物（NO_x）的生成，减少发动机氮氧化合物的排放。NO_x是混合气在高温燃烧时，含在混合气中的N_2和O_2发生化学反应所产生的。燃烧温度越高，排出高浓度NO_x越多。EGR降低NO_x的原因可从稀释的影响、热量的影响和化学的影响进行进一步的理论解释。从稀释影响来看：EGR废气的引入使得氧气浓度降低，因而产生NO_x的量得到降低；从热量影响来看：当废气与新鲜空气和燃油混合后，由于冷却循环的气体中CO_2、水蒸气的比热大，会使峰值燃烧温度降低，进而NO_x的量会降低；从化学影响来看：高温下，废气中CO_2、水蒸气会发生裂解，这一裂解是一个高的吸热过程.会吸收一部分燃烧热量，使得峰值汽缸温度降低，制止了因峰值燃烧温度过高造成的氮氧化物对外排放的影响。EGR的控制量指标大多采用EGR率，EGR率=[EGR气体流量(吸入空气量+EGR气体流量)]×100%；随着EGR率的增加，发动机油耗和扭矩也跟着恶化，而且HC的排量也相应增加。由于废气再循环造成了失火率增大，燃烧变得不稳定。所以，在对EGR率的控制中，应同时对点火提前角进行控制，这样，同时对其他因素，如点火前、调整喷油量等综合考虑，就能得到理想的结果。如前所述，过度的废气再循环将会影响发动机的正常运行，特别是在怠速、低速、小负荷及发动机冷起动时，再循环的废气明显地降低了发动机性能。因此，应根据发动机工作情况及条件的变化自动调节再循环的废气量。一般情况下，依据发动机结构不同，进入管的废气应控制在5%～20%内。

6.3.2 EGR系统组成

废气再循环系统（EGR）通常由废气再循环阀、废气调整阀（又称背压修正阀）、三通电磁阀、EGR位置传感器及相应管道组成（见图6-6和图6-7）。

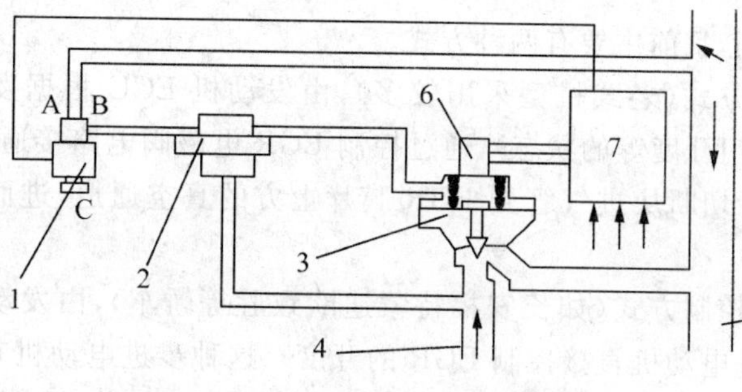

图 6-6　废气再循环系统

1—三通电磁阀　2—背压修正阀　3—废气再循环阀　4—排气管
5—进气管　6—EGR 位置传感器　7—ECU

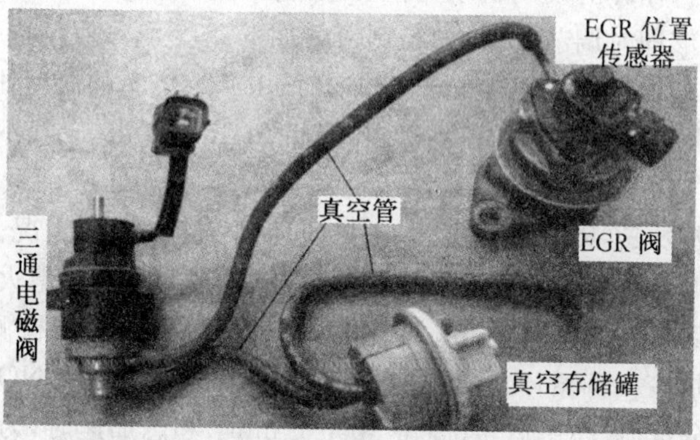

图 6-7　EGR 系统实物图

电脑根据空气流量计、节气门位置传感器、水温传感器、发动机转速传感器等测得的信号，控制三通电磁阀，该电磁阀和排气背压共同控制废气调整阀，废气调整阀控制通往废气再循环阀的真空的大小，以控制 EGR 的开度，从而决定废气循环量。当发动机水温低于 35℃，或处于怠速或小负荷、急减速或急加速、高速运转等工况时，电脑将切断电磁阀，停止废气再循环，以保证发动机的输出功率。其控制模式如表 6-1 所示。

表 6-1　**控制系统的控制策略**

发动机的工作状态	EGR 系统控制模式
在发动机低速运转、水温低于 35℃时	EGR 关闭，废气不再进行循环，以防止发动机怠速不稳。如果节气门开度调节不当，EGR 过早开启，发动机怠速会不稳。因此应注意：节气门的限位螺钉不得轻易变动
在发动机中速运转（转速高于 2000r/min）、中等负荷下工作（节气门开度大于 25%）时	电脑控制 EGR 开启，使部分废气（6%～15%）进行再循环，以降低 NO_x 生产量，减少排放污染
当发动机在大负荷工作时	EGR 关闭，废气不进行循环，以保证发动机有足够的功率输出。从另一方面来说，此时的空燃比（A/F）较小，NO_x 的生成量不多，没有必要让废气再循环

对于 EGR 的控制，目前主要有两种方式。

一是电磁阀控制方式（老式机型采用较多），由发动机 ECU 根据发动机的工况（负荷、冷却液温度、节气门开度等的状态），通过控制 EGR 电磁阀电路接通的时机或控制信号的占空比，接通或者切断从进气管到 EGR 膜片上方的真空通道，进而控制 EGR 的开度。

二是步进电动机控制方式（如长安福特蒙迪欧致胜等轿车），由发动机 ECU 根据发动机的工况，通过步进电动机直接控制 EGR 的开度。这种步进电动机有 4 组线圈，都是由 ECU 通过控制搭铁回路使其工作的。在 EGR 系统工作时，步进电动机的步数一般为 10～55 步。

为了减小废气再循环对发动机动力性和经济性的负面影响，在不同的工况下，进入气缸的废气量应当能够即时调节，具体的控制策略如下：

(1)在冷机（发动机冷却液温度低于 35℃）时，由于燃烧室的温度比较低，NO_x 的生成量很少，此时废气再循环系统没有必要工作，因此 EGR 不开启，废气不参与循环。

(2)在怠速（转速低于 900r/min）、小负荷和急减速时，由于喷油量小，燃烧不太稳定，NO_x 的生成量比较少，EGR 也不开启，以维持发动机稳定的怠速工况。如果怠速时 EGR 系统参与工作，轻则导致发动机怠速抖动，重则造成起步无力甚至熄火。

(3)当发动机从中等负荷向全负荷变化时，节气门位置传感器检测到这一信息，发动机 ECU 便指令启用废气再循环功能，以降低中等负荷时发动机中 NO_x 的生成量。

(4)当发动机全负荷、高速运转（高于 3200 r/min ）和急加速时，为了保持发动机足够的动力性能，满足较高的功率输出需要，不进行废气再循环。

6.3.3 电控汽油发动机废气再循环系统结构原理

废气再循环系统是将电控汽油发动机排出的废气的一部分再送回到进气管，和新鲜的混合气混合之后再次进入气缸，参加燃烧。废气中含有大量的 CO_2，而 CO_2 不能燃烧，却能吸收大量的热，使气缸中混合气燃烧的最高温度降低，从而减少了燃烧过程中氮氧化合物（NO_x）的生成量，降低废气中 NO_x 的含量，减轻排放污染。但新鲜混合气中掺入废气后，热值降低，发动机的输出功率有所下降。为了使废气再循环装置能更有效地发挥作用，达到既能减少 NO_x 生成量，又能保证发动机动力性能的目的，必须对参加再循环的废气数量加以控制，即根据发动机的进气温度及负荷的大小，适当地控制进入进气系统的废气数量。当发动机水温较低或处于怠速及小负荷运转时，NO_x 的生成量很少，通常不需要引入废气再循环。当发动机水温已达到正常工作温度，而且处于大负荷运转工况时，NO_x 的生成量较多，必须引入废气再循环，并随着发动机负荷的增大相应地增加再循环的废气量。

电控汽油发动机的废气再循环系统由废气再循环阀、废气调整阀、三通电磁阀及相应的废气管道和真空管道组成（见图 6-8）。

废气再循环阀是用来控制再循环的废气量。作用在废气再循环阀真空膜片室内的真空度愈大，阀的开度就愈大，再循环的废气量也愈大（见图 6-9）。

废气调整阀的作用是利用进气管真空度的变化，按节气门开度的大小控制通往废气再循环阀的真空度，使废气再循环阀的开度能随节气门的开大而增大，使再循环的废气量能随发动机负荷的增大而相应增加（见图 6-10）。

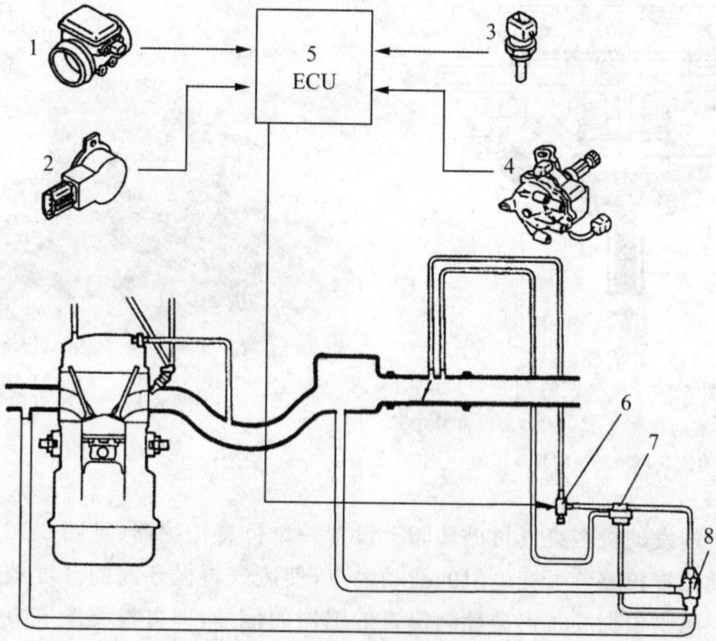

图 6-8　废气再循环系统结构组成

1—空气流量计　2—节气门位置传感器　3—水温传感器　4—发动机转速传感器
5—电脑（ECU）　6—三通电磁阀　7—废气调整阀　8—废气再循环阀

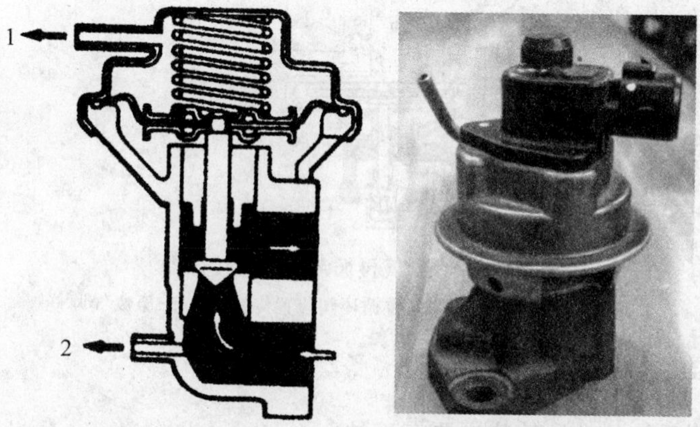

图 6-9　废气再循环阀

1—来自废气调整阀的真空吸力　2—至废气调整阀的排气压力

三通电磁阀（见图 6-11）由电脑控制。电脑（ECU）根据空气流量计、节气门位置传感器、水温传感器、发动机转速传感器等测得的信号，在一定条件下断开三通电磁阀的电源，切断真空管路，让空气进入废气调整阀，使废气再循环阀关闭，取消废气再循环。这些条件是：发动机水温低于 50℃；怠速或小负荷运转（转速低于 1000r/min）；高速运转（转速高于 4500r/min）；突然加速或减速。

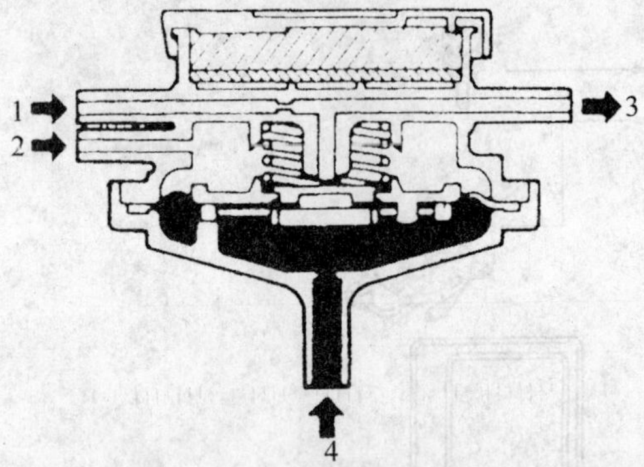

图 6-10　废气调整阀

1、2—来自进气管的真空吸力　3—往废气再循环阀
4—来自废气再循环阀的排气压力

图 6-11　三通电磁阀

有些车型的发动机在废气再循环阀上设置一个位置传感器（见图 6-12），废气再循环阀的膜片带动位置传感器可变电阻的滑动触点，使废气再循环阀的开度被转变为电阻或电压的变化。电脑根据废气再循环阀位置传感器的信号，即可检测废气再循环阀是否工作以及开度是否正常。当废气再循环阀不能正常工作或开度过大、过小时，电脑可以通过废气再循环电磁阀来调整废气再循环阀的开度。若调整无效，电脑还将使发动机故障警告灯亮起，表示发动机 EGR 系统出现故障。

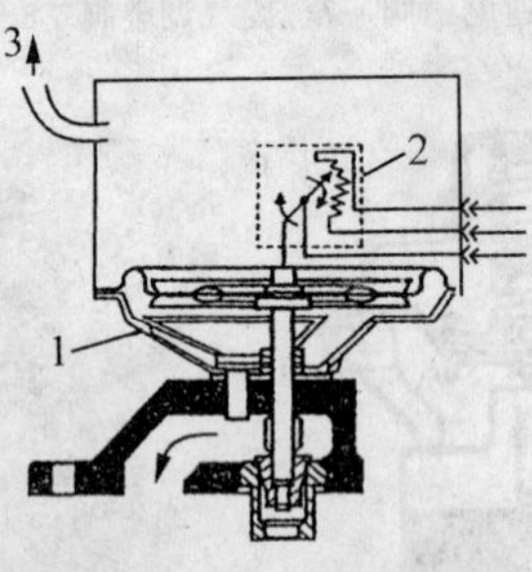

图 6-12　废气再循环阀位置传感器

1—废气再循环阀　2—废气再循环阀位置传感器　3—至废气调整阀

6.3.4　EGR 系统常见故障

废气再循环系统的常见故障主要有三种。

第一种：在不该起作用的工况（如发动机怠速运转或冷车等）下起作用。例如，由于废气再循环阀与高温的废气接触，经过一定时期使用后，会使废气再循环阀结胶、积炭，从而造成阀门密封性能变差，甚至使阀门卡住而常开，以致怠速时废气进入进气歧管，造成怠速运转不稳定，严重时会造成怠速下发动机熄火。此外，维修中将废气再循环装置的真空

软管插错也会导致这一故障。

第二种：在应该起作用的工况下不起作用。例如，该装置的控制电路、真空管路、控制部件等失常都会造成这一后果。这种故障会使发动机排放中的氮氧化合物的含量超标，有时还会使发动机的故障警告灯亮起。

第三种：废气再循环阀关闭不严。在发动机怠速运转时，会有部分废气经废气再循环阀进入发动机进气管。由于发动机怠速时混合气数量很少，进入进气管的废气会冲稀混合气的浓度，从而对发动机的怠速运转产生明显的影响，使发动机的怠速极不稳定，甚至熄火。

6.3.5　EGR 的故障症状

(1)急加速时发动机冒黑烟，油耗高，提速慢。

(2)发动机动力不足，怠速抖动甚至熄火。

(3)排放增加。

6.3.6　EGR 系统检修

1. EGR 系统工作情况的检查

(1)在冷态下起动发动机并使之怠速运转。如图 6-13 所示，可用手摸 EGR，应感觉不到其动作(即不开启)。此时，若踩下加速踏板，使发动机在中等负荷下(节气门开度为 60%～70%)运转，EGR 也应无动作(不开启)。

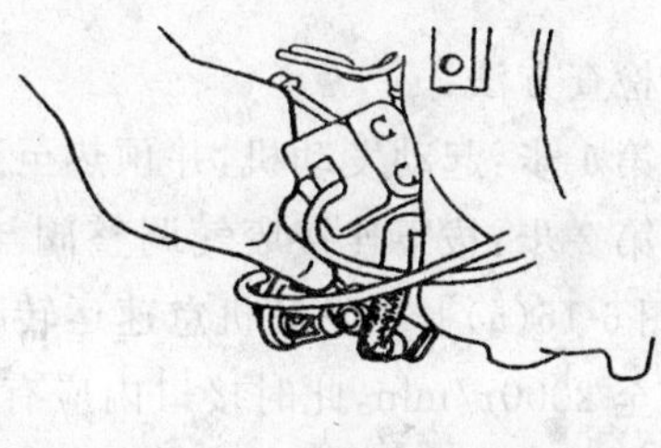

图 6-13　废气再循环系统工作情况的检查

(2)起动发动机并使其冷却水温度达到正常值，然后踩下加速踏板，使发动机在中等负荷下运转，这时应能感觉到 EGR 膜片的动作，即阀门打开，废气开始再循环。若上述检查结果不符合要求，则应检查废气再循环系统的真空管路有无破裂、泄漏之处。若真空管路完好，则应检查 EGR 阀和 EGR 电磁阀等有无故障。

2. 废气再循环阀(EGR 阀)的检查

检查方法：

第 1 步：让发动机以怠速运转。

第 2 步：拔下连接废气再循环阀与废气调整阀的真空软管。

第 3 步：用手动真空泵对废气再循环阀膜片室施加约 19.95kPa 的真空度(见图 6-14)。若此时发动机怠速运转性能变坏甚至熄火，说明废气再循环阀工作正常；若发动机运转性能无变化，说明废气再循环阀损坏，应更换。

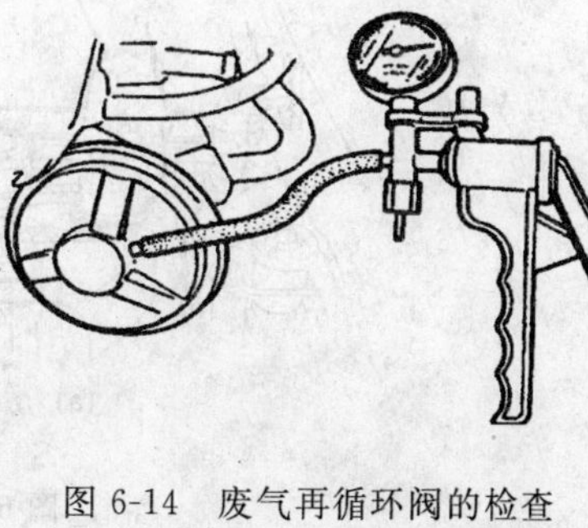

图 6-14　废气再循环阀的检查

3. 废气再循环三通电磁阀(EGR 电磁阀)的检查

检查方法:

第 1 步:拔下三通电磁阀的线束插头及真空软管,拆下三通电磁阀(见图 6-15)。

第 2 步:当电磁阀线圈不接电源时,A－B、A－C 之间应不通气,B－C 之间应通气。否则,说明三通电磁阀损坏,应更换。

第 3 步:接上电源,A－B 之间应通气,A－C、B－C 之间应不通气;否则,说明三通电磁阀损坏,应更换。

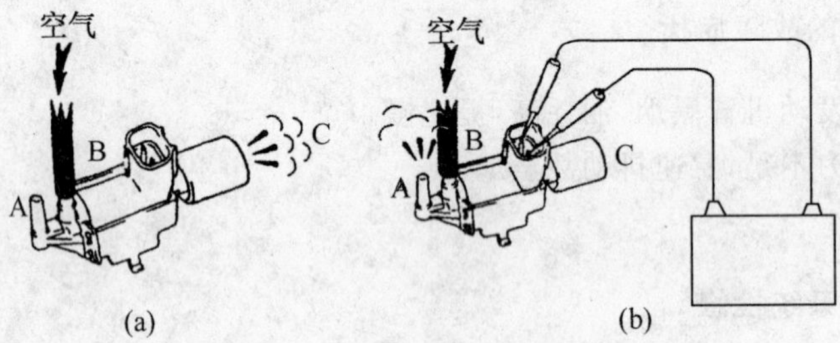

图 6-15　三通电磁阀的检查

4. 废气调整阀的检查

检查方法:

第 1 步:起动发动机,并预热至正常工作温度。

第 2 步:拔下连接废气调整阀与废气再循环阀的真空软管,用手指按住真空管接口[见图 6-16(a)],当发动机怠速运转时接口内应无真空吸力;踩下加速踏板,使发动机转速上升至 2000r/min,此时接口内应有真空吸力。如不符合上述要求,说明废气调整阀工作不正常,应拆卸检查。

第 3 步:拆下废气调整阀,在连接节气门体真空管的接口处接上手动真空泵,用手指堵住连接废气再循环阀的真空接口[见图 6-16(b)]。

第 4 步:向连接排气管的进气口内施加气压,同时扳动手动真空泵,施加一定真空,在连接废气再循环阀的接口处应能感到有真空吸力;停止抽真空后,真空吸力应能保持住,无明显下降;放掉排气管进气口的压力,真空吸力也应随之消失。

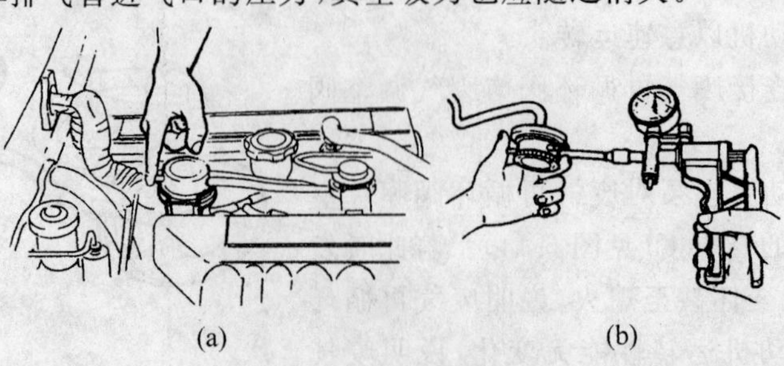

图 6-16　废气调整阀的检查

6.4 燃油蒸发控制系统的原理与检修

为了防止汽油箱向大气排放燃油蒸气而产生污染，在电控发动机控制系统中普遍采用了由电控单元(ECU)控制的活性炭罐蒸发污染控制装置。燃油蒸发控制系统的功能就是将燃油箱内蒸发的汽油蒸气收集和储存在活性炭罐内，在发动机工作时再将其送入气缸参加燃烧。

6.4.1 系统结构原理

1. 系统基本组成

燃油蒸发控制系统主要由炭罐控制电磁阀 VSV、真空单向阀、活性炭罐、燃油蒸气压力传感器及有关部件等组成，如图 6-17 所示。

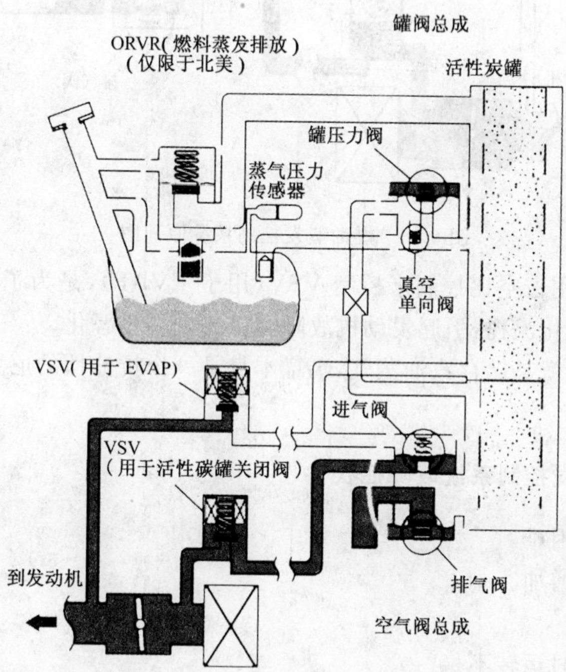

图 6-17 燃油蒸发控制系统结构

2. 系统工作原理

当发动机运转到一定状态下，发动机 ECU 打开 VSV(用于活性碳罐关闭阀)，并利用占空比控制来控制 VSV(用于 EVAP)。因此，空气阀受到来自进气歧管的真空力的侵入而被打开，空气阀被打开以至于，空气是从空气滤清器经由 VSV(用于活性碳罐关闭阀)与活性碳罐的燃料蒸发气混合后，流入进气歧管，如图 6-18 所示。

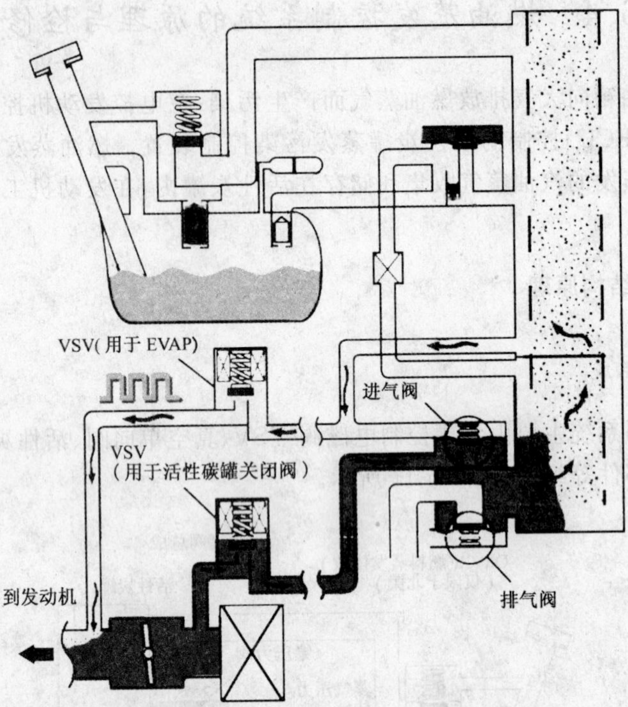

图 6-18 燃油蒸发控制系统原理图

发动机 ECU 利用占空比控制来控制 VSV(用于 EVAP),是为了防止在怠速和其他状态下过多实施的净化流程,引起发动机故障和排放进一步恶化。

活性炭罐的功能就是储存汽油蒸气,炭罐本身是一个抗油性的尼龙或塑料容器,里面装满了活性炭颗粒。

6.4.2 燃油蒸发控制系统故障症状

(1)发动机起动困难。
(2)油耗及排污增加。
(3)怠速不稳。
(4)发动机低温时运转不稳。

6.4.3 系统检修

1. 常见故障

活性碳罐通气控制阀脏污或管接头松动、破损而漏气;电磁阀线圈短路、断路而使电磁阀不能开启;管路老化、裂纹、破损而漏气等。

2. 系统检修

具体操作步骤如下：

(1)检查油管及连接处有无松动现象。

(2)检查油箱盖垫圈及阀门有无损坏现象。

(3)检查活性炭罐外表有无损坏(开裂现象)。按图 6-19 所示的方法吹入压缩空气(98kPa)后，压缩空气应能从图中箭头所示方向流出。

(4)活性炭罐中过滤片的清洁。如图 6-18 所示，用手指堵住管口，将 294kPa 压缩空气从管口 A 吹入即可，切不可用水清洗活性炭罐。

(5)检测活性炭罐是否堵塞。拔下活性碳罐空气管，起动发动机，当发动机温度达到 60℃以上时，适当提高发动机的转速(3500r/min 左右)，检查活性炭罐空气管接头处有无真空(是否吸气)，正常情况应有真空。如果检查结果不正常，则说明活性炭罐已堵塞，需更换。

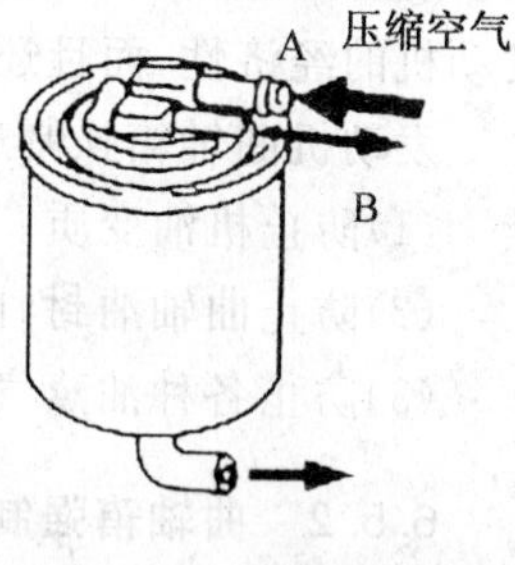

图 6-19　检查活性炭罐

(6)VSV 阀的检查。从电磁阀上拆下真空软管，拆开线束插接器。如图 6-20 所示，把一个手动真空泵连接到电磁阀的螺纹管接口 A 处，施加真空，在电磁阀通电时，真空泄漏；未通电时，保持真空，说明密封良好。测量电磁阀端子间的电阻，一般为 36～44Ω。

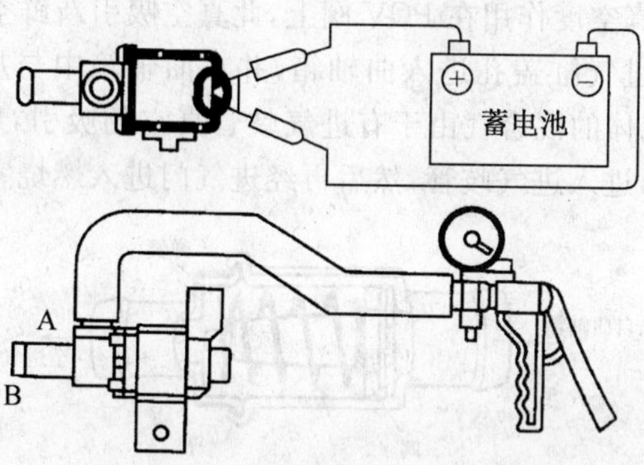

图 6-20　连接手动真空泵

6.5　曲轴箱通风装置的原理与检修

6.5.1　曲轴箱通风装置的作用

利用发动机进气系统的抽吸作用抽吸曲轴箱内的气体，这种通风方式叫强制通风。曲轴箱强制通风系统(Positive Crankcase Ventilation，简称 PCV 系统)，在发动机工作时，总有一部分可燃混合气和燃烧后的废气经活塞环与缸体内壁窜入曲轴箱内。窜入曲轴箱内的汽油蒸气凝结后将稀释机油，使机油性能变坏；而废气内含有水蒸气和二氧化硫,水蒸气凝结在机油中形成泡沫,破坏机油供给,这种现象在冬季尤为严重,二氧化硫遇水生成亚硫酸,亚硫酸遇到空气中的氧生成硫酸,这些酸性物质的出现不仅使机油变质,而且也会使零件受到腐蚀。因此,必须将这些污染物从曲轴箱内排出。另外,由于可燃混合气和废气窜入曲轴箱内,曲轴箱内的压力将增大,如果不通风,机油会从油封、汽缸垫等处压出。如将这些机油蒸气排到大气中,会污染环境。为了使发动机曲轴箱既能通风又不污染环境,发动机装有曲轴箱强制通风(PCV)系统,将进入曲轴箱的气体导入进气歧管重新燃烧。该系统可以将窜入曲轴箱内的可燃混合气和废气回收使用,不仅有利于提高发动机的经济性,而且还减轻发动机的排放污染,因此在现代汽车发动机上广泛使用。

发动机曲轴箱强制通风装置的作用是:

(1)防止机油变质。

(2)防止曲轴油封、曲轴箱衬垫渗漏。

(3)防止各种油蒸气污染大气。

6.5.2　曲轴箱强制通风系统的组成与工作原理

1. 系统的组成

PCV 阀是曲轴箱强制通风(PCV)系统中最重要的部件,PCV 阀内有一个锥形阀,如图 6-21 所示。PCV 阀控制曲轴箱蒸气流入进气管,同时防止气体或火焰反向流动。当发动机工作时,进气管真空度作用在 PCV 阀上,此真空吸引新鲜空气经空气滤芯、空气软管进入气门室盖,再经过气缸盖孔进入曲轴箱,并在曲轴箱中与从燃烧室泄漏的气体混合。这些空气与泄漏气体的混合气由于有进气歧管真空的吸引,所以向上经气缸盖孔流经气门室盖及 PCV 阀,进入进气歧管,然后再经进气门进入燃烧室燃烧,如图 6-22 所示。

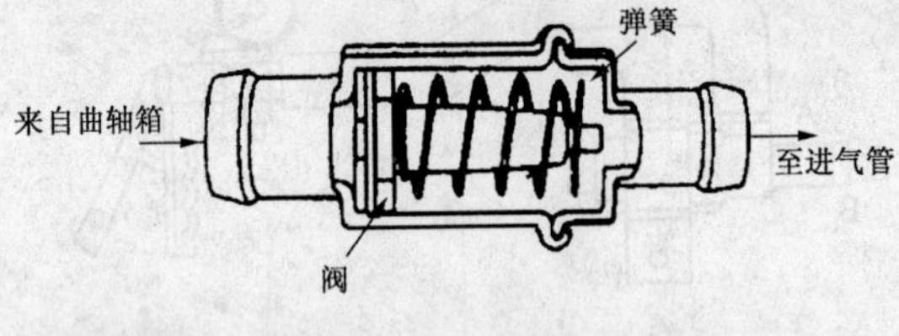

图 6-21　PCV 阀的结构

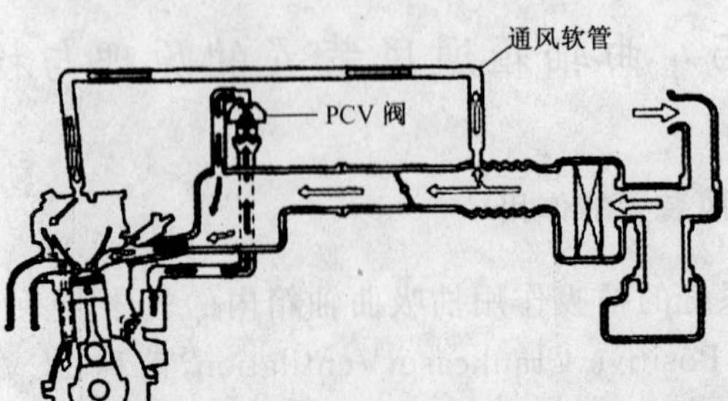

图 6-22　PCV 系统工作原理

2. PCV 阀的工作

（1）发动机不工作时

发动机不工作时，弹簧将锥形阀压在阀座上（见图 6-23），此时阀内没有真空度，没有蒸气流量，锥形阀压在阀座上，这样可以防止回火。

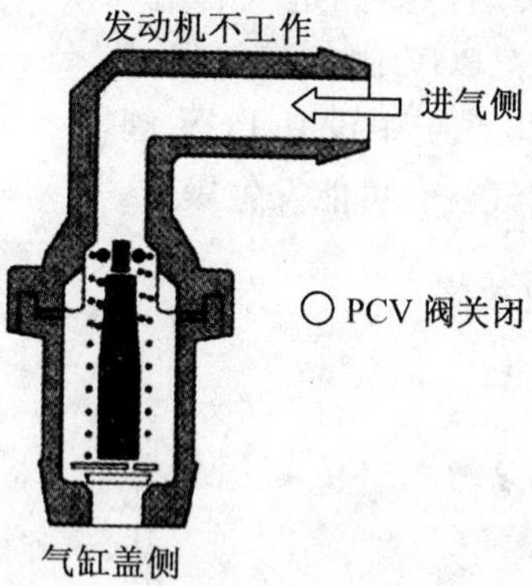

图 6-23　发动机不工作时 PCV 阀的位置

（2）怠速或减速时

怠速或减速时，进气歧管真空度大，它克服弹簧压力，将锥形阀向上吸起。这时在锥形阀与 PCV 阀壳体之间，存在小缝隙（图 6-24）。在怠速或减速工作时，发动机泄漏气体很少，这些气体可以从 PCV 阀的小缝隙流出曲轴箱。

（3）在常速行驶时

在部分节气门开度下（常速行驶）工作时的进气管真空度比怠速时小。这时，弹簧向下推压锥形阀，使锥形阀与 PCV 阀壳体间的缝隙增大（见图 6-25）。

因为在部分节气门开度下，发动机泄漏的气体比较多。锥形阀与 PCV 阀壳体间的较大缝隙可以使所有泄漏气体被吸入出气管。

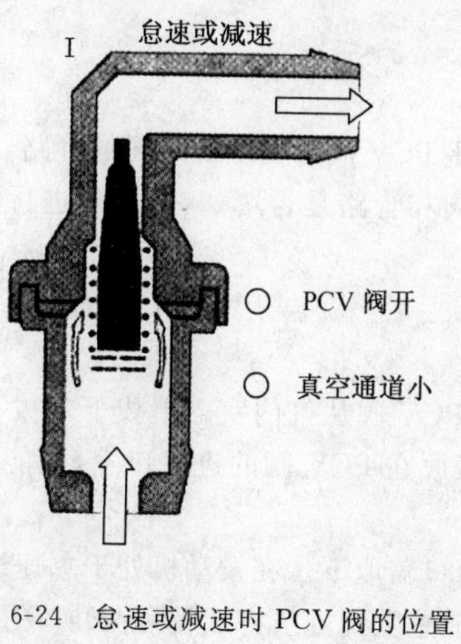

图 6-24　怠速或减速时 PCV 阀的位置

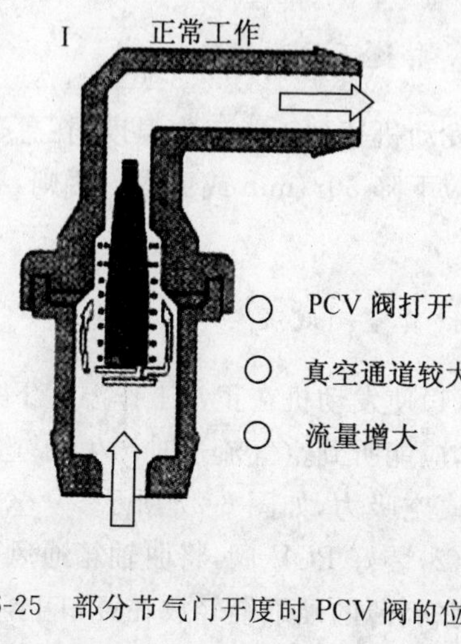

图 6-25　部分节气门开度时 PCV 阀的位置

(4)在大负荷下工作时

当发动机在大负荷下工作时，节气门全开，进气管真空度减小，弹簧将锥形阀进一步向下推压(见图6-26)。从而使锥形阀与PCV阀壳体间的缝隙更大。因为大负荷工作时，产生更多泄漏气体，所以需要更大的缝隙才能使泄漏气体流进进气管。

(5)当发生回火时

当发动机发生回火时，火焰传播到进气管进入PCV阀体内，火焰的压力压紧PCV阀使其关闭，以防止火焰传到曲轴箱中。如果系统中没有PCV阀，发动机回火时，曲轴箱中的蒸气就有可能发生爆炸。

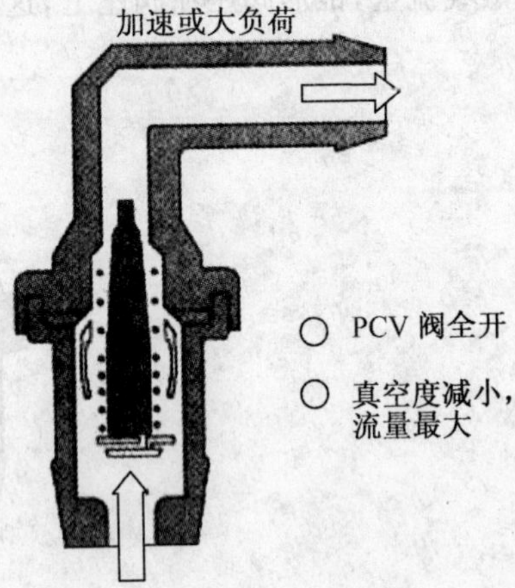

图6-26 大负荷时PCV阀的位置

6.5.3 PCV系统的常见故障

(1)软管接头松动。
(2)软管老化。
(3)软管破损。
(4)PCV阀卡滞。

6.5.4 曲轴箱通风装置的故障症状

(1)加速困难或发动机发抖。
(2)怠速不稳或无怠速。
(3)发动机不能起动或起动困难。
(4)油耗过高。
(5)曲轴箱通风不畅使曲轴箱温度升高而导致机油过快变质。
(6)机油消耗量大。
(7)发动机回火、放炮等。

6.5.5 曲轴箱通风的检查与维修

1. 转速下降测试法

发动机达到正常工作温度，在怠速情况下，夹住PCV阀与真空源之间的管路，发动机转速应下降50r/min或更多。否则，要检查PCV阀和管路是否堵塞，必要时进行清洗或更换。

2. 真空测试法

(1)使发动机在正常工作温度下怠速运转，将PCV阀从气门室盖上拔下。拔下PCV阀后，应能听到空气流过时产生的“嘶嘶”声。手指放在PCV阀的进气口上，应能感到很强的真空吸力，如图6-27所示。

(2)装好PCV阀，将曲轴箱通风孔或机油加油口盖取下。在发动机处于怠速运转时，将一张轻薄的硬纸轻轻放在开口上，在60s内，应能感觉到真空将纸吸附在开口上。

(3)熄灭发动机,取下 PCV 阀,摇动 PCV 阀应听到“喀喀”声。否则,更换该 PCV 阀。

(4)如果上述测试结果正确,则说明 PCV 系统工作正常。如果任一项测试结果不正确,则需更换相应元件并重新做测试。

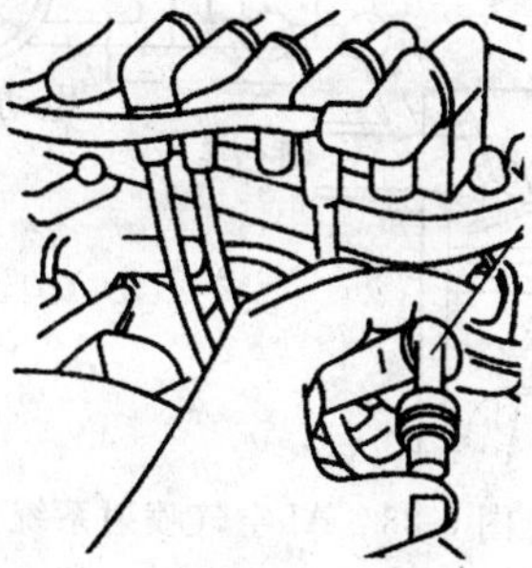

图 6-27　检查来自进气歧管的负压

6.6　二次空气喷射系统的原理与检修

二次空气喷射(Air Injection,即 AI)系统的实质是为了消除从燃烧室到排气管中未完全燃烧的 HC 和 CO 而设置的。它将一定量的新鲜空气引入排气管或三元催化转换器中,使废气中的有害气体与空气进一步燃烧,以进一步减少有害物的排放。发动机处于正常工作温度时,二次空气喷射系统可降低 HC 和 CO 的排放量。发动机刚起动时二次空气喷射系统不但能降低 HC 的排放量,而且会缩短氧传感器的加热时间,使发动机控制模块尽快进入空燃比闭环控制过程。

6.6.1　AI 系统的工作原理

ECU 根据发动机工况适时的将空气引入到进气总管及催化转化器空气室,按空气供给动力源进行分类,二次空气供给系统有两种:一种是空气泵系统;另一种是脉冲空气系统。

1. 空气泵系统

空气泵系统是向排气歧管流入空气,以使未燃烧的可燃气体再次燃烧,来达到降低 HC 和 CO 的控制系统。空气泵系统主要由电动空气泵、空气喷射阀、VSV 电磁阀等部件组成,工作原理如图 6-28 所示。空气泵系统利用空气泵将压缩空气导入排气系统,该系统由发动机 ECU 控制,只有在当发动机冷机状态和车辆减速,而使 HC 和 CO 废气排放增大时,该系统进行运作。这个系统在其他任何运行条件下不被使用。当所有的运行条件存在时,发动机 ECU 起动电动空气泵的同时 VSV 系统也运作,以使进气歧管真空流入空气喷射阀。这样就打开了压缩空气流入排气歧管的通道。发动机 ECU 依据空气流量计传来的参数,评估流入 TWC 的喷射空气的总量。

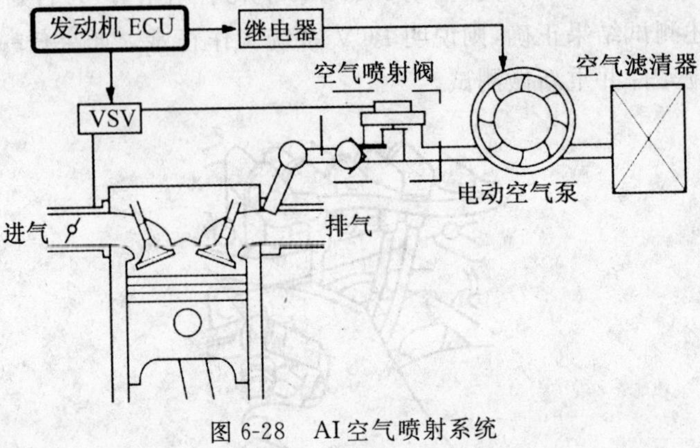

图 6-28　AI空气喷射系统

2. 脉冲空气系统(AS吸气系统)

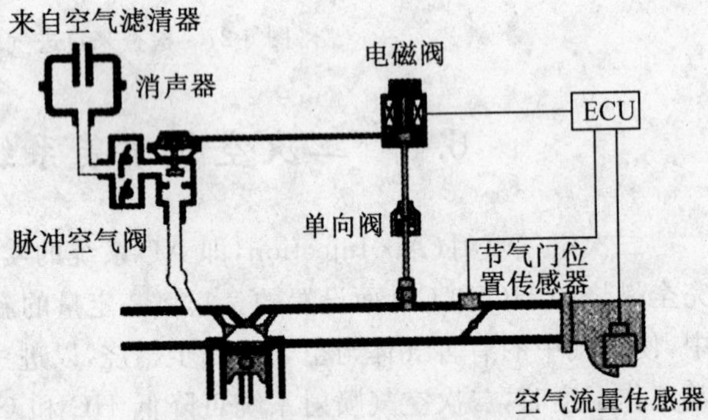

图 6-29　AS控制系统原理图

脉冲空气系统是利用排气歧管中所存在的真空吸力来吸入空气。与空气泵系统相比，脉冲空气系统不需动力源注入空气，而是依靠大气压力与废气真空脉冲之间的压力差使空气进入排气歧管，因此减少了成本及功率消耗。其工作原理如图 6-29 所示。空气来自空气滤清器，发动机控制模块(ECU)控制电磁阀的打开及关闭，电磁阀与单向阀相连。由于排气中压力是正负交替的脉冲压力波，当发动机以较低转速运转时，排气压力为负，空气由滤清器通过电磁阀和单向阀进入排气口，与排出的 HC 进一步燃烧，故可降低 HC 的排放量；当排气压力为正时，固定单向阀，所以空气不能反向流动，但此时也没有新鲜空气进入排气口，即不能降低 HC 的排放量。脉冲空气系统的上、下游空气道各有一个电磁阀和一个单向阀。因为排气口的低压脉冲持续时间随发动机转速的提高而缩短，所以脉冲式二次空气喷射系统在发动机转速较低时，降低 HC 排放的效果更好。

AI 控制系统的工作状态如表 6-2 所示。

表 6-2　　二次空气供给系统的工作状态

发动机工作状态	正常工作时空气喷射系统喷射气反应
发动机处于冷机状态(开环控制)	空气被泵送到排气歧管或气缸盖
发动机处于暖机状态(闭环控制)	空气被泵送到催化转化器
减速期间	空气被泵送到空气滤清器
节气门全开	空气被泵送到空气滤清器

6.6.2　AI 系统的常见故障

(1)管道老化、破损而漏气。

(2)管接头松动、松脱。

(3)空气泵工作不良。

(4)电磁阀线圈短路、断路。

6.6.3　AI 的故障症状

(1)怠速不稳。

(2)加速无力。

(3)HC 和 CO 排放增加。

(4)油耗增加。

6.6.4　AI 系统的检修

(1)首先检查该 AI 系统上所有真空软管有无破损、裂纹或老化现象,有则更换;电路连接有无松动或松脱现象。

(2)检查空气泵皮带张紧力及磨损情况,张紧力不够则调整,磨损严重则更换。

(3)如果二次空气喷射系统中的软管有烧坏的迹象,这表明单向阀有泄漏,使排气进入该系统。

(4)空气泵在皮带轮的后面有一个离心式滤清器,空气通过滤清器将灰尘过滤后流入空气泵。皮带轮与滤清器用螺栓连接在泵轴上,如图 6-30 所示。如果皮带轮或滤清器变形、磨损或损坏,应将其更换。

(5)使用故障诊断仪检查与二次空气喷射系统有关的所有故障代码。

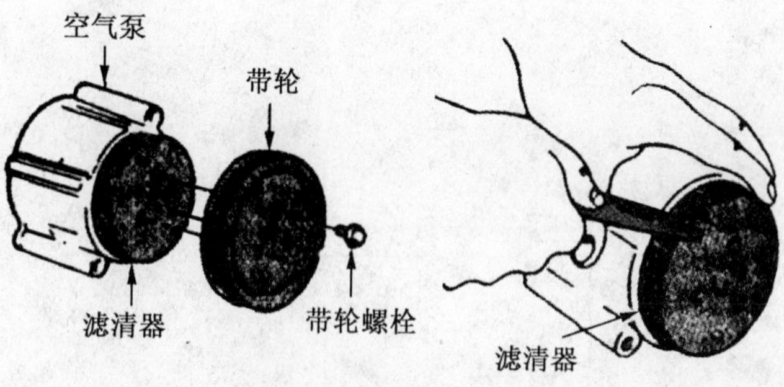

图 6-30　空气泵带轮与离心式滤清器

拓展阅读

1. 王盛良．汽车发动机电控技术与检修．北京:机械工业出版社,2009

2. 张葵葵．电控发动机原理与检测技术．北京:机械工业出版社,2007

复习思考

1. 简述排放控制系统的组成及各自的作用。
2. 简述三元催化转化器的常见故障及原因。
3. 什么是废气再循环？废气再循环对发动机的性能有何影响？
4. 使用三元催化转换器的电控汽油机为什么要求把空燃比控制在理论空燃比附近？
5. 分析 PCV 阀故障对发动机产生的影响。
6. 简述汽油蒸发控制系统的工作过程。
7. 如何对二次空气系统进行检测？
8. 如何对废气再循环系统进行检测？

第7章　自诊断系统

学习目标

1. 了解自诊断系统的功能及诊断原理。
2. 了解故障灯、故障码与故障的关系。
3. 了解OBD-Ⅱ的由来。
4. 熟悉OBD-Ⅱ的功能及故障码的读取与清除方法。
5. 熟悉故障码的正确运用。

考核标准

知识要求：
1. 理解故障码与故障的关系。
2. 读取故障码及清除故障码。
3. 维修资料的查阅。

技能要求：
1. 能正确使用诊断仪。
2. 能对数据流进行分析检测。
3. 能使用故障解码仪读取故障码和清除故障码。

教学建议

教具：带有发动机、底盘电控系统的整车。
建议：8学时，理实一体教学。

7.1　自诊断系统概述

7.1.1　自诊断系统的功能

现代汽车电子控制系统愈来愈复杂，当发生故障时要判断故障的部位就更困难。因此，在电子控制系统中，一般都具有故障自诊断功能。例如，当发动机ECU检测来自传感器和执行器的故障时，立即将“检查发动机”(CHECK ENGINE)指示灯点亮，同时将故障信息以故障代码的形式存入存储器中。故障代码一旦存入，即使将点火开关关闭，指示灯熄灭，仍然保留在存储器中。它一般具有如下功能：①及时地检测出电控系统出现的故障。②将故障信息以代码形式存储在 ECU 的存储器内。③发出故障指示或警告信息，如点亮仪表板上的“故障指示灯”。④维修人员可以读取故障码，为诊断故障原因提供参考。

一般在仪表板下方或发动机舱内设有一个专用接口，即故障诊断接口，该接口直接与 ECU 相连。将解码器或检测设备插入此专用接口，便可将故障码或诊断的传感器、执行器等信号的数据流由此读出，以便在控制系统出现故障时，能及时、快速地查找和排除。如图 7-1 所示为宝马车系列的故障自诊断检查接口。如图 7-2 所示为福特 6PIN 梯形诊断座。

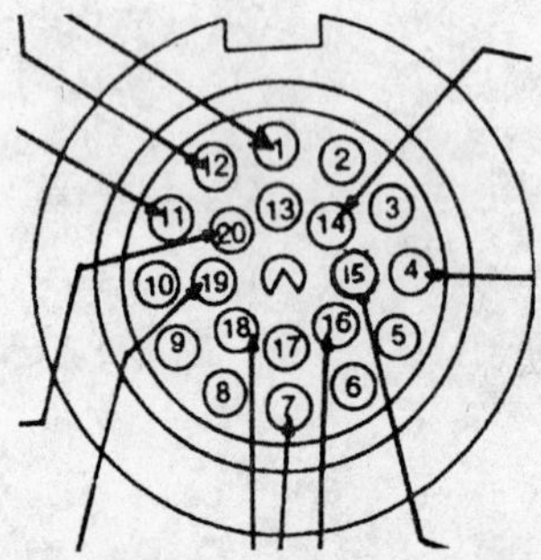

图 7-1　宝马车系列的故障自诊断检查接口

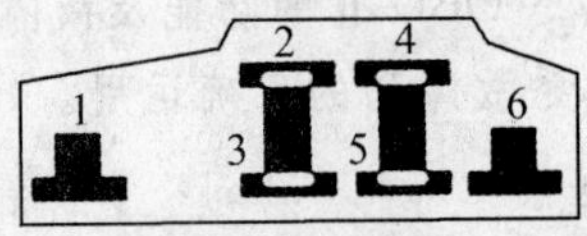

图 7-2　福特 6PIN 梯形诊断座

7.1.2　自诊断原理与故障码

自诊断：汽车在运行时，电子控制系统输入、输出信号的电压值都有一定的变化范围，当某一信号的电压值超出了这一范围，并且这一现象在一定时间内不会消失时，ECU 便判断为这一部分出现故障。ECU 把这一故障以代码的形式存入内部存储器中，这样检修人员在检修发动机时，可以“读出”，使检修人员知道故障的范围，以便进一步检查、修理。

注意：故障代码只表明故障的结果，它可以指明故障的大致范围，但不能直接确定故障的确切部位。在获取故障代码后，还需进一步检查，以找出发生故障的部位和线路。

7.1.3　故障代码的显示方式

1. 利用仪表板上的故障指示灯显示

故障指示灯为一代表具体电子控制系统的标志或字母的黄色或红色方框形警告灯，如有关发动机电子控制系统的故障指示灯，如图 7-3 所示。进入自诊断状态时，ECU 控制检查故障指示灯的闪烁次数和点亮时间的长短表示故障代码。例如丰田、大宇、切诺基等车型。

2. 利用仪表板数字式仪表显示故障代码

如凯迪拉克 4.6L 轿车用车上数字式仪表显示故障代码。当操作读码时，故障代码以数字形式出现在组合仪表显示器的某一部位上（一般是显示在数字式温度显示屏或燃油数据中心信息屏上）。

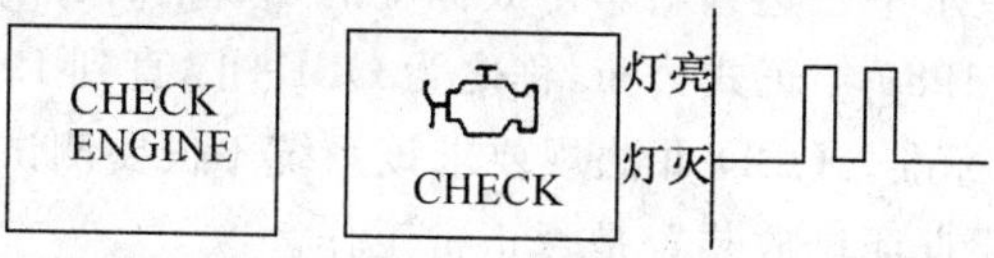

图 7-3　故障指示灯

3. 采用专用仪器显示故障代码

如图 7-4 所示，利用汽车故障电脑诊断仪对日产车系进行故障码的读取：首先将诊断仪连接到车上的数据通信插座 DLC3 上，接通点火开关，按诊断仪的提示操纵诊断仪进行故障码的读取。

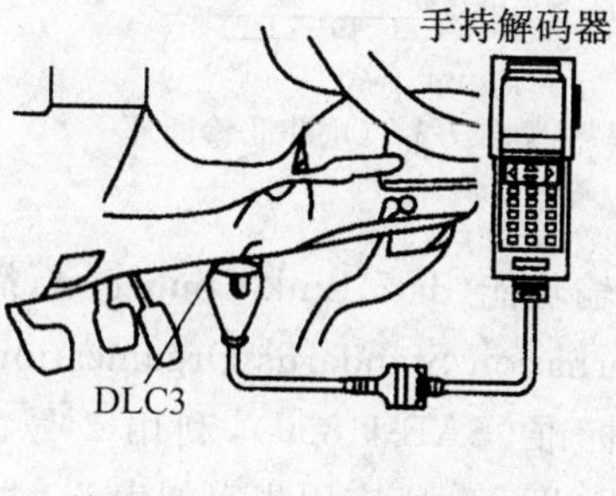

图 7-4　利用诊断仪进行故障码的读取和清除

7.2　第二代车载诊断系统(OBD-Ⅱ)

7.2.1　OBD-Ⅱ的由来

自诊断系统即随车诊断系统，指排放控制用车载诊断系统，简称 OBD，种类分为 OBD、OBD-Ⅰ、OBD-Ⅱ。1994 年，全球 20% 制造商采用 OBD-Ⅱ，1996 年，全面采用 OBD-Ⅱ，其随车诊断目的为排放系统有故障时提示车主注意，使维修技术人员快速地找到故障来源，减少汽车废气对大气污染。

OBD-Ⅰ是 1985 年由加州大气资源局制定，1988 全面实施。欧Ⅲ环保标准要求汽车一定要装备有 OBD-Ⅱ。仪表中有警示车主的指示灯，来提示车主车辆的控制系统存在故障；系统有记忆和传送有关排放的故障码；能对 EGR 阀、燃油供给系统和其他有关废气排放系统进行测试保养。

OBD-Ⅰ不能有效全面地对排放监控、催化转化器效率监测、EVAP 泄漏监测、连接线路监测。各厂家采用不同的自诊断系统和排除方法,资料传输不是统一的 SAE 和 ISO 标准。OBD-Ⅰ的诊断座的位置没有规定。20 世纪 80 年代中期,各厂家独立自行设计诊断座和自定义故障码,各个车型之间无法公用,必须采用不同的诊断系统。OBD 有两种标准:SAE 的美国版的 OBD、ISO 欧洲版的 E-OBD(相比较是没有 EVAP 泄漏测试要求)。OBD-Ⅱ监视排放控制系统效率的目标是:随着汽车运行中效率的降低,根据美国联邦测试步骤,当汽车排放水平已达到新车排放标准的 1.5 倍时,点亮故障指示灯并存储故障码。美国加州环保局 1989 年正式公布,称之为 OBD-Ⅱ,直到 1996 年,各汽车生产厂才在加州车辆上实施了新标准。OBD-Ⅱ法规要求该系统不仅要测试传感器,而且要测试所有的排放控制装置,并要查证排放装置是否正常工作。

7.2.2 OBD-Ⅱ的特点

(1)如图 7-5 所示,各种车种诊断座形状统一为 16 端子,并装置在驾驶室仪表板下方。

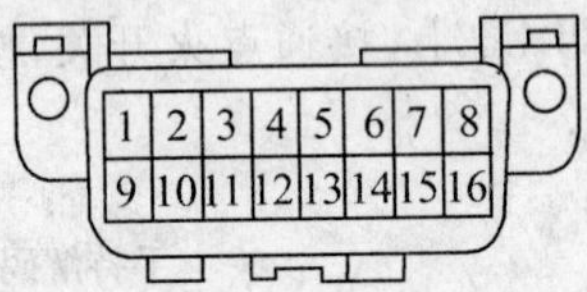

图 7-5 OBD-Ⅱ诊断座

(2)具有数值分析资料传输功能(data Link Connector,简称 DLC)。数据传输有两个标准:ISO 欧洲统一标准(Internation Standards Organization 9141-2),利用 7 号、15 号端子传输数据;SAE 美国统一标准(SAE-J1850),利用 2 号、10 号端子传输数据。采用 OBD-Ⅱ-DLC 标准接头。OBD-Ⅱ诊断座应用规定如表 7-1 所示。

表 7-1 OBD-Ⅱ诊断座应用规定

1 号	由制造厂设定	7 号	LSO-9141 数据传输 K	13 号	由制造厂设定
2 号	SAE-J1850 数据传输	8 号	由制造厂设定	14 号	由制造厂设定
3 号	由制造厂商设定	9 号	由制造厂设定	15 号	ISO-9141 数据传输 L
4 号	车身接地	10 号	SAE-J1850 数据传输	16 号	接蓄电池正电源
5 号	信号反馈接地	11 号	由制造厂设定		
6 号	由制造厂设定	12 号	由制造厂设定		

(3)统一各车种相同故障码及意义。

(4)具有行车记录器功能。

(5)具有重新显示记忆的故障码功能。

(6)具有可由仪器直接消除故障码功能。

7.2.3　OBD-Ⅱ故障代码

1. OBD-Ⅱ故障代码的产生规则与故障指示灯的点亮规则

(1)故障代码(DTC)的产生规则

在两次行驶循环期间检查出同一故障,例如出现一次失火,失火监测器立即把它分类,并把一个故障代码(DTC)存入 ECU 的存储器中。而三元催化转化器效率监测器需在 3 次行驶循环内发现同一个故障时,才设置一个 DTC。当故障不再发生并且故障指示(MIL)灯熄灭时,需经发动机的 40 个预热循环后,DTC 才被擦除。

未定 DTC 码是代表虽已发生,但发生的次数不足以使 MIL 灯点亮的故障代码。某些故障检测仪能用连续 DTC 读出未定 DTC。

(2)故障指示灯(MIL)点亮规则

当在第二个行驶循环中检查出与前一循环相同的故障时,MIL 灯一般会点亮,但被失火监测器和三元催化转化器效率监测器查出的故障例外。因为发动机失火可能导致三元催化转化器损坏(如甲类失火),所以,失火监测器将在失火首次出现时,就使 MIL 灯点亮。而被三元催化转化器效率监测器检查出的故障却需在 3 个行驶循环中都出现才点亮 MIL 灯。

对于失火监测器和燃油修正监测器,如果故障不是在相近条件下连续 3 个行驶循环中都发生,MIL 灯会熄灭。例如福特汽车公司 EECV 系统定义的相近条件如下:

与以前发现故障时相比,发动机的转速差别不超过 375r/min。

与以前发现故障时相比,发动机的负荷差别不超过 10%。

发动机预热状态或冷却液温度与以前发现故障时的温度相差不大。

对于三元催化转化器效率 HO2S、EGR 和综合元件等监测器来说,如果相同的故障在连续 3 个行驶循环中不再出现,MIL 灯会熄灭。

2. OBD-Ⅱ故障代码的分类

OBD-Ⅱ系统的故障代码形式分为四种。

(1)A 型故障代码

发生一次影响废气排放的故障后,诊断执行器随即点亮 MIL 灯,如甲类失火(Misfire)故障。

(2)B 型故障代码

在连续两次行驶循环中,都发生相同的故障,此时 ECU 即点亮故障指示灯。例如发动机失火监测器会设定两种 B 型故障代码。第一种在连续两次行驶循环中都发生故障时设定;另一种则不限定“连续”两次行驶循环,每次失火监测器监测到失火时,都会储存下发动机负荷、转速及冷却液温度数值,直到再发生失火后,比较两组数据,以判断两次失火是否发生在相同的发动机状况下,当发动机状况相同时,诊断执行器即设定故障代码。

(3)C 型故障代码

在一次行驶循环中,发生不影响废气排放的故障时,诊断执行器即点亮故障指示灯并设定故障代码。

(4)D 型故障代码

连续两次行驶循环中,发生不影响废气排放的故障时,诊断执行器即点亮故障指示灯并设定故障代码。

当设定 A 型和 B 型的故障代码时,发动机要在连续 40 次"起动—行驶—熄火"中都不再发生相同故障后,即自动清除记忆在 ECU 中的故障代码。仪表板上的故障指示灯,则必须在连续 3 次"起动—行驶—熄火"中都不再发生相同故障后,即自动熄灭。

3. OBD-Ⅱ统一的故障代码标准

SAE 将 OBD-Ⅱ故障代码用一个字母和四位数字组合而成,第一个为英文字母,代表测试系统,如 B 代表车身系统(BODY),C 代表底盘系统(CHASSIS),P 代表发动机变速器系统,即动力控制总成(POWERTRAIN),U 代表车载网络。第 2~5 位为数字,其含义如图 7-6 所示。

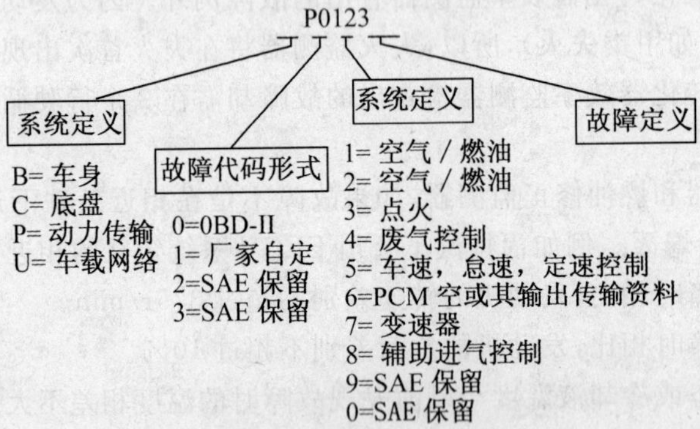

图 7-6　故障代码含义

例:福特 EEC-V(第五代 ECU)故障码 P1 3 5 2

"P"代表测试系统;"1"代表汽车制造厂码,该码可以是 0~3 的数字,目前该码"0"代表 SAE 所定义的故障码,"1"、"2"或"3"码代表汽车制造厂;"3"代表 SAE 定义的故障码(其故障码含义如表 7-2 所示);"52"代表原厂定义的故障码。

表 7-2　　**SAE 定义的故障码含义**

代码	SAE 定义的故障码含义	代码	SAE 定义的故障码含义
1	燃料或空气测定系统不良	5	怠速控制系统不良
2	燃料或空气测定系统不良	6	ECU 或输出控制元件不良
3	点火不良或发动机间歇熄火	7	变速器控制系统不良
4	废气控制辅助装置系统不良	8	变速器控制系统不良

4. OBD-Ⅱ故障代码的读取与清除方法

由于世界各大汽车制造公司的汽车控制电路设计不同，所以，尽管OBD-Ⅱ车载故障自诊断系统对故障代码进行了统一规定，但其故障代码的读取方式仍稍有差异。世界各大汽车制造公司从1996年起全部采用OBD-Ⅱ车载故障自诊断系统，故障代码的读取和清除必须采用汽车故障电脑检测仪，但是在1994～1995年生产的汽车，各公司采用的OBD-Ⅱ车载故障自诊断系统有的还保留原来可用短接法读取故障代码的故障诊断检测插座。

7.3 故障指示灯

7.3.1 故障指示灯的特点

故障指示灯(MIL)常见标志为淡黄色的“check engine”或“service engine soon”。其控制电路如图7-7所示，当系统正常时，接通点火开关，仪表板上的“检查发动机”警告灯点亮，起动后熄灭；当发动机ECU检测到控制系统有故障时，ECU将故障信息存入存储器，同时，起动后“检查发动机”警告灯常亮，通过一定的操作程序可将故障码从ECU中调出，读取故障码，了解故障原因，从而缩小检查范围，迅速准确地确定故障的性质和部位，有针对性地去检查有关部位、元件和线路，将故障排除。

OBD-Ⅱ系统故障指示灯有如下工作特点：

(1)当计算机检测出电路或系统故障时，能点亮故障指示灯。

(2)如果出现发动机间歇不点火，会损坏催化转化器，故障指示灯将闪烁。

(3)没有监测到与排放有关的任何元器件或系统的故障，或故障指示灯电路有问题，故障指示灯不亮。

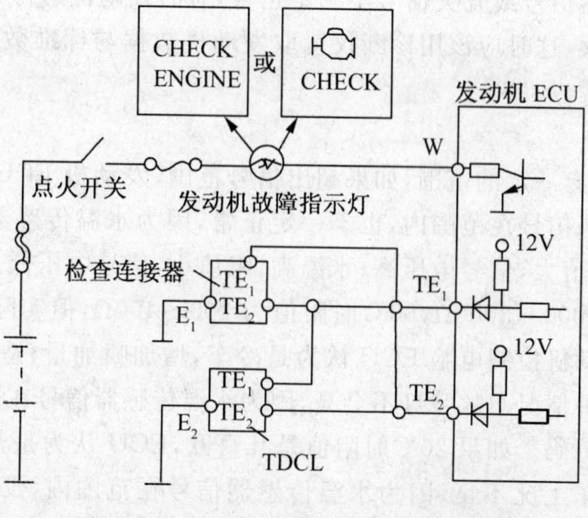

图7-7　发动机故障指示灯控制电路图

7.3.2 故障灯与故障的关系

若将一个传感器有意断开，MIL灯不一定会点亮，这取决于这个传感器影响排放的程度（优先级）和OBD-Ⅱ自诊断所需的行驶循环数。如果故障灯点亮，就一定有故障码（故障指示灯控制电路正常情况下），但是，读取故障码并不一定能快速排除故障，因为灯亮不一定有故障，灯不亮控制系统不一定正常。

1. 故障灯亮不一定有故障

发动机ECU存储器中存储的故障码有两种：一种是当前故障码，即当前控制系统中存在着故障；另一种是历史故障码，过去曾经存在故障，但当前不存在该故障。区别是当前故障码还是历史故障码的方法有两种：

(1)读出故障码，但起动后“检查发动机”警告灯熄灭，说明当前发动机ECU未检查到故障，所以“检查发动机”警告灯起动后熄灭，读出的故障码是过去的故障码，由于过去没有清除故障码，所以，故障码仍存在发动机ECU存储器中，只要清除该历史故障码即可。

(2)读出几个故障码，但起动后“检查发动机”警告灯常亮，说明当前发动机ECU检查到故障，所以“检查发动机”警告灯在起动后常亮，几个故障码中可能都是当前故障码，也有可能同时有历史故障码和当前故障码，判别的方法是首先记下读出哪几个故障码，然后清除故障码，再起动运行发动机，只要当前控制系统存在故障，“检查发动机”警告灯起动运行后一定亮，这时再读故障码，如果原来读出3个故障码，现在读出1个故障码，那么这个故障码是当前故障码，而消失的2个故障码则是历史故障码，清码后则消失。

2. 故障灯不亮控制系统不一定正常

如果读故障码时发现无故障码，不能肯定控制系统一定正常，这主要指故障灯不亮即没有故障码，但传感器信号或开关信号不一定正常，有时发动机运行不正常，但起动后“检查发动机”警告灯熄灭，这时应该用诊断仪读取发动机数据与标准数据比较，检查传感器或开关信号是否正常。

(1)水温传感器

水温传感器信号有一定的范围，如果超出信号范围，发动机ECU一定会点亮故障灯并储存故障码，但如果信号在范围内，也不一定正常，因为水温传感器是一个负温度数的热敏电阻，水温低，阻值大，信号电压高；水温高，阻值小，信号电压低。假设水温传感器标准是20℃时阻值为2000～3000Ω，80℃时阻值为200～400Ω，但实际水温传感器在80℃时阻值为几千欧，发动机控制电脑ECU认为是冷车，增加喷油量，造成热车难发动，混合气浓，油耗大。在这种情况下故障灯不会亮，因为水温传感器信号在范围内，ECU认为是正常的，所以没有故障码。如果20℃时阻值是几百欧，ECU认为是热车，不增加喷油量，造成冷起动困难，暖车工况不良，因为水温传感器信号在范围内，没有开路或断路，所以ECU认为正常的，也不会点亮故障灯。

(2)节气门位置传感器

滑动电阻式的节气门位置传感器一般信号电压在0.5～4.5V内,怠速时约为0.5V,如果由于节气门卡滞、拉索过紧、安装位置不当,就会使怠速时信号电压不正常。假如安装位置不当,怠速时信号电压为0.8V,ECU认为此时是小负荷工况,非怠速工况,不修正喷油量,使怠速时混合气稀而怠速不稳。这种情况下节气门位置传感器有信号电压,ECU认为是正确的,所以不点亮故障灯。节气门位置传感器信号不正确,还会使自动变速器的换挡点改变,如某克莱斯勒车节气门位置传感器型号不对,怠速时为4.5V,节气门全开时为0.5V,因为有信号,所以故障灯不亮,但该车会存在两个故障现象,一是不踩加速踏板不能起动,因为ECU收到节气门位置传感器为4.5V,认为节气门全开,此时再收到起动信号,ECU即进入"清除溢油功能",控制不喷油或空燃比为20∶1,造成不能起动,此时必须踩下加速踏板才能起动,踩到底正好是0.5V。又因为怠速时节气门位置传感器为4.5V,从而造成自动变速器换挡点错误,发动机转速很高而车速仅仅为20km/h左右。节气门位置传感器信号错误,还会使空调压缩机不工作。这些情况故障灯都不会亮,但控制系统已经有故障了。

(3)空气流量计

空气流量计与发动机转速信号确定基本喷油量,如果空气流量计信号偏弱,或随着节气门开度的增加,空气流量计信号上升很小,造成基本喷油量少,但实际进气量随着节气门开度的增加而增加,结果造成混合气稀,加速时动力反而下降,甚至熄火,因为空气流量计有信号,所以故障灯也不会亮。

7.4 故障码的读取与清除

汽车维修中利用电喷车自诊断系统进行故障码的读取与清除的方法可分两种:人工读码和采用仪器读码(采用汽车故障电脑诊断仪)。人工读码一般采用跨接线的方法,即通过把电路插座(常为诊断座)相应插孔短接,从相应的指示装置(故障指示灯、LED灯、万用表指针)读出故障码。人工读码无须专门的检测设备,因而可以节省投资,但会遇到一些困难,简单地说,是因为车型种类繁多,有亚、欧、美几十种车系、上百种车型,电子系统繁多,较先进的车上往往有防撞气囊系统(SRS)、自动防抱系统(ABS)、电控燃油喷射系统(EFI)、巡航定速系统(CCS)、自动空调系统(A/C)等,具体的困难有如下几个方面:

(1)诊断座的型式和位置多变,不仅不同厂家的车型间各不尽相同,同一车系也往往有几种,如奔驰的诊断座有8孔、16孔、9孔、38孔等型式,位置则有乘客侧防火墙附近、驾驶侧避震器附近、乘客侧避震器附近等。

(2)跨接线困难,不同的车型、不同的诊断座、不同的系统(如EFI、ABS)需要不同的跨接线方法。没有相应的资料,就会无从下手。

(3)读码方法各异。同样是闪光码,编码方式各异。有采用2位数字组成一个码,也有用3位和4位的。

(4)故障码对应的含义无从知晓,很多情况下,虽然读出了故障码,但由于该车型不常见或较新,找不到有关的资料。

(5)清码较麻烦，与读码一样，清码也会遇到跨接线的困难。有些车甚至不提供跨接线清码，这种情况一般要用专门的电脑故障诊断仪才行。当然清码有一种比较易行但比较麻烦的方法，大多数车都可通过拆电瓶负极接柱来清码。不过拆电瓶线之前要先记下音响密码和仪表板上的有些设置(如果有的话)。另外拆了电瓶线后，汽车需要一段自学习的过程，因而这段时期汽车性能会有所降低。美国通用、福特、克莱斯勒，日本丰田、三菱，瑞典沃尔沃，德国奔驰等汽车公司从 1996 年起就全部采用 OBD-Ⅱ型电控单元故障诊断系统，故障码的读取必须使用专用仪器。但在 1994～1995 年生产的汽车，各公司采用的 OBD-Ⅱ系统可能还保留原有的使用跨接线读取故障码的电控单元故障诊断。

7.4.1 汽车故障诊断仪介绍

车辆故障自检终端是用于检测汽车故障的便携式智能汽车故障自检仪，用户可以利用它迅速地读取汽车电控系统中的故障，并通过液晶显示屏显示故障信息，迅速查明发生故障的部位及原因。

汽车故障诊断仪是维修中非常重要的工具，一般具有如下几项或全部的功能：①读取故障码。②清除故障码。③读取发动机动态数据流。④示波功能。⑤元件动作测试。⑥匹配、设定和编码等功能。⑦英汉辞典、计算器及其他辅助功能。故障诊断仪大都随机带有使用手册，按照说明极易操作。一般来说，有以下几步：在车上找到诊断座；选用相应的诊断接口；根据车型，进入相应诊断系统；读取故障码；查看数据流；诊断维修之后清除故障码。

7.4.2 故障诊断仪 V. A. G1552 的使用

1. 说明

V. A. G1552 是德国大众公司设计的便携式电控系统故障诊断仪，可用于大众捷达、高尔夫、奥迪、红旗、帕萨特、桑塔纳、宝来等车型的发动机、自动变速器、ABS、防盗器、自动空调等系统的检测。

V. A. G1552 故障诊断仪和车辆上的自诊断系统联用，能够读取和清除故障存储器，读取系统的数据流数据，对执行元件诊断及部件基本设置等。另外，通过更换检测程序卡升级，可以检测最新车型控制系统的故障。

V. A. G1552 故障诊断仪如图 7-8 所示。V. A. G1552 和 V. A. G1551 使用操作是完全相同的，区别在于 V. A. G1552 故障诊断仪没有打印输出功能。

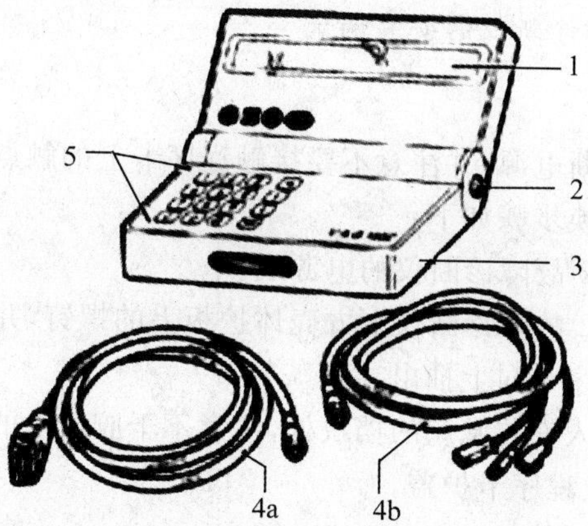

图 7-8 V. A. G1552 故障诊断仪

1—显示屏 2—诊断连线插座 3—程序卡罩盖 4a—V. A. G1551/3 诊断连线(用于 16pin 插头的车辆,自 1993 年 1 月起的大众车) 4b—V. A. G1551/1 诊断连线(用于 2+2pin 插头的车辆) 5—键盘

(1)功能键

1)数字键 0~9:用于各种状态、功能选择。

2)"C"键:用于消除键入,退回到上一个操作步骤或终止程序运行。

3)"Q"键:用于确定输入。

4)"→"键:用于使程序继续运行或翻页。

5)"HELP "键:用于调出当前功能的说明。

"↑"和"↓"两个键,分别用于屏幕显示向前和向后翻页。

液晶显示屏只能显示两行数据,每行 40 个字符。字符高约 12mm,有较好的对比度。除故障码和故障说明外,按"HELP"键,屏幕还可显示各个功能状态下的辅助文字说明。

仪器的功能主要由一个易于更换的电脑软件程序控制。这样当出现新车型时,就不必经常更换 V. A. G1552 的面板和连线,更新程序卡即可。程序卡的安装槽位于仪器后上半部,由一个盖板盖住。程序卡可提供不同语言形式,主要是英语和德语。

(2)V. A. G1552 故障诊断仪的特点

1)故障自诊断。当大众车系各控制系统出现故障时,其控制单元将故障存储在故障存储器内,连接 V. A. G1552 故障诊断仪即可调出故障码,使维修方便快捷。

2)双向数据传递。V. A. G1552 故障诊断仪不但能读取控制单元内的数据流,而且还能够通过 V. A. G1552 故障诊断仪的键盘,将各种数据和指令传输给控制单元,对控制单元的参数进行调整。

3)程序卡软件控制。V. A. G1552 故障诊断仪中的所有功能,都是由程序卡内的软件控制的。程序卡中的软件应与车辆控制单元及各种装置相适应。在检测新车型时,应安装与其相配套的程序卡。

2. V. A. G1552 故障诊断仪的安装调试

(1)程序卡更换

更换程序卡时须切断电源，并注意不要接触程序卡上的触点，以避免使用时出现差错及防止静电。程序卡更换步骤如下：

1)拔下 V. A. G1552 故障诊断仪的电源线。

2)松开 V. A. G1552 故障诊断仪上方壳体护板上的螺钉，并向后推开程序卡槽盒盖。

3)将夹板中的旧程序卡向上抽出。

4)将新的程序卡插入安装基座的挡块处，注意不干胶纸上的插入方向。

5)将夹板后置，关上程序卡护盖。

6)连接诊断连线。

7)选择工作模式 3 ，进行仪器自检。

仪器自检结束后，新程序卡的程序就被故障诊断仪读入，仪器的功能就由新程序控制。

(2)故障诊断仪的连接

V. A. G1552 故障诊断仪配有电源电压极性变换的保护装置。当电源电压正常时，仪器即可正常工作；当电源电压不正常时，输入和输出板的保护装置就会起作用，屏幕显示出错误信息，从而保护仪器内部电路不被损坏。

1)诊断连线 V. A. G1552/1 。如图 7-9 所示，诊断座中黑色插座 A 的插孔 1 为电源负极，插孔 2 为电源正极；白色插座 B 的插孔 1 为数据线 L，插孔 2 为数据线 K。

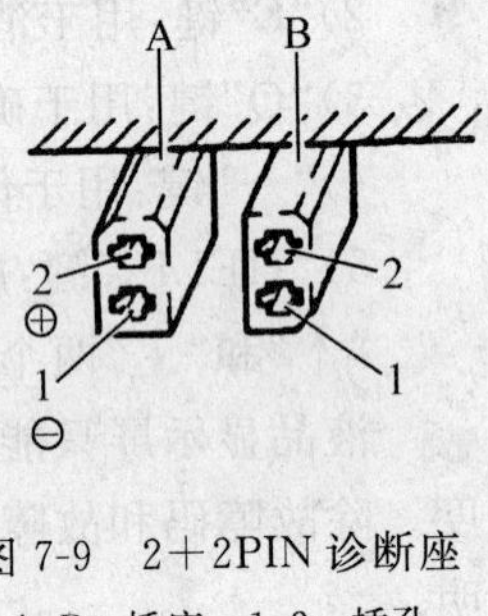

图 7-9　2＋2PIN 诊断座
A、B—插座　1、2—插孔

故障诊断仪长时间使用后，连线容易从根部断路，或者诊断座供电不正常，这些都会造成故障诊断仪显示不正常，此时应对连线进行检查。首先检查车辆黑色插座 A 插孔 1 与 2 之间的电压，应至少为 10V。然后按图 7-10 和表 7-3 检查 V. A. G1552/1 中每根导线是否导通。

表 7-3　　V. A. G1551/1 连线

接车辆一侧		接仪器一侧	接车辆一侧		接仪器一侧
扁平插头	端子	插头 D 端子	白色插头 B	1	4—数据线 L 线
黑色插头 A	1	3—接地线		2	1—数据线 K 线
	2	2—蓄电池正极	黑色插头 C	1	5—照明线

2）诊断连线 V. A. G1551/3 。采用 16PIN 诊断座的大众车系均采用诊断连线 V. A. G1551/3 与故障诊断仪相连。16PIN 诊断座如图 7-11 所示。其中端子 1 搭铁，端子 2 接电源正极。

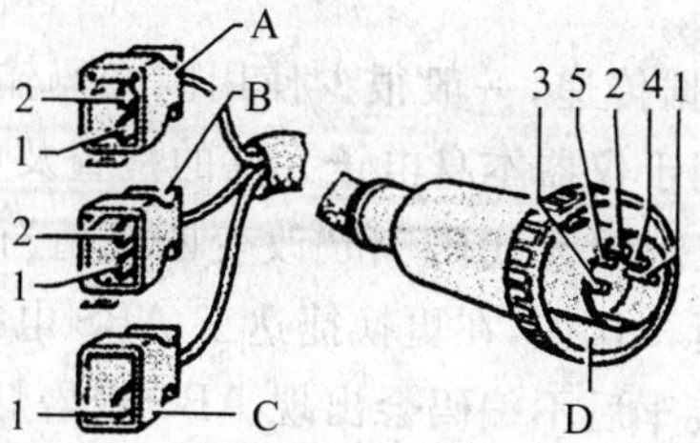

图 7-10　检查 V. A. G1552/1 连线

A～D—插座　1～5—端子

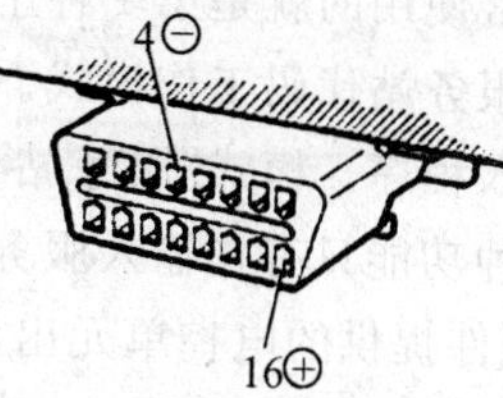

图 7-11　16PIN 诊断座

若连接后显示不正常，首先检查 16PIN 诊断座端子 1 与 2 之间的电压，应为 10V。然后按图 7-12 和表 7-4 所示检查 V. A. G1551/3 中每根导线是否导通。

表 7-4　诊断连线 V. A. G1551/3

车辆侧插头端子	仪器侧 D 插头端子	车辆侧插头端子	仪器侧 D 插头端子
4	3—接地线	15	4—数据线 L 线
7	1—数据线 K 线	16	2—蓄电池正极
14	5—照明线		

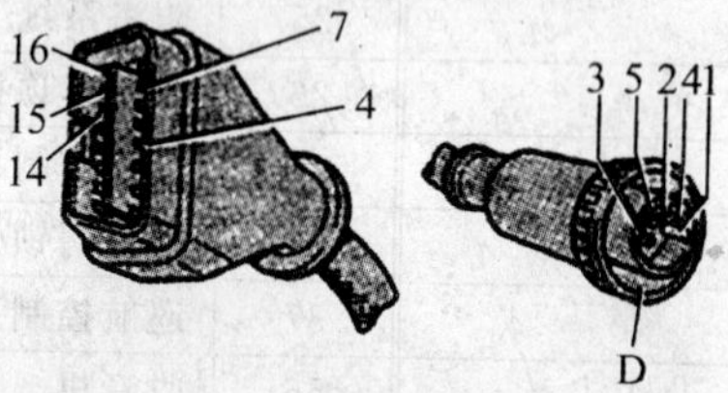

图 7-12　检查 V. A. G1551/3 连线

A—插座　B—16PIN 插头 1～16—端子

此外，程序卡脏污，特别是触点处有油污，也可能使屏幕上产生错误信息。在这种情况下，可用酒精棉将程序卡脏污部分擦干净，晾干后插回安装槽内即可。

3. V. A. G1552 故障诊断仪的操作及内容

当故障诊断仪连线正确时，屏幕应显示：

V. A. G SELFDIAGNOSIS	V. A. G 自诊断
1-Rapid data transfer	1-快速数据传递
2-Flash code output	2-闪光码输出

(注:左边方框为显示屏实际显示的内容,右边方框为其中文解释。以下同)

在屏幕下方会交替出现“1-Rapid data transfer ”(快速数据传递)和“2-Flash code output”(闪光码输出)。此外仪器还有以下未显示的工作模式,按 HELP 键可打印出来:“3-自我检测”和“4-服务站代码”。

我们常使用的就是第1种工作模式,即快速数据传递,一般很少使用闪光码输出、自我检测和服务站代码工作模式。模式“自我检测”用于仪器本身电子元件的检查及更换程序卡时调入程序。模式“服务站代码”用于“编制控制单元代码”和“改变匹配值”两种功能。这两种功能只有在输入服务站代码后才能执行。比如,在更换捷达王 ABS 电控单元后,因作配件提供的电控单元出厂前未编码,如果装车后不编码会出现 ABS 报警灯点亮,且 ABS 不工作的情况。

选择工作模式时,只要输入其代码即可。例如按“1”键,即可进入“快速数据传递”工作模式。此时屏幕显示为:

Rapid data transferHELP	快速数据传递帮助
Enter Address words XX	输入地址码:XX

此时故障诊断仪等待两位数字编码的输入,它代表车辆上各控制单元的地址码。按 HELP 键,可将地址码一览表打印出来。常用的地址码如表 7-5 所示。

表 7-5 地址码一览表

编码	控制系统	编码	控制系统
00	整车电器自动检测	22	四轮驱动电控系统
01	发动机电控系统	24	驱动防滑控制系统
02	变速器电控系统	25	防盗系统
03	防抱死制动系统	26	电动车顶控制
08	空调/暖风电控系统	34	悬架控制系统
14	车轮减振电控系统	35	中控门锁
15	安全气囊	37	巡航控制系统
16	动力转向电控系统	56	收音机
17	组合仪表	65	轮胎气压检测

输入地址码后,显示屏上会出现该总成及名称,例如:

Rapid data transfer Q	快速数据传递确定
01 Engine electronics	01 发动机电控系统

这时,用 C 键可以修改输入的地址码,用 Q 键可以确认输入。显示如下:

Rapid data transfer 快速数据传递
Tester sends address word 01 测试器发送地址码 01

在进入“快速数据传递”工作模式输入地址码的过程中,仍然可能出现错误而使诊断过程中断,此时显示屏显示“控制单元不予答复!”。这种情况可能是用于中断插座连线故

障或控制单元引起的。可按屏幕右上角 HELP 键，按照仪器中的说明排除故障。

如果正常则继续执行程序，按"→"键，V. A. G1552 进入功能选择状态，并显示如下：

Rapid data transferHELP 快速数据传递帮助
Select function XX 功能选择 XX

此时，仪器等待输入一个 2 位数的功能代码以传递给发动机控制单元。按 HELP 键，可将功能代码一览表打印出来，如表 7-6 所示。

表 7-6　功能代码一览表

代码	功 能	代码	功 能
01	查询控制单元类型	07	控制单元编码
02	查询故障存储器	08	读测量数据块
03	执行元件诊断	09	读单元测量数据块
04	基本设置	10	匹配、自适应
05	清除故障存储器	11	登录
06	结束输出		

无论是哪个地址码，上述功能代码都相同。举例来说，即无论是在发动机电控系统还是变速器电控系统，02 都是查询该控制单元的故障存储器，05 都是清除故障存储器。

4. V. A. G1552 故障诊断仪功能

(1)01——查询控制单元类型

此功能用于查询控制单元的部件编码、系统名称、软件版本等。下面是桑塔纳时代超人车发动机控制单元版本信息：

330 907 404 1. 8L R4/2V MOTR HS D01→
Coding 08001 WSC XXXXX

上述显示信息含义如下：

330 907 404：表示控制单元零件号
1. 8L：表示发动机排量为 1. 8L

R4/2V：表示发动机结构形式为直列 4 缸 2 气门。若显示 R4/5V，则表示直列 4 缸、5 气门发动机；V6/5V 表示 V 型 6 缸、5 气门发动机；在显示后面若有 T，则表示为涡轮增压发动机；在 V6/5V 后面若显示 G，则表示有车速控制装置(如奥迪 ATX 2. 8L 发动机)。

MOTR：表示电子控制燃油喷射系统名称(Motronic)。

HS 表示手动变速器，AT 表示自动变速器。

D01：控制单元软件的版本号。

Coding 08001：表示发动机控制单元编码为 08001 。但要注意不同零件号的控制单元，编码规则可能有所不同。

WSC XXXXX 为服务站代码，它表明由哪一家最后对控制单元编制了代码（如未改变出厂时所设状态，则一直是 WSC00000）。

(2)02 ——查询故障存储器

此功能用于查询控制单元存储的故障。在"功能选择"状态下按 02，屏幕显示为：

Rapid data transferQ 快速数据传递确定 02 Interrogate fault memory 02 查询故障存储器

按 Q 键确认输入，如没有故障，则屏幕显示"No faults recognised!"。若有故障，则显示屏上首先显示故障的数量：

X faults recognised! → 发现 X 个故障! →

按→键翻页逐一显示各个故障代码及其文字说明。在文字说明上面的数字是故障代码，右下角带有 /SP 字样的为偶发性故障，打印出来后，偶发性故障用"sporadk fault"表示。

通过查询故障存储器可以帮助我们快速判断故障所在，但也不能完全依赖故障存储器，这是因为控制单元检测到的故障也可能是该传感器损坏，也可能是传感器的连线接触不良或短/断路。另外，电控系统各传感器信号互相关联，某传感器损坏也可能存储其他传感器故障，如捷达王轿车氧传感器损坏后，大多数都是存储空气流量计故障，所以，要准确判断故障所在，还要结合分析数据流是否正常。

(3)03 ——执行元件诊断

利用此功能，V. AG1552 故障诊断仪通过控制单元向每个执行元件发出驱动及停止的指令，以测试执行元件的动作情况。其显示如下：

inal Control diagnosis→执行元件诊断→ Injector Cylinder 1 — N30 1 缸喷油器— N30

此时 1 缸喷油器喷油，能听到或触摸感觉到元件的动作。按"→"键，可以发出对下一个执行元件进行诊断的指令。执行元件的诊断顺序由控制单元决定。如果某个执行元件不工作，应检查该元件的控制电路、线束、插接件或机械部分。关于执行元件诊断的详细步骤及说明见本章第五节。

(4)04——基本设置

维修后总成内一些部件的安装调整会有所不同，因此应对某些总成进行基本设置。当点火开关打开，发动机不转时，基本设置功能可完成节气门控制部件与发动机控制单元的匹配；当发动机运转时，基本设置功能可完成点火正时检查，另借助于 λ 控制功能的开闭帮助查找故障等等。

进行基本设置的条件是：发动机冷却液温度正常；测试过程中不允许散热器风扇旋转；关闭空调和其他用电设备；故障存储器中没有故障信息。

在"功能选择"状态下按 04，屏幕显示为：

Basic settingHELP 基本设置帮助 Input display group number XX 输入显示组号 XX

输入需要显示的组号，例如输入098，按Q键确认后屏幕显示：

Systen in basic setting 98→系统基本设置 98→ X. XXXV X. XXXV Iding ADP. runs X. XXXV X. XXXV 怠速 ADP. 运行

测量值以物理形式输出，所选择的小组编号在屏幕上显示。另一组测量值的显示可通过按C键，并输入所待测的小组编号来进行。在此过程中，控制单元可对控制的一些基本参数，例如点火提前角、λ控制系数等进行调整。

(5)05——清除故障存储器

执行此功能后即可将故障存储器内容清除。显示如下：

Rapid data transferQ 快速数据传递帮助 05 Erase fault memory 05 清除故障存储器

按Q键确认输入，如果故障存储器未被查询，就不能被清除。

在查询或清除故障存储器时，如果关闭点火开关或发动机转速超过2500r/min，故障存储器也不能清除。

当屏幕出现以下显示时，说明故障存储器已被清除：

Rapid data transfer 快速数据传递 Fault memory is erased! 故障存储器被清除!

此时，再按→键，则又回到功能选择状态。

(6)06——结束输出功能

退出“功能选择”状态，回到“输入地址码”状态，可对其他总成进行故障查询。另外，在关闭发动机或拆下V. A. G1552前须先执行06结束输出功能，否则在数据传输过程中突然断开，可能造成V. A. G1552或控制单元损坏。

按06键后显示：

Rapid data transfer Q 快速数据传递帮助 06 End output 06 结束输出

(7)07——控制单元编码

各种车型都对应着不同编码的控制单元。如果控制单元编码与车型不匹配，会造成许多不良后果，例如换挡冲击、发动机燃烧不良、废气排放超标、油耗增加、机械寿命降低等。为此，控制单元内设置了可以改变的控制单元编码。通过改变控制单元编码，就可以改变控制单元内的存储内容，以此来改变控制单元的工作模式，以适应不同的发动机、变速器、车辆车身或传动系统，也可适应不同的气候、道路条件和不同国家的交通法规。

给控制单元编码在车辆出厂之前已进行，但如果控制单元损坏更换新的控制单元后，显示编码不正确或新控制单元没有编码，就要对新控制单元进行编码。

在“功能选择”状态下按07键，则显示：

Rapid data transfer Q 快速数据传递帮助 07 Code control unit 07 控制单元编码

按 Q 键，则显示：

Code control unit 控制单元编码 Enter code number XXX(000－127) 输入编码 XXX (000 － 127)

用键盘输入该车的编码，屏幕显示出带有编码的控制单元记号，例如：

4A 0907473 2.6L V6 MPFI D01 4A 0907473 2.6L V6 MPFI D01 Coding 001 WSC 06812 编码 001 WSC 06812

其中"Coding 001"表示所输入的控制单元编码。但要注意不同零件号的电控单元，控制单元编码规则可能有所不同；而且不同的车型其编码位数也不同，例如帕萨特和奥迪等车型为 5 位，具体可参见后续章节。

(8)08——读测量数据块

此功能用于显示系统运行状态或传感器状态的数据信息(即数据流信息)。这些数据提供了各系统的工作状况，以及所有传感器信息。输入 08 后显示屏显示：

Rapid data transfer Q 快速数据传递帮助 08 Read measured value block 08 读测量数据块

按 Q 键确认输入：

Read measured value block HELP 读测量数据块帮助 Enter display group number XX 输入显示组号：XX

提示输入两位显示组号(有些仪器或车型为三位)。由于数据很多不能同时显示，V. A. G1552 故障诊断仪采用了分组显示的方法。不同的分组号对应着不同的测量数据，每组内数据的显示位置也是固定的。有关显示组的详细说明见本章第四节。

例如输入显示组号 03 并按 Q 键确认后，屏幕显示：

Read measuring value block3HELP 读测量数据块 3 帮助 800r/min 14.000V 93.6℃ 39.1℃ 800r/min 14.000V 93.6℃ 39.1℃

一般测量值以物理形式输出，所选择的显示组号在显示屏第一行上显示。测量值在第二行，其意义为：发动机转速为 800r/min 、蓄电池电压为 14V、冷却液温度为 93.6℃、进气温度为 39.1℃ 。

从一个组切换到另一个组，按表 7-7 中的方法操作。

表 7-7　　显示组转换方法

显示组	V. A. G1551	V. A. G1552
进一组(显示组号加 1)	按 3 键	按↑键
退一组(显示组号减 1)	按 1 键	按↓键
退回重输组号	按 C 键	按 C 键

在调出测量数据块时，应注意测量时发动机温度必须正常。发动机温度过低时，可能出现一些故障假象，随着温度的提高，就会杜绝故障假象的出现。在检测时应关闭其他用

电设备，使测量更加准确。

(9) 09——读单元测量数据块

输入09并用Q键确认后，进入“输入通道号码XX”状态。在这一状态下再输入一个两位通道号码，按下Q键确认输入，可得到该通道内的测量值。

(10)10——匹配或自适应

通过该项功能，使用者可以用V.A.G1552的键盘将指令传至控制单元，将控制单元的一些参数设定进行调整。此项功能可以进行怠速稳定控制和怠速转速的调整。

7.4.3 故障码的读取

以桑塔纳2000为例介绍防盗系统故障码的读取方法。

打开点火开关，防盗装置灯闪亮后熄灭，防盗装置没有故障。如果发动机不能起动，先选择地址01，读取发动机电脑存储的故障码(02功能)。如果存在故障码17978，说明发动机控制被“阻断”，出现与防盗装置相关的故障。

故障初步识别：

点火开关打开后，防盗装置灯持续亮大约1min，防盗装置匹配有问题。

点火开关打开2.5s后，防盗装置灯开始闪亮并持续大约1min，说明无钥匙密码或使用了不正确、未被授权的点火钥匙。

点火开关打开后，防盗装置灯立即闪亮并持续大约1min，防盗装置有故障。

上述情况发动机不能起动，可用V.A.G1551读取故障码。在读取故障码之前，先检查所有的熔断丝，应该完好。再检查蓄电池电压，正常值应不小于11.5V。

同以前读取故障码的操作一样，连接V.A.G1551。选择防盗装置地址25，然后进行故障码读取(02功能)，记录故障码，然后结束(06功能)。排除故障后，还要清除故障码(06功能)。

存储的故障分为永久性的和偶然性的。当故障持续2s以上时，被确认为永久性故障；当一个永久性故障在点火开关打开2s以上不再出现，被确认为临时故障，显示器右侧显示“SP”。一个临时故障必须关发动机起动50次后，不再出现，会被自动清除。

7.5 故障码的运用

7.5.1 故障码的正确使用

随着电控技术在汽车上的广泛应用，现代汽车已成为一个比较复杂的机、电、液一体化的控制系统。由于各种传感器和执行机构的种类和数量繁多，汽车的电路十分复杂，因此对汽车电控系统的故障诊断与维修提出了更高的要求。电控系统除了完成对发动机集中控制(ECCS)、自动变速器控制(ECT)、制动防抱死控制(ABS)等功能外，还具有故障自诊断功能。它大大简化了繁琐的诊断过程，有的放矢，使电控系统的故障诊断与维修变得快捷方便，为现代汽车维修提供了一把金钥匙。

在电控发动机正常工作时，故障自诊断系统监视电控系统各部件和ECU自身的工作,各传感器输入 ECU 的信号和 ECU 输出的控制信号的电平都在规定范围内。一旦 ECU 的输入、输出信号中,有超出规定范围的信号,自诊断系统即判定该路信号发生故障,此时,立即点亮仪表板上的故障灯,并将发生的故障以代码的形式存入 ECU 的存储器中。进行故障诊断时,按规定的操作方法,即可逐一调出故障码,按故障代码表查出故障部位,故障码为故障的诊断带来了极大方便。但是,如果不能正确运用,过分迷信故障码,甚至不加分析,照本宣科,盲目地按故障码内容去维修或更换相应的传感器或执行器,不但不能解决问题,还会导致新的故障,最终误入歧途。

在电控发动机故障诊断时,若故障灯并未点亮,就应按没有电控系统的发动机那样,首先检查排除机械故障,油、气路故障。并非电控车就非要用电脑检测仪和故障码去诊断和维修,否则原本与电控系统无关的故障却去检修传感器和执行器及其电路,费时劳神走了弯路,而真正的故障却没有及时找到。例如:有一辆富康 988Ex-1 轿车,故障是发动机加速不良、油耗增大、排放超标,发动机故障灯未亮。在修理厂检修时,维修工首先检测了燃油系统的油压,显示正常,但还是更换了燃油滤清器,清洗了喷油器,故障仍存在。接着进行自诊断测试,调码显示正常,维修工仍认为电控元件有故障,先后测试了水温传感器、空气流量计,并做了新旧件对比实验,此后还检查并更换了火花塞,故障依旧。后询问车主谈到故障是在几天风沙天气之后出现。当检查空气滤清器时,发现滤清器已被泥土覆盖,用清水洗净吹干装复后试车,故障排除。

自诊断系统无故障码显示,是否就肯定电控元件没有故障呢?不是。前边说过,当某传感器输入的信号超出规定的范围时,ECU 才判断为故障。当然范围之内的信息误差 ECU 是不能认定的,就没有故障码显示。很多车型的喷油器、怠速控制阀、燃油系统电路等不在自诊断系统监视之内,出现故障后,同样无故障码显示。由于许多电控元件的故障自诊断系统无法监测,因此,维修时就不能过于依赖诊断系统的作用,而忽视了对这些传感器执行元件的检测。例如:一辆上海别克轿车,在车速达到 80km/h 时,有时会出现加不上速的现象,最高车速只有 110km/h,调故障码显示为“12”,表示系统工作正常。在检测进气、排气系统正常的情况下,对节气门位置传感器(TPS)进行测试。发现,随节气门开度的增大,输出电压逐渐上升,当开度到 70%时,输出电压开始波动,节气门全开时,输出电压还不到 3V。拔下 TPS 接头检测中间端子(信号输出端子)对地电阻,随节气门开度增大而增大,到 4kΩ 左右,瞬间跃变,时大时小,更说明此处滑动电阻有烧蚀现象,接触不良,更换 TPS 后故障排除。

发动机供油系统、空气供给气系统及电控系统中各部件工作性能的好坏是相互影响的。比如:燃油泵损坏或喷油头堵塞、进气系统漏气都会导致混合气过稀,此时氧传感器电压始终处于低电位,自诊断系统就会判定为氧传感器故障,从而设置相应的故障码。配气相位严重失准时(齿形带过松跳齿),发动机压缩冲程时进气门打开,会导致进气管内压力升高,使进气压力传感器输出电位过高,显示为进气压力传感器故障。有时氧传感器失效,却显示空气流量计信号不可靠。这说明,故障码与故障并不是明确的一一对应关系,自诊断系统会显示虚假的故障码,给出错误的故障信息。

例 1:一辆广州雅阁轿车,故障指示灯亮,读出故障代码为氧传感器问题,更换氧传感器后,过了几天,故障指示灯又点亮。检测氧传感器电压信号,发现均在低范围内波动,可见混合气过稀。测量燃油压力较低，更换燃油泵后，故障排除。

例2：一奥迪A6 2.8L发动机，怠速时发抖，加速无力，且故障灯亮，调取故障码，读出空气流量计故障且含氧传感器信号无变化。根据故障码首先检查空气流量计，发现其信号及线路均正常，检测氧传感器，确认氧传感器失效。更换氧传感器，清码，热车后故障灯依然点亮。分析认为可能是催化转换器堵塞，更换后，清除故障码，再次起动，故障排除。该车由于催化转换器堵塞，造成发动机排气不畅致使氧传感器长期在恶劣的条件下工作而失效；同时由于排气不畅，间接造成进气也不畅，引起空气流量计报警。

例3：捷达5V发动机怠速不稳，用V.A.G1551读取故障记忆时，显示为空气流量计故障，但具体检测空气流量计电路时情况正常，更换空气流量计，故障依旧。通过检测全车数据块，发现氧传感器信号电压变化频率慢，正常值是20～30次/min，此车平均只有5～6次，说明氧传感器有故障。更换氧传感器，故障排除。分析认为：虽然氧传感器失准，造成误调节，但从结果上看和空气流量计严重超差，造成氧传感器无法调整是一样的，这里电脑优先考虑重要信号，即空气流量计信号。

另外，通过自诊断系统还会读出一些历史故障码，即故障已经排除而没有及时清除的故障码，我们应及时清除，排除干扰。

可见，当我们运用故障码去诊断故障时，必须克服过分迷信、依赖故障码，孤立、片面使用故障码的错误做法，应该客观对待，正确使用。在弄清发动机工作原理的基础上，根据故障码提示结合故障现象和各元器件的性质、设计参数，全面综合分析，去伪存真，抓住主要矛盾，快速、准确地作出判断。

7.5.2　常见故障码内容与可能故障原因

常见故障码内容与可能故障原因如表7-8所示。

表7-8　常见故障内容和可能故障原因

故障码内容	可能故障原因
水温传感器信号电压过低	①水温高；②水温传感器故障；③信号电路对搭铁短路；④ECU故障
水温传感器信号电压过高	①水温低；②水温传感器故障；③水温传感器或ECU接插件接触不良；④信号电路断路；⑤发动机搭铁不良；⑥ECU故障
进气温度传感器信号电压过低	①进气温度传感器故障；②信号电路对搭铁短路；③ECU故障
进气温度传感器信号电压过高	①进气温度传感器故障；②进气温度传感器接插件接触不良；③信号电路短路；④发动机搭铁不良；⑤ECU故障
节气门位置传感器信号电压过低	①ECU的标准5V电路故障；②ECU的5V接插件接触不良；③节气门位置传感器信号电路故障；④接插件故障；⑤节气门位置传感器故障；⑥ECU电源电路或搭铁电路故障；⑦ECU本身故障

续表

节气门位置传感器信号电压过高	①节气门位置传感器信号电路对电流电路短路；②ECU 的 5V 电路对电源电路短路；③节气门位置传感器信号断路、接触不良；④ECU 故障
空气流量计信号电压过低	①空气流量计滤网堵；②空滤堵；③进气歧管漏气；④节气门体泄漏真空；EGR 阀门法兰和管路之间泄漏真空；⑥曲轴箱通风阀故障、安装不正确；⑦接插件接触不良；⑧信号电路故障；⑨空气流量计电源电路故障；⑩空气流量计本身故障；⑪气缸压缩压力低，三元催化净化器堵
空气流量计信号电压过高	①接插件接触不良；②空气流量计本身故障；③空气流量计线束布线不正确靠近线圈或其他高压部件；④ECU 故障
进气压力传感器信号电压过低	①ECU 的 5V 电路断路或搭铁短路；②5V 电路接插件接触不良；③信号电路故障；④进气压力传感器本身故障；⑤ECU 故障
进气压力传感器信号电压过高	①信号电路对电源电路短路；②信号电路故障；③传感器搭铁电路接触不良；④传感器真空堵塞或泄漏；⑤接插件接触不良；⑥发动机真空度低；⑦漏气；⑧进气压力传感器本身故障；⑨三元催化净化器堵；⑩ECU 故障
氧传感器信号电压过低	①信号电路故障；②燃油压力过低；③真空泄漏；④排气管漏气；⑤空气流量计或进气压力传感器故障；⑥氧传感器本身故障；⑦喷油器堵塞；⑧发动机机械故障；⑨废气再循环阀故障；⑩ECU 故障
氧传感器信号电压过高	①信号电路故障；②燃油压力过高，真空漏泄；③排气管漏气；④空气流量计或进气压力传感器故障；⑤节气门位置传感器故障；⑥氧传感器本身故障；⑦喷油器滤油雾化不良；⑧高压火弱；⑨高压线或火花塞故障；⑩点火正时
爆震传感器	①信号电路故障；②爆震传感器故障；③ECU 故障；④接插件接触不良

7.5.3 常见车型故障代码表

奥迪轿车故障代码如表 7-9 所示。

表 7-9 奥迪轿车故障代码表

故障代码/系统	故障现象	故障原因	排除方法
00281 车速传感器(G68)	超速中挂挡时,发动机熄火 负荷变化时有冲击感	仪表与电脑间的连线 G68 与电脑间线路断路或短路 G68 损坏	检查车速传感器 检查仪表板与电脑间线路
00513 发动机转速传感器(G28)无转速信号	起动机不转、不点火 发动机突然熄火 发动机不转动	G28 损坏、支架松动 G28 到飞轮大于 1.2mm 插头插错或损坏 电脑有故障 三端子 G28 插头连线和发动机舱中 G4 更换 电脑插头 B 有端子短路	检查 G4 及排除有关线路的断路或短路 正确地插接 G4,G28 上的插头
00514 点火正时传感器(G4)	发动前出故障:不转动 发动后出故障:继续运转直至关闭 发动机不转动	霍尔传感器 G40 损坏 G4 损坏或松动 G4 和曲轴间的间隙大于 1.3mm 发动机舱三端子插头和 G4 间断路 G4 有故障或损坏 电脑有故障,插头 B 上有端子短路 G4 三端子插头和发动机舱中二端子插头更换	检查 G40 检查 G4 排除断路 正确连接 G4 和 G28 的插头
00151 霍尔传感器(G40)	全负荷时无力 排气不正常 油耗过高 发动前出故障:发动机不转动 发动后出故障:继续运转直至熄火	点火正时传感器 G4 损坏 电脑对 G40 供电不正常 电脑信号线路有故障 电脑有故障 G40 损坏 线路断路 控制时间不对	检查 G4 检查 G40 排除断路、短路 检查控制时间
00516 节气门位置传感器(F60)地线短路,接通正极后断路/短路	怠速转速提高 超速时不能切断供油 负荷变化时有冲击	F60 调整不当 加速踏板不正常 电脑 G 插头 4 号端子的线路断路或短路 电脑损坏 节气门位置传感器插头受潮	检查 F60 排除线路故障 检查加速踏板
00518 节气门位置传感器(全负荷开关)G69 ·正极断路/短路 ·搭铁线短路 进气支管真空度传感器(G71)信号不清	功率不足 加速不良 怠速不稳 行驶中,负荷变化时有冲击、加速不良	G69 与电脑间线路断路 G69 中正极或搭铁线断路 G69 与电脑间线路短路 G69 损坏或插头受潮或电脑有故障 真空度传感器损坏 真空管路漏气	检查 G69 检查真空管路 检查电脑

续表

00522 水温传感器(G62) ·搭铁线短路 ·正极断路/短路 ·信号不清	冷起动困难 快怠速不良 快怠速供油不足 冷车挂挡后转速下降	搭铁线短路 G62 插头受潮 G62 和电脑间断路 G62 损坏或电阻不当 电脑有故障	检查 G62 检查电脑
00523 进气温度传感器(G72)搭铁线短路 ·正极断路/短路	快怠速不好	搭铁线短路 G72 与电脑连线断路 G72 损坏 电脑有故障	检查 G72
00524 爆燃传感器(I—G61) ·信号过弱	转速不稳或运行无力 点火过早	G61 松动或插头锈蚀 G61 和电脑连线有断路或短路 G61 搭铁线短路 G61 损坏 电脑损坏	检查 G61 检查电脑 拧紧 G61(20N·m)
00532 供给电脑的电压过低或过高	发动机无法起动损坏电脑	供给电压低于 7.5V 或高于 16V 蓄电池电不足 充电系统不正常	检测电压 检查蓄电池 检查充电系统
00533 怠速控制阀(N71) 调整不当	怠速转速过低 挂挡时转速降低,怠速太高并且不稳 怠速不稳	N71 发卡和伸缩不良 N71 打开时卡住 N71 至电脑连线断路 N71 插头端子有电阻 进气系统漏气	调整怠速 检查 N71 消除断路 消除漏气
00535 一号爆燃控制低停止值	功率不足 油耗增大 最高转速过低 发动机运转不稳	汽油低于 91 号(RON 法)与 1、2、3 缸有关 爆燃传感器(I—G61)松动,发动机部件松动 G61 屏蔽线有断路 电脑有故障	拧紧传感器(G61)检查 G61 的线路,检查电脑
00536 二号爆燃控制低停止值	同上	原因同上,但是 G66 的故障只与 4,5,6 缸有关	同上,但仅对 G66
00545 自动变速器信号	换挡困难	变速器控制单元到发动机电脑间信号线搭铁	检查该线路
01257 怠速控制阀(N71)线路断路	怠速转速过高 发动机转速不稳,怠速转速过高	N71 与电脑间连线短路 N71 正极短路 N71 内和电脑搭铁短路或线路断路	检查 N71
01247 活性炭罐电磁阀(N80)搭铁断路/短路	活性炭罐工作失效车内有汽油味	N80 或 N80 与电脑间连线对正极或对搭铁有短路热敏熔丝(褐色)损坏线路断路	检查 N80

雷克萨斯轿车故障代码如表 7-10 所示。

表 7-10　雷克萨斯轿车故障代码

电路系统	诊断	"CHECK"发动机警告指示灯		故障部位
		正常状态	试验状态	
正常	无故障代码记录			
RPM 信号（转速信号）	发动机起动后在 2s 内无 NE 或 G1 和 G2 信号至 ECU	亮	无此诊断	曲轴位置传感器，1 号，2 号凸轮轴位置传感器电路开路或短路 曲轴位置传感器，1 号，2 号凸轮轴位置传感器 起动器
RPM 信号（转速信号）	(1)在 1000r/min 或更高时，在 0.1s 或更长时间内无 NE 信号至 ECU	亮	无此诊断	曲轴位置传感器电路开路或短路 曲轴位置传感器 ECU
	(2)在 G1 和 G2 脉冲之间的时间间隔内无 NE 的 12 个脉冲至 ECU	无此诊断	亮	凸轮轴位置传感器电路开路或短路机械系统故障（正时同步带跳齿、正时同步带拉长）曲轴位置传感器 ECU
	(3)发动机暖机后怠速运转（节气门全闭）时间内，在 G1，G2 和 NE 信号中的偏差持续 1s	亮	无此诊断	机械系统故障（正时同步带跳齿、同步带拉长）1 号，2 号凸轮轴位置传感器 ECU
1 号点火信号	在 8～11 只连续的 EGE1 信号间，无 IGF1 信号至 ECU	亮	无此诊断	1 号点火器到 ECU 的 IGF1 电路开路或短路 1 号点火器 ECU
2 号点火信号	在 8～11 只连续的 EGE2 信号间，无 IGF2 信号至 ECU	亮	无此诊断	2 号点火器到 ECU 的 IGF2 电路开路或短路 2 号点火器 ECU
ECT 控制信号	在 ECU 内 ECT 控制程序发生故障	亮	无此诊断	ECU
水温传感器信号	水温传感器电路开路或短路至少 0.5s	亮	亮	水温传感器电路开路或短路 水温传感器 ECU

续表

进气温度传感器信号	进气温度传感器电路开路或短路至少 0.5s	不亮	亮	进气温度传感器电路开路或短路进气温度传感器 ECU
空气流量计信号	当发动机转速高于 300 r/min时,5s 无空气流量计信号到 ECU	亮	无此诊断	空气流量计电路开路或短路 空气流量计 ECU
HAC 传感器信号	HAC 传感器电路开路或短路 0.5s 以上(HAC—高海拔补偿电路)	不亮	亮	ECU
节气门位置传感器信号	(1)节气门位置传感器电路(VTA1)开路或短路 0.5s以上 (2)IDL1 的触点为 ON,而 VTA1 的输出超过 1.5V,0.5s 或以上	不亮	亮	节气门位置传感器电路开路或短路 节气门位里传感器 ECU
车速传感器信号	所有以下条件连续检测 8s 以上: ①汽车速度信号:0km/h ②发动机转速:2800r/min ③空挡起动开关(NSW):OFF ④停车灯开关:OFF	不亮	无此诊断	车速传感器 组合仪表 车速传感器电路开路或短路 ECU
起动机信号	无起动机信号到 ECU	无此诊断	不亮	起动机电路开路或短路 点火开关或主继电器电路开路或短路 ECU
1 号爆燃传感器信号	发动机转速在 1600 5200r/min 之间,曲轴 3 转中无 1 号爆燃传感器信号到 ECU	亮	无此诊断	1 号爆燃传感器电路开路或短路 1 号爆燃传感器(松动) ECU
爆燃控制信号	发动机转速在 1650 ~5200r/min之间发动机控制 电脑故障	亮	无此诊断	ECU

续表

2 号爆燃传感器信号	发动机转速在 1650～5200r/min之间，曲轴 3 转中无 2 号爆燃传感器信号至 ECU	亮	无此诊断	2 号爆燃传感器电路开路或短路 2 号爆燃传感器（松动） ECU
燃油泵控制信号	（1）当发动机转速为 1000r/min或更小时，燃油泵电路开路或短路 1s （2）当发动机转速为 1000r/min或更小时，燃油泵 ECU（FPC）的输出电路开路 （3）当发动机转速为 1000r/min 或更小时，燃油泵 ECU 的诊断信号线(DI)路开路或短路	不亮	亮	燃油泵 ECU 电路开路或短路 燃油泵 ECU 发动机和 ECT ECU 电源电路 发动机和 ECT ECU 燃油泵 ECU 电路开路或短路 燃油泵 ECU 发动机和 ECT ECU 电源电路 燃油泵 发动机和 ECT ECU
		正常状态	试验状态	
开关状态信号	（1）发动机起动后 3s 以上，怠速开关 OFF（IDL1） （2）空挡起动开关 OFF（NSW）（操纵手柄在“R”，“D”、“2”或“1”挡位） （3）A/C 开关 ON	无此诊断	不亮	A/C 开关电路 节气门位里传感器 IDL 电路 空挡起动开关电路 加速踏板和电缆 ECU

丰田轿车故障代码如表 7-11 所示。

表 7-11　　丰田轿车故障代码

代码	信号系统	“CHECK”指示灯		现象和诊断方法	故障范围
		普通方式	试验方式		
无	正常			无其他代码输出	正常
12	转速信号	亮	无此诊断	起动机接通 2s 以上仍无曲轴转速信号和凸轮轴位置信号输送到 ECU	1. 曲轴转速传感器、凸轮轴位置传感器短路或开路 2. 分电器 3. 起动系统线路开路或短路 4. ECU
13	转速信号	亮	亮	发动机转速达 1000r/min 或更高时，仍无转速信号输送到 ECU	1. 曲轴位里传感器短路或开路 2. 分电器 3. ECU

续表

14	点火信号	亮	无此诊断	点火器连续 6 次没有信号输送到 ECU	1. 分电器 2. ECU
16	ECU 控制信号	亮	无此诊断	ECU 没有正常信号输出	ECU
22	水温传感器信号	亮	亮	水温传感器线路短路或开路 0.5s 以上	1. 水温传感器线路短路或开路 2. 水温传感器 3. ECU
24	进气温度传感器信号	不亮	亮	进气温度传感器线路开路或短路 0.5s 以上	1. 进气温度传感器线路短路或开路 2. 进气温度传感器 3. ECU
31	进气歧管真空度传感器信号	亮	亮	进气歧管真空度传感器线路开路或短路 0.5s 以上	1. 进气歧管真空度传感器线路短路或开路 2. 进气歧管真空度传感器 3. ECU
41	节气门位置传感器信号	不亮	亮	节气门位置传感器线路开路或短路 0.5s 以上	1. 节气门位置传感器线路短路或开路 2. 节气门位置传感器 3. ECU
42	车速传感器信号	不亮	不亮	在发动机转速 2800r/min 以上（电控自动变速器）或 2500r/min(普通自动变速器)时，车速传感器信号（SPD）未输送到 ECU1s 以上	1. 车速传感器线路开路或短路 2. 车速传感器 3. ECU
43	起步信号	无此诊断	不亮	在发动机转速达 800r/min 后，无起步信号输到 ECU，轿车无法起步	1. 起步信号线路短路或开路 2. 点火开关或主继电器线路短路或开路 3. ECU
52	第 1 爆震传感器信号	亮	无此诊断	发动机转速 1600 ～ 5200 r/min范围内，从爆震传感器来的信号有 6 个循环未输到 ECU	1. 爆震传感器线路短路或开路 2. 爆震传感器 3. ECU
53	爆燃控制信号	亮	无此诊断	发动机转速 650 ～ 200r/min 范围内，ECU 爆燃控制，故障被检测到	ECU

续表

55	第 2 爆燃传感器信号	亮	无此诊断	发动机转速 1600～5200r/min 范围内，从爆燃传感器来的信号有 6 个循环未输到 ECU	1.爆燃传感器线路短路或开路 2.爆燃传感器 3. ECU
78	燃油泵控制信号	无此诊断	亮	1.发动机转速低于 100r/min 时，燃油泵电路开路或短路 1s 以上 2.发动机转速低于 100r/min 时，燃油泵与 ECU 的电路短路或开路 3.发动机转速低于 100r/min 时，燃油泵 ECU 的检测信号线路断路或短路	1.燃油泵 ECU 电路短路或开路 2.ECU 电源电路 3.燃油泵 4 ECU
51	开关状态信号	无此诊断	不亮	在端子 E1 和 TE1 被连接情况下，开启空调时，怠速电磁阀断开或换挡位置 R,D,2 或 1 挡位置时被显示	1.空调开关及其线路 2.节气门位置传感器和怠速电路 3.空挡起动开关及其线路 4.加速踏板及其自动变速器节气门拉索调整不当 5. ECU

拓展阅读

1. 赵振宁．电控发动机原理与检修．北京：北京理工大学出版社，2007

2. 韩建国．汽车电控系统检测与维修实训．北京：机械工业出版社，2007

3. 梁朝彦，卢浩义．汽车发动机电控系统原理与检修．北京：北京航空航天大学出版社，2009

复习思考

1. 清除 ECU 内存储器的故障码，有些车型可以拔掉蓄电池线，但应该注意什么？
2. 简述 OBD-Ⅱ统一的故障代码标准。
3. 简述 OBD-Ⅱ故障代码的产生规则。
4. OBD-Ⅱ故障代码的分类。
5. 简述故障灯与故障的关系。
6. 简述如何正确使用故障码。

第 8 章　汽油机电控系统常见故障诊断与排除

学习目标

1. 能描述汽油机电控系统常见故障的种类和主要原因。

2. 能针对汽油机电控系统的故障现象，查找有关技术资料，制定故障诊断程序。

3. 能正确使用仪器设备，完成汽油机电控系统常见故障的检测诊断，确定故障原因。

考核标准

知识要求：

1. 能了解并说明汽油机电控系统使用和检修的注意事项。

2. 能描述汽油机电控系统故障诊断的原则、主要原因和诊断方法。

3. 能分析电控汽油机不能起动、起动困难、怠速不良、动力不足、油耗过大等故障的原因和诊断步骤。

技能要求：

1. 能对不能起动的电控汽油机进行检查，查找有关技术资料，制定故障诊断步骤，并予以实施。

2. 能对起动困难的电控汽油机进行检查，查找有关技术资料，制定故障诊断步骤，并予以实施。

3. 能对怠速不良的电控汽油机进行检查，查找有关技术资料，制定故障诊断步骤，并予以实施。

教学建议

教具：带有电控汽油机的轿车整车，汽油机电控系统示教板，汽油机电控系统故障诊断实训台架，汽油机电控系统检测诊断实训软件实物。

建议：12 学时，其中安排 4 学时汽油机电控系统常见故障诊断实训。

8.1　汽油机电控系统使用和检修注意事项

8.1.1　汽油机电控系统的正确使用

由于现代汽油发动机是在电子控制系统的控制下工作的，因而在使用操作方法上与传统的化油器式发动机略有不同。不正确的操作往往会影响发动机的使用性能，甚至造成不应有的损坏。通常在使用中应注意以下几点：

(1)在起动发动机(包括冷车起动)时，一般无须踩下油门踏板。因为发动机电控系统都具有冷起动加浓、自动冷车快怠速等功能，能保证发动机不论在冷车或热车状态下顺利起动。相反，若在起动时油门开度太大，控制系统将会采取断油控制，反而使发动机无法起动。

(2)在起动发动机之前和起动过程中，用反复快速踩油门踏板的方法来增加喷油量的做法是无效的。因为油门踏板只操纵节气门，喷油量完全由发动机 ECU 根据进气量等参数决定，因此，不能照搬化油器式发动机的操作方法。

(3)若热车不能起动，要考虑是否出现溢油故障。这时可将油门踏板完全踩下，然后转动马达，利用断油控制将气缸中的燃油排出后，再试着起动发动机。

(4)不可在缺油的状态下，强行运转发动机。当仪表盘上的燃油警告灯点亮时，应尽快加油。因为电动汽油泵是依靠流过汽油泵的燃油进行冷却的，缺油运转会使电动汽油泵因过热而烧毁。

(5)不可在发动机运转时拔下任何传感器的插头，这样会使发动机 ECU 中出现人为的故障代码，影响维修人员正确地判断、排除故障。

(6)当仪表盘上的黄色故障警告灯点亮时，说明发动机电控系统出现故障，应及时将汽车送到修理厂检查维修，以防长期带故障运行造成更大的损坏。

(7)为使发动机 ECU 不受干扰，不要在汽车上装用大功率的移动式无线电话系统。在装用普通的移动电话时，要使天线和馈线尽可能远离发动机 ECU 及其线束，以防无线电信号对 ECU 的工作产生影响。

8.1.2　汽油机电控系统检修注意事项

汽油机电控系统中的传感器、执行器、控制电路、ECU 等任何零部件产生故障，都会对发动机的运转产生一定的影响。由于 ECU 具有故障自诊断功能，因此在检修时，可利用电脑检测仪与 ECU 连接，通过读取故障代码或进行数据流分析，找出发动机电控系统的故障原因。但在大部分情况下，这种方法只能判定故障的大致范围，要确定故障所在的具体部位，还必须进一步按照该车型《维修手册》中提供的电路图、检测方法、检测步骤、标准数值等有关技术资料，用万用表、示波器等工具，对各个部件或其控制电路进行检测。

为了提高发动机电控系统工作的可靠性，该系统的大部分零部件在结构上都被设计成密封式、不可分解的，损坏后也不能修复。汽油机电控系统检修的主要任务就是找出这些有故障的零部件，予以更换，从而恢复发动机的工作性能。

在检修发动机电控系统时，必须注意以下事项，以免造成电脑或控制系统零部件的损坏。

(1)在点火开关接通时，决不要取下或插上 ECU 的线束插头，以防止电控系统中的一些电感元件在断电瞬间产生感应电压，造成 ECU 的损坏。

(2)应可靠地连接 ECU 的线束插头，否则可能损坏 ECU。

(3)在拆装蓄电池或使用外接蓄电池跨接起动时，必须先关闭点火开关，然后才能进行拆装或跨接操作。要特别注意蓄电池的正负极不能接反。

(4)在没有连接和拧紧蓄电池电缆接头时，决不要起动发动机。也不要在发动机运转时拆下蓄电池电缆。以防止发动机充电电压过大，损坏电控系统的元件和 ECU。

(5)当转动发动机检查气缸压缩压力时，要切断喷油器的电源，或拔掉所有喷油器的线束插头，以防止检查中喷入的燃油未经燃烧进入排气管，造成三元催化转化器损坏。

(6)不要采用拔下高压线直接试火的方法检查高压火花，以防止点火线圈产生过高的点火电压，导致电控系统元件的损坏。

(7)不可用快速充电机进行辅助起动，以防止充电机的脉冲高电压损坏电子元件。使用快速充电机进行就车充电时，务必拆下蓄电池搭铁线。

(8)在车上进行电焊作业时，应拆下蓄电池搭铁线并断开 ECU 线束插头，以免 ECU 及其他电子元件受损。由于断开电源后，会清除掉 ECU 内储存的所有信息，有些车型还会造成音响等设备的锁死。因此，要先读取 ECU 中的故障信息，并向车主索取该车音响等设备的解锁密码。

(9)对电控系统的电路进行检测时，应使用数字万用表等专用仪器。没有一定的电工电子专业知识，不要使用普通的指针式万用表和 12V 试灯检测电控系统，以免产生意外。严禁采用刮火的方法检查电路。

8.2 汽油机电控系统故障诊断的原则和方法

8.2.1 汽油机电控系统故障的主要原因和现象

1. ECU 故障

通常情况下，发动机 ECU 的可靠性较好，在正常使用中一般不会出现故障。ECU 的大部分故障都是不正常使用或维修不当造成的。导致 ECU 产生故障的原因主要有：

(1)ECU 的电源电路有故障，造成 ECU 不工作。

(2)在通电状态下拆装 ECU 的线束插头，因瞬间高电压造成 ECU 损坏。

(3)在使用中因进水、受潮，造成 ECU 内部电路短路或电子元件损坏，或线束插头中的接线端子氧化而接触不良。

(4)ECU 内部个别电子元件损坏、焊脚松脱，特别是大功率晶体管元件和电源电路。

(5)ECU 中的只读存储器有缺陷，造成控制程序的损坏，导致 ECU 不能正常工作。

当 ECU 因损坏、断电而完全不工作时，仪表台上的发动机故障警告灯在打开点火开关后不会亮起，发动机会因没有点火和喷油而不能起动。

若ECU的控制程序出现部分损坏，或其个别输入、输出电路损坏，会造成电控系统的部分功能异常，如个别缸不喷油、怠速自动控制失效等。

2. 传感器故障

传感器的故障有以下几种形式：

(1)传感器内部故障，如内部电路的断路、短路，或内部元件老化、损坏等故障。

(2)传感器外部的控制电路故障，如传感器的电源电路、搭铁电路、信号电路的短路、断路等。

(3)传感器内部或外部的偶发性故障，如内部元件或插头接触不良等，在工作中偶尔出现故障。

当传感器的内部或外部电路出现断路、短路故障时，会使传感器的信号值超出正常范围，这种故障很容易被ECU的自诊断系统所测得。ECU会立即使仪表台上的发动机故障警告灯亮起，并在存储器中记下该故障的代码，同时起动失效保护控制，以维持发动机的运转。因此，除了曲轴位置传感器外，大部分传感器的断路、短路故障都只会使发动机的运转出现一定程度的异常(如混合气偏浓、怠速偏低等)，而不会导致发动机无法运转。

当传感器内部元件出现老化等损坏时，其信号值虽然并未超出正常范围，但却与所检测的实际参数不符。这种故障通常不会被ECU的自诊断系统测出，因而无法起动失效保护控制，从而可能导致发动机的运转出现较为严重的异常(如混合气过浓、怠速过高等)，甚至使发动机无法运转。

3. 执行器故障

执行器中既有电子元件，又有机械零件，是电控系统中最容易产生故障的部件。当某个执行器出现故障时，将不能正确执行ECU的控制指令，致使发动机的运转出现异常。常见的故障原因主要有：

(1)执行器中的电子元件损坏或内部电路断路、短路等硬性故障。

(2)执行器中的机械零件因磨损、卡滞、堵塞而无法正常工作。

(3)执行器中的电子元件或机械零件因老化等原因，导致其工作反应迟钝、性能降低，虽然工作基本正常，但已接近损坏极限。

(4)执行器内部电子元件或机械零件存在偶发性故障，在工作中偶尔出现故障。

4. 控制电路故障

发动机ECU和传感器、执行器、电源、搭铁之间的控制电路异常，也会使电控系统中的传感器、执行器、ECU不能正常工作，导致发动机出现各种故障。常见的控制电路故障原因主要有：

(1)电源保险丝接触不良、过载熔断等原因导致控制系统电源电路故障。

(2)传感器、执行器或ECU的接地线搭铁不良，造成传感器、执行器或ECU工作异常。

(3)控制电路中的插接件因多次拆装，造成插头或端子松动；或因端子处进水氧化，导致插头接触不良。

(4)连接导线老化，内部折断或外皮破裂，引起断路、短路故障。

8.2.2 汽油机电控系统的故障诊断的原则

发动机电控系统包含了各种传感器、执行器以及ECU、控制电路等部分，是一个较为复杂的综合系统。它既有相对的独立性，又和发动机其他系统有机联系、互相制约和影响，因而其故障诊断难度较大。造成电控系统工作异常或损坏的原因，有可能是电控系统本身，也可能是发动机机械系统或其他系统的原因引发，因而在检查和排除故障时，不仅需要熟悉发动机电控系统的组成、工作原理、控制过程，还应具备发动机其他机械系统和电控系统之间的相互工作关系的知识。同时，要遵循汽油机电控系统故障诊断的一些基本原则，灵活运用电控系统故障诊断的各种手段和方法，才能迅速查找出故障的所在和具体原因。

汽油机电控系统故障诊断的基本原则如下：

1. 系统性原则

发动机电控系统即是一个完整的个体，也是一个和发动机的其他机械系统有着相互联系、相互作用的综合复杂的大系统，其故障的原因及其表现也是千差万别。电控系统的故障可能导致发动机其他机械系统出现异常，机械系统的故障也可能在电控系统中反映出来。在为诊断故障时，不能只考虑电控系统，必须从发动机整个系统出发，从不同的角度或方面去分析、检测，才能得出正确的结论。

2. 先思后行原则

在对发动机电控系统的故障进行诊断时，应先根据电控系统的工作原理，对故障现象进行定性和定量的分析，在明确引发故障的可能原因后，再确定出要优先检查的方向的部位，做到有的放矢，有计划、有步骤地操作，避免对与故障无关的部位作无谓的检查和拆装，也可防止因漏检有关项目而多走弯路。

3. 先易后难原则

由于发动机电控系统的各部件经常处在振动、高温、灰尘、潮湿、水浸等恶劣环境下工作，某些故障往往是由于简单的原因造成的，比如连接线束插头的松动或接触不良，线路导线的折断、真空气管的老化破裂、脏污、堵塞等。在诊断故障时，应先通过外观检查，运用眼看、耳听、手摸、鼻嗅等直观检查方法，或运用简单的检测工具进行检查，往往能迅速地某些较为明显的故障点，或明确和鉴别故障的特征，以便有针对性地对电控系统进行更加深入的检测，为诊断和确认故障的原因提供依据。以防止盲目使用检测诊断设备，或大拆大卸，即可大大缩短故障诊断时间，也有利于不断积累维修经验。

4. 资料先行原则

不同车型发动机电控系统的组成部件、控制方式、电路布置等往往有很大的不同，其电路工作正常与否、部件的性能好坏，也常需要根据标准参数的对比来进行判断。在诊断故障时，如果没有所修车型发动机电控系统的维修资料和标准数据资料作参考，对电控系统电路的检测及部件性能的判断都将会很困难，往往只能采取更换新部件的方法来确认，这样有时会造成维修费用和人工的无谓消耗。因此，在诊断发动机电控系统故障时，应预先阅读所修车型的有关维修资料，如维修手册、电路图等，了解该车型发动机电控系统的电路特点、部件的安装位置、各接线插头的形式和端子分布情况，使检测方案的制定有据可依，同时大大方便故障诊断。

5. 代码优先原则

发动机电控系统具备故障自诊断功能，当系统出现故障时，通常都会被故障自诊断系统监测到，并会通过故障警告灯向驾驶员发出警示信号，同时还会将故障信息以代码或定格数据等方式储存在 ECU 的存储器中。在对发动机电控系统进行故障诊断时，可以根据故障警告灯的指示，使用诊断仪器读取电控系统的故障代码或定格数据，作为故障诊断的参考依据，并优先检查和排除故障代码所指示的相关部位。

8.2.3　汽油机电控系统故障诊断的常用方法

对汽油机电控系统进行故障诊断时，应灵活运用各种常规的检查和诊断方法，以提高诊断工作的效率。常见的故障诊断方法主要有：

1. 直观检查

直观检查简单容易，能方便和迅速地查出零部件裂纹、变形、密封件泄漏、电器线路脱开、连接件松动等常见故障。同时，通过直观检查，还可以了解和感受与故障症状相关的信息，有利于把握问题关键，确定故障性质，为进一步进行更细致的测试和诊断，查找故障原因奠定基础。

2. ECU 自诊断

利用 ECU 的自诊断功能，通过读取有关故障代码和定格数据，可了解和掌握 ECU 自诊断系统的故障信息。有些故障通过故障代码的内容即可直接诊断出原因，是故障诊断最简便快捷的方法。

但发动机 ECU 自诊断系统的功能具有局限性，不可能诊断出所有的故障。一些疑难故障常常没有故障代码，只能将读取故障代码作为初步诊断的一种方法，具体故障原因则需要综合其他诊断方法，通过深入诊断才能确诊。

3. 仪表和专用仪器诊断

发动机电控系统的故障检测常常需要使用一些仪表和专用仪器，利用这些仪表和专用仪器对电控系统进行检测，可对故障作出相对准确的定量判断。特别是有些专用诊断仪器集故障诊断、原因分析、数据资料于一体（故障诊断专家系统），其诊断的专业性和针对性强，能使故障诊断工作变得更加方便，大大提高工作效率。

4. 利用故障诊断表进行分析诊断

由于发动机电控系统的控制原理较为复杂，一般的维修人员如果没有一定的专业理论知识，很难根据故障的现象制定出有效可行的诊断程序。因此，在诊断发动机电控系统故障时，可以利用该车型发动机电控系统维修手册中的故障诊断表，从表中了解某种故障现象的可能原因，并参照表中所列的检查顺序、检测步骤、检测标准等来进行检查，能提高诊断工作的有效性和合理性，缩小诊断范围，迅速查出故障部位和原因。

8.3 汽油机电控系统常见故障的诊断与排除

8.3.1 电控汽油发动机不能起动

1. 电控汽油发动机不能起动故障的原因

电子控制汽油喷射式发动机在设计上具有很好的起动性能。汽油喷射系统的一般故障通常不会导致发动机不能起动。如果在接通起动开关时，起动机能带动发动机正常转动，但不能发动，且无着车征兆，则一定是发动机电控系统中的点火控制系统、燃油控制系统和 ECU 三者之中至少有一个完全丧失了功能。如果在起动发动机时，起动机能带动发动机正常转动，且有轻微着车征兆，但不能起动，说明点火系统、燃油系统和控制系统虽然工作失常，但并没有完全丧失功能。这种不能起动故障的原因不外乎是高压火花太弱或点火正时不正确、混合气太稀、混合气太浓、气缸压力太低等。电控汽油发动机不能起动的故障原因通常有以下几种：电动汽油泵不工作，喷油器没有喷油，点火系统不点火，燃油压力过低，点火提前角不正确，高压火花太弱，水温传感器有故障，喷油器漏油，ECU 不工作。

2. 电控汽油发动机不能起动故障的诊断步骤

(1)对于不能起动的故障，一般应先检查油箱存油情况。打开点火开关，若汽油表指针不动或油量警告灯亮，则说明油箱内无油，应加满汽油后再起动。

(2)观察仪表盘上的发动机故障警告灯，如果打开点火开关后发动机故障警告灯不亮，说明发动机 ECU 不工作，应检查 ECU 的电源电路和搭铁电路。如电路正常，应更换 ECU。

(3)进行故障自诊断，检查有无故障代码。如有故障代码，则可按显示的故障代码查找相应的故障原因。必须指出的是，所显示出的故障代码不一定都与发动机不能起动有关系：有些故障代码是发动机在以往的运行过程中偶发性故障所留下的，有些故障代码所表示的故障则不会影响发动机的起动性能。会影响起动性能的部件有：曲轴位置传感器、水温传感器、空气流量计等。

(4)检查点火系统。导致不能起动的最常见原因是没有点火。因此,在作进一步的检查之前,应先检查点火系统是否有故障。在检查电控汽油发动机点火系统有无高压火花时应采用正确的方法,不可沿用检查传统触点式点火系统高压火花的做法,以防损坏电控系统中的有关部件。

正确的检查方法是:从分电器上拔下高压总线,让高压总线末端距离缸体 5～6mm;或从缸体上拔下高压分线,将一个火花塞接在高压线上,将火花塞接地;接通起动开关,用马达带动发动机转,同时观察高压总线末端或火花塞电极处有无强烈的蓝色高压火花。

如果没有高压火花,说明点火系统有故障。在查找故障部位之前,可先进行发动机故障自诊断,检查有无故障代码。汽油发动机电控系统的故障自诊断系统通常能检测出与点火控制有关的曲轴位置传感器及点火控制器的故障。如有故障代码,则可按显示的故障代码查找故障部位;如无故障代码,则应分别检查点火系统中的高压线圈、点火控制器、曲轴位置传感器及点火控制系统电路。点火系统最容易损坏的零件是点火控制器,应重点检查。

如果有高压火花,还要进一步检查高压火花的强度是否正常。如果高压火花太弱,应更换高压线圈;对于有分电器的点火系统,如果高压总线火花正常而各缸的高压分线火花较弱或断火,说明分电器盖或分火头漏电,应更换。

(5)检查电动汽油泵是否工作正常。电动汽油泵不工作也是造成发动机不能起动的最常见原因之一。以人为的方式让电动汽油泵运转(可用导线将蓄电池电源直接接至汽油箱上的电动汽油泵线束插头),此时应能从油箱口处听到汽油泵运转的声音;或用手捏住进油管时能感觉到进油管的油压脉动;或拆下油压调节器上的回油管,应有汽油流出。

如果电动汽油泵不工作,应检查保险丝、继电器及电动汽油泵控制电路等。如果电路正常,则说明电动汽油泵有故障,应更换。

如果以人为的方式让电动汽油泵运转后,发动机就可以起动,则说明是电动汽油泵控制电路有故障,使汽油泵在发动机起动时不工作。对此,应检查电动汽油泵控制电路。

(6)检查喷油器是否喷油。如果点火系统和电动汽油泵工作正常,则应进一步检查在起动发动机时各喷油器有无喷油器。可用发光二极管试灯接在喷油器的线束插头上。如果在起动发动机时试灯不闪亮,则说明喷油器控制线路有故障。对此,应检查喷油器电源保险丝有无烧断,喷油器与电源之间的接线是否良好,喷油器与 ECU 之间的接线是否良好。如果外部电路均正常,则可能是 ECU 内部有故障,可换一个好的 ECU 试一下。如能起动,可确定为 ECU 故障,应更换 ECU。

(7)检查燃油系统压力。燃油系统油压过低会造成喷油量太少,也会导致不能起动。在电动汽油泵运转时检查燃油系统油压。在发动机未运转的状态下正常燃油压力应达 250kPa 以上。如果燃油压力过低,可用钳子包上软布,将油压调节器的回油管夹住,阻断回油通路。此时,若燃油压力迅速上升,说明是油压调节器漏油造成油压过低,应更换油压调节器;若燃油压力上升缓慢或基本不上升,则说明油路堵塞或电动汽油泵有故障。对此,应先拆检汽油滤清器。如有堵塞,应更换;如滤清器良好,则应更换电动汽油泵。

(8)拆检火花塞,检查喷油量是否太少或太多。如果火花塞表面只有少量潮湿的汽油，说明喷油器喷油量太少。对此，应进一步检查燃油压力。如果燃油压力太低，应检查汽油滤清器、油压调节器及汽油泵有无故障。如果燃油压力正常，则可能是水温传感器故障所致，应对照该车型《维修手册》中的有关数据测量水温传感器传感器有无故障。

(9)如果火花塞表面有大量潮湿汽油，说明气缸中已出现"呛油"现象，这也会造成发动机不能起动。对此，可拆下所有火花塞，将其烤干，再让气缸中的汽油全部挥发掉，然后装上火花塞，重新起动。如果有出现"呛油"现象，应拆卸喷油器，检查喷油器有无漏油。

8.3.2 电控汽油发动机起动困难

1. 电控汽油发动机起动困难故障的原因

发动机起动困难是指起动机能带动发动机按正常速度转动，有明显着车征兆，但不能起动；或需要连续多次起动或长时间转动起动机才能起动；或起动后即熄火，无法正常运转。对于起动困难的故障，应分清是在冷车时出现还是在热车时出现，或者不论冷车热车均出现。这一故障的原因一般是在喷油系统，其具体原因主要有：

(1)采用空气流量计的电控汽油发动机在进气管道中有漏气，使空气流量计的进气量信号与实际进气量不符，使喷油量过少，导致发动机起动后即熄火。

(2)燃油压力太低，使起动时的混合气太稀。

(3)喷油器堵塞，使喷油量偏少，导致冷车时起动困难。

(4)水温传感器故障，导致混合气太稀或太浓。

(5)喷油器漏油，在发动机熄火后有部分汽油漏入进气管，从而在起动时因混合气太浓而不能正常起动。

(6)点火正时不正确，或点火系统中的火花塞、高压线、点火线圈等性能不良。

(7)起动开关至电脑的接线断路，使发动机电脑在起动时没有得到起动信号，从而没有进行起动加浓混合气的控制。

(8)气缸压缩压力太低，起动时气缸内的可燃混合气燃烧条件差，不易着火。

(9)发动机 ECU 的起动控制功能有故障。

2. 电控汽油发动机不能起动故障的诊断步骤

发动机起动困难故障的诊断可按下述步骤进行：

(1)进行故障自诊断。如有故障代码，则应先排除故障代码所指示的故障。

(2)应采用正确的起动操作方法。通常汽油发动机的控制系统要求在起动时不踩油门踏板。如果在起动时将油门踏板完全踩下或反复踩油门踏板以求增加供油量，往往会使控制系统的溢油消除功能起作用，从而导致喷油器不喷油，造成不能起动。

(3)起动前向进气管内喷入少许发动机起动剂(或化油器清洗剂)后起动发动机，如果此时能正常起动，说明起动困难的原因是混合气过稀，应重点检查燃油控制系统及其相关的传感器。

(4)检查进气系统有无漏气。采用空气流量计测量进气量的汽油喷射系统，只要在空气流量计之后的进气管道有漏气就会影响进气量计量的准确性，从而使混合气变稀。严重的漏气会导致发动机不能起动。检查中应仔细查看空气流量计之后的进气软管有无破裂,各处接头卡箍有无松脱,谐振腔有无破裂,曲轴箱强制通风软管是否接好。

(5)如果将油门少许踩下后发动机能正常起动,而不踩油门时起动困难,应检查怠速控制阀或附加空气阀是否工作正常。可在发动机起动后,检查怠速控制阀的工作是否正常。如有异常,应检查怠速控制阀及其控制电路。

(6)检查燃油压力,如果压力太低,应检查油压调节器有无漏油,汽油滤清器有无堵塞,汽油泵最大泵油压力是否正常。

(7)检查温度传感器和空气流量计。拔下温度传感器和空气流量计线束插头,用万用表测量温度传感器和空气流量计各接线端之间的电阻。如果阻值不符合标准,应更换。

(8)在发动机运转过程中检查是否有混合气过浓的情况(如排气冒黑烟或排气中有辛辣的未燃尽的汽油味),如果混合气过浓,则应检查燃油压力、水温传感器、空气流量计或进气管压力传感器等。如果检查均无异常,可在点火开关关闭后,检查燃油系统的保持压力是否正常。接上油压表测量燃油压力,在关闭点火开关(熄火)后,5min 内燃油压力应保持不低于 150kPa 左右。如果保持压力太低,应检查油压调节器、电动汽油泵、喷油器等处是否漏油。

(9)燃油蒸发回收系统在起动及怠速运转中是不工作的。如因某种原因而使其在起动时就进入工作状态,会使混合气过浓,影响起动性能。将燃油蒸发回收软管堵塞住,再起动发动机。如在这种状态下发动机能正常起动,说明该系统有故障,应认真检查。

(10)如果混合气情况正常,应重点检查点火系统。可检查发动机怠速时的点火正时,如不符合标准值,应予以调整。也可拆检或更换火花塞、火花塞电极间隙太大也会影响起动性能。火花塞正常间隙一般为 0.8mm,有些高能量的电子点火系统火花塞间隙较大,可达 1.2mm。如火花塞间隙太大,应按该车型《维修手册》所示标准值进行调整。

(11)检测点火线圈、检查高压线有无断路或漏电。

(12)检查点火开关至 ECU 的起动信号是否正常。如果 ECU 接收不到点火开关的起动信号,就不能进行起动加浓控制,也会导致起动困难。对此,应从 ECU 线束插头处检查起动时有无起动开关的信号传至 ECU。如无信号,应检查点火开关和线路。

(13)检查气缸压缩压力,若气缸压缩压力低于 0.8MPa,则说明发动机机械部分有故障,应拆检发动机。

(14)如果上述检查均正常,可换一个新的发动机 ECU 试一下。如有好转,则说明原 ECU 有故障,应更换。

8.3.3　电控汽油发动机怠速不良

1. 怠速不稳、易熄火

(1)怠速不稳、易熄火故障的原因

如果发动机起动正常,但不论时发动机冷车或热车,其怠速运转均不稳,发动机有明显抖动,易熄火。原因通常有以下几点:

①进气系统中有漏气。②油路压力太低。③喷油器雾化不良、漏油或堵塞。④怠速

调整或设定不当。⑤怠速控制阀工作不良。⑥火花塞工作不良。⑦空气流量计有故障。⑧废气再循环装置或燃油蒸气回收装置在怠速时工作。⑨气缸压缩压力过低，或各气缸的压缩压力值差别太大。

(2)怠速不稳、易熄火故障的诊断步骤

怠速不稳，易熄火故障的诊断可按下述步骤进行：

1)先进行故障自诊断，检查有无故障代码出现。如有，则按所显示的故障代码查找故障原因。

2)检查进气系统各管接头、各真空软管有无漏气。

3)检查怠速控制阀的工作是否正常。如果怠速控制阀工作不良，应检修其控制电路或更换怠速控制阀。

4)进行断缸检查，在怠速时逐个切断各缸的工作(可逐个拔下各缸喷油器的线束插头)，检查发动机转速的下降量是否相等。如果某缸在断缸时，发动机转速基本不变，说明该缸工作不良或不工作，应检查该缸火花塞或喷油器有无故障，喷油器控制电路有无故障。

5)拆检清洗喷油器。喷油器堵塞或喷油雾化不良也会造成在发动机怠速运转不稳，特别是冷车时怠速不稳，可拆检清洗喷油器后装复试车。

6)拆检各缸火花塞，检查电极有无磨损过甚或积炭，火花塞电极间隙是否正常。

7)检查各缸高压线有无漏电、电阻是否正常，如有漏电痕迹或电阻过大，应更换高压线。

8)检查燃油压力。怠速时的燃油压力应为250kPa左右。如燃油压力太低，应检查油压调节器、电动汽油泵、汽油滤清器。

9)将废气再循环管路或燃油蒸气回收系统管路堵住，如果堵住后发动机怠速恢复正常，说明废气再循环装置或燃油蒸气回收装置在怠速时工作，或其控制阀有泄漏，应修复或更换相关部件。

10)按规定的程序，调整发动机怠速，或用电脑解码器对发动机怠速值进行设定。

11)检查空气流量计的信号，如不符合标准，应更换。

12)检查气缸压缩压力。如压力低于0.8MPa，或各缸压力差大于平均值的10%，应拆检发动机。

2. 怠速转速过高

(1)怠速转速过高故障的原因

汽油机电控系统都具有在冷车时让发动机以较快的怠速转速运转，而在热车后让发动机恢复正常的怠速转速的功能。但如果发动机在热车后仍保持较快的怠速，即为怠速转速过高故障，其通常有以下几点原因：

1)怠速调整或设定不当。

2)机械式节气门卡滞，关闭不严。

3)怠速控制阀或附加空气阀故障。

4)电子节气门故障。

5)水温传感器故障。

6)曲轴箱强制通风阀故障。

(2)怠速转速过高故障的诊断步骤

怠速过高故障的诊断与排除可按下述步骤进行：

1)检查怠速时节气门是否全闭，节气门拉索有无卡滞。用手将节气门摇臂朝关闭的方向扳动。如果发动机怠速能下降至正常转速，说明节气门卡滞，关闭不严。若是节气门拉索卡滞，应更换新的拉索；若为节气门轴卡滞，应拆卸、清洗节气门体。

2)按规定程序重新调整怠速。如调整无效，则应作进一步的检查。

3)进行故障自诊断。如有故障代码，则按所显示的故障代码查找故障原因。

4)对于配备机械式节气门的发动机，应检查怠速控制阀。发动机熄火后拔下怠速控制阀线束插头，待起动后再插上。如果发动机转速随之变化，说明怠速控制阀工作正常；否则，应检查控制线路或更换怠速控制阀。

5)检查附加空气阀。用钳子包上软布，将附加空气阀进气软管夹紧。如果发动机怠速转速能随之下降至正常转速，则说明附加空气阀在热车后不能关闭。对此，应检查附加空气阀电源线路是否正常。如正常，则应更换附加空气阀。

6)对于配备电子节气门的发动机，应检查电子节气门是否卡滞。电子节气门的故障通常能被发动机 ECU 的自诊断系统侦测，可通过解码器读取发动机 ECU 的数据流，分析电子节气门的相关数据，判定故障原因。

7)检查水温传感器。可通过解码器读取发动机 ECU 的数据流，分析水温传感器的信号，若该信号所显示的发动机水温明显低于当前的发动机工作温度，则为水温传感器故障。如果没有解码器，可以拔掉水温传感器线束插头，若发动机怠速转速恢复正常，说明水温传感器有故障，向 ECU 输送过低的水温信号。注意：在拔掉水温传感器插头后，发动机故障警告灯会亮起，此时 ECU 的失效保护功能起作用，自动按 80℃的水温进行控制。在重新插上水温传感器线束插头后，ECU 内仍会留下表示水温传感器故障的代码。对此，应在发动机熄火后消除 ECU 中的故障代码。

8)在打开空调开关后或转动方向盘时，如果发动机转速没有变化，说明怠速自动控制系统有故障，应检查空调开关、动力转向器压力开关、怠速控制系统及其线路。

9)用钳子包上软布将曲轴箱强制通风阀软管夹紧。如果发动机转速随之下降，则说明曲轴箱强制通风阀在怠速时漏气，使发动机进气量过大，影响怠速。对此，应更换曲轴箱强制通风阀。

3. 怠速转速过低

(1)怠速转速过低故障的原因

怠速过低的根本原因是进气量太少，发动机处于怠速工况时的进气量过低的原因主要有以下几点：

1)怠速设定值过低。

2)怠速控制阀的开度过小。

(2)怠速转速过低故障的诊断步骤

电控汽油喷射式发动机在怠速时节气门基本上是完全关闭的，附加空气阀在热车后即处于关闭状态，曲轴箱通风单向阀在怠速时的开度也是很小的，因此发动机怠速时的进气量主要取决于怠速控制阀的开度和怠速调整螺钉的位置（如果有的话）。

在诊断怠速转速太低的故障时，应先按规定的程序检查和调整发动机怠速设定值。不同车型的电控汽油发动机的怠速设定值的调整方法各不相同，应根据其检修手册所规定的程序和仪器进行调整。如果调整后怠速仍然过低，则应检查其怠速控制阀的工作情况。对于脉冲电磁阀式怠速控制阀，可以在怠速时拔下其线束插头，此时若发动机转速没有下降，说明怠速控制阀或其控制线路有故障；对于步进电机式怠速控制阀和旋转电磁阀式怠速控制阀，可以在怠速运转中打开汽车空调开关，如果此时发动机转速随之下降，说明怠速控制阀或其控制线路有故障。在发动机怠速运转时用示波器在怠速控制阀线束插头处测量有无脉冲电信号，如有信号则为怠速控制阀故障，否则为控制线路故障。如果怠速控制阀及其线路均正常，应拆卸节气门体和怠速控制阀，用化油器清洗剂将所有积炭和气道清洗干净后装复。

4. 怠速转速波动过大

(1)怠速转速波动过大故障的原因

电控汽油发动机的怠速转速是由发动机控制系统通过怠速控制阀（或电子节气门）来控制，以维持发动机的怠速转速基本保持不变。如果怠速时发动机转速不断地上下波动，说明控制系统或怠速控制阀、电子节气门工作不正常，也可能是发动机燃油系统、点火系统有故障，导致怠速控制系统无法正常工作。其原因通常有以下几点：

1)喷油器雾化不良或堵塞。

2)火花塞点火不良。

3)空气流量计有故障。

4)水温传感器信号不正确。

5)氧传感器有故障。

6)怠速控制阀（或电子节气门）或其控制电路有故障。

7)节气门位置传感器调整或设定不当，导致怠速信号不正常。

(2)怠速上下波动故障的诊断步骤

怠速上下波动故障的诊断与排除可按下述步骤进行：

1)进行故障自诊断。要特别注意有无怠速信号、水温传感器、空气流量计、氧传感器、怠速控制阀、电子节气门的故障代码。如有故障代码，应检查相应的传感器、执行器及其控制电路。

2)怠速时逐个拔下各缸高压线或喷油器线束插头，检查发动机各缸工作是否均匀。如果拔下某缸高压线或喷油器线束插头时，发动机转速下降不明显，说明该缸工作不良，应拆检该缸火花塞、高压线和喷油器。

3)检查水温传感器的信号数据，或测量其在不同温度下的电阻是否符合标准值。如有异常，应更换水温传感器。

4)检查空气流量计。如有异常，应更换。

5)在怠速运转中拔下怠速控制阀线束插头。如果怠速上下波动的现象消失，但随之怠速不稳现象加剧，说明怠速控制阀工作正常，可能是燃油系统或点火系统有故障。如果怠速波动现象不变，则说明怠速控制阀工作不良或不工作。对此，应检查怠速控制阀线束插头处有无脉冲电信号。无信号，则说明控制线路或 ECU 有故障；有信号，则说明怠速控制阀卡住，应拆检或更换怠速控制阀。

5. 怠速易熄火

(1)怠速易熄火故障的原因

怠速易熄火故障的原因主要有：

1)点火系统工作不正常，在发动机运转中容易断火。

2)燃油系统工作不正常，如燃油压力太低，电动汽油泵工作不正常、喷油器堵塞等。

3)怠速不稳或怠速转速过低。

4)怠速调整或设定不当。

5)怠速控制阀不工作。

6)空调开关、转向液压或其线路有故障。

7)发动机控制系统电路中个别线束插头接触不良，在行驶中突然断电。

8)发动机搭铁线接触不良。

(2)怠速易熄火故障的诊断步骤

1)进行故障自诊断。如有故障代码，则按所显示的故障代码检查相应的部件及其线路有无故障。

2)检查发动机的怠速，正常的怠速应为 750r/min，如有怠速转速过低、怠速不稳、怠速发抖等现象，应按怠速运转不正常的故障进行检修。

3)检查汽车行驶中有无动力不足的现象，如有加速无力、加速反应迟缓等现象，应检查发动机的燃油系统的工作，如测量燃油压力是否正常，检查电动汽油泵的工作是否正常。如检查正常，则应拆卸清洗喷油器。

4)检查汽车行驶中有突然无断火的现象，如有经常有断火现象，则应检查点火系统各部件。拆检各火花塞是否正常，检查各高压线有无断路、检查高压线圈有无异常、测量曲轴位置传感器是否正常等。

5)对于配备自动变速器的发动机，如果空挡正常，挂挡后发动机易熄火，应先检查发动机的怠速转速是否正常。正常的发动机怠速应为 750r/min。若怠速过低，应重新设定或调整。此外应检查发动机怠速运转是否正常，如有无怠速发抖、怠速运转不稳、怠速转速过低等现象，应检查发动机的点火系统、燃油系统或怠速控制系统有无故障。如果发动机怠速运转正常，则故障在自动变速器，应检修自动变速器。

6)如果电控汽油发动机在怠速运转中使用汽车空调或汽车转向时出现怠速过低、不稳，甚至熄火的故障，但关闭空调器或汽车直行时怠速运转正常应检查空调开关、转向液压开关有无故障，与电脑的连接线路有无断路或短路。

7)如上述检查均正常，则应检查发动机的搭铁线有无接触不良，发动机控制系统各线束插头有无接触不良等现象。

8.3.4 电控汽油发动机动力不足

1. 电控汽油发动机动力不足故障的原因

电控汽油发动机的汽车出现加速缓慢,加速踏板踩到底时仍感到动力不足,转速提不高,达不到最高车速,或上坡无力,则为发动机动力不足,其故障原因主要有:

(1)空气滤清器堵塞。

(2)机械式节气门拉索调整不当,油门踩到底时节气门不能全开。

(3)燃油压力过低。

(4)喷油器堵塞或雾化不良。

(5)水温传感器故障。

(6)空气流量计故障。

(7)点火正时不当或高压火花太弱。

(8)三元催化反应器堵塞。

(9)可变气门控制系统工作异常。

(10)发动机压缩压力过低。

2. 发动机动力不足故障的诊断步骤

发动机动力不足故障的诊断与排除可按下述步骤进行:

(1)在发动机熄火的状态下将加速踏板踩到底,检查节气门能否全开。如不能全开,应调整节气门拉索或踏板。

(2)检查空气滤清器有无堵塞。如有堵塞,应清洗或更换。

(3)进行故障自诊断,检查有无故障代码出现。影响动力性的传感器和执行器有:水温传感器、空气流量计或进气压力传感器、点火器、喷油器等。按所显示的故障代码查找故障原因。

(4)读取并分析发动机电控系统的数据流,重点检查水温传感器、空气流量计或进气管压力传感器、点火提前角、气门正时等的信号数据是否符合维修手册中的标准,如有异常,应进行一步检测相关的传感器或控制系统。

(5)检查所有火花塞、高压线、点火线圈。如有异常,应更换。

(6)用点火正时灯检查点火提前角。在热车后的怠速运转中检查点火提前角,应符合维修手册中的标准,加速时的点火提前角应能自动提前至20°~30°或更高。如怠速时的点火提前角不正确,应调整初始点火提前角;如果加速时点火提前角不正常,可更换一个新的ECU试一下,如故障消失,则应更换ECU。

(7)检查燃油压力。如压力过低,应进一步检查电动汽油泵、油压调节器、汽油滤清器等。

(8)拆卸喷油器,检查喷油量是否正常。如喷油量不正常或喷油雾化不良,应清洗或更换喷油器。

(9)测量排气背压,检查三元催化反应器是否堵塞,其方法是:

1)拆下三元催化反应器之前的氧传感器或空燃比传感器,接上排气背压表,运转发动机。

2)检查在怠速时排气背压表所指示的压力,其值应小于 7.84kPa,否则说明三元催化反应器有堵塞。

3)检查发动机转速为 3000r/min 时排气背压表所指示的压力,其值应小于 14.7kPa,否则说明三元催化反应器有堵塞。

(10)检查气门正时控制阀及其电路,如有异常应修复。

(11)测量气缸压缩压力。如压力过低,应拆检发动机。

8.3.5　电控汽油发动机油耗过大

1. 电控汽油发动机油耗过大故障的原因

发动机油耗过大通常会造成汽车百公里油耗超过规定的标准值。造成发动机油耗过大的原因很多,可能是发动机电控系统的故障,也可能发动机机械系统的故障,还可能是汽车底盘技术状况不良造成的,甚至可能是驾驶员操作习惯不正确造成的。因此,在诊断电控汽油发动机油耗过大的故障时,除了要对发动机电控系统进行检测诊断之外,还应当检查轮胎气压、制动系统、传动系统(包括自动变速器、液力变矩器)等方面是否有故障或工作异常。

电控发动机的喷油量是发动机 ECU 根据传感器信号经精确计算而确定的,如果发动机电控系统有故障,可能会造成喷油量过多,混合气过浓,甚至在加速时排气管冒黑烟。其原因主要有:

(1)水温传感器失常。

(2)空气流量计或进气管压力传感器失常。

(3)燃油压力过高。

(4)喷油器漏油。

(5)氧传感器工作不正常。

(6)点火控制系统有故障。

(7)配气相位不正确。

2. 电控汽油发动机油耗过大故障的诊断步骤

(1)测量水温传感器,其不同温度下的电阻值应符合标准。电阻太大,会使 ECU 误认为发动机处于低温状态,从而进行冷车加浓控制,使油耗增加。也可以用电脑解码器来检测,读取检测仪所显示的水温传感器传给 ECU 的水温信号数值;将这一数值与发动机实际水温相比较,如有差异,说明冷却液温度传感器有故障,应更换。

(2)检测空气流量计或进气管压力传感器,其数值应符合标准。空气流量计或进气管压力传感器的误差会直接影响喷油量。检测结果如有异常,应更换空气流量计或进气管压力传感器。

(3)测量燃油压力。怠速时的燃油压力应为 250kPa 左右。随着节气门的开启,燃油压力应逐渐上升。节气门全开时的燃油压力约为300kPa左右。若燃油压力能随节气门开度变化而改变，但压力始终偏高，则说明油压调节器有故障，应更换。若燃油压力不能随节气门开度变化而改变，则说明油压调节器的真空软管破裂或脱落，导致油压过高。对此，应更换软管。

(4)拆卸喷油器，检查各喷油器有无漏油。如有异常，应清洗或更换喷油器。

(5)检测氧传感器。如果氧传感器工作不正常，在发动机运转信号电压一直低于0.45V，会使ECU一直进行加浓混合气的控制，导致过浓。对此，应更换氧传感器。

(6)用电脑诊断仪进行数据流的读取，注意观察长期燃油校正系数和短期燃油校正系数的变化，检查其变化规律是否与氧传感器信号变化相适应。如果此时长期燃油校正系数为正值，说明发动机ECU通过氧传感器的信号判定混合气过稀，ECU正在按加浓混合气的方式进行控制。这也说明造成混合气过浓的原因是氧传感器的信号不正常，应更换氧传感器。

(7)用正时灯检测点火提前角，将检测结果与标准进行比较，如有异常应检修点火控制系统。

(8)检查发动机械系统（如气缸压力、气缸漏气率、气门正时、凸轮轴面磨损、气门间隙、气门密封性、排气系统是否堵塞等）。

(9)检查底盘其他系统的技术状况是否正常（如传动系统、自动变速器、制动系统、四轮定位角、轮胎气压等）。

拓展阅读

1. 汽车论坛网站：http://www.qclt.com
2. 博安汽车维修网：http://www.boancar.com
3. 笛威欧亚汽车科技网：http://www.eaat.com.cn
4. 第一汽车服务网：http://www.asedo.net/cn/t/bbs/default.asp
5. (美)汤姆森学习公司．发动机高级诊断专家技能训练．北京：机械工业出版社，2005

复习思考

1. 汽油机电控系统在使用中有哪些注意事项？
2. 发动机电控系统在检修时有哪些注意事项？
3. 汽油机电控系统故障诊断的基本原则有哪些？
4. 汽油机电控系统故障诊断的常用方法有哪些？
5. 电控汽油发动机不能起动故障的原因有哪些？如何诊断？
6. 电控汽油发动机起动困难故障的原因有哪些？如何诊断？
7. 电控汽油发动机怠速不稳、易熄火故障的原因有哪些？如何诊断？
8. 电控汽油发动机怠速转速过高故障的原因有哪些？如何诊断？
9. 电控汽油发动机怠速转速过低故障的原因有哪些？如何诊断？
10. 电控汽油发动机怠速易熄火故障的原因有哪些？如何诊断？
11. 电控汽油发动机动力不足故障的原因有哪些？如何诊断？
12. 电控汽油发动机油耗过大故障的原因有哪些？如何诊断？

主要参考文献

廖发良．汽车典型电控系统的结构与维修．北京:电子工业出版社,2005

王遂双．汽车电子控制系统的原理与检修．北京:北京理工大学出版社,2007

梁朝彦,卢浩义．汽车发动机电控系统的原理与维修．北京:北京航空航天大学出版社,2009

韩建国．汽车电控系统检测与维修实训．北京:机械工业出版社,2008

曹红兵．汽车发动机电控技术原理与维修．北京:机械工业出版社,2008

冯渊．电控发动机维修．北京:机械工业出版社,2002

何金戈．汽车传感器原理与检修．北京:化学工业出版社,2009

董辉．汽车用传感器．北京:北京理工大学出版社,2000

贺桂芳．汽车与工程机械用传感器．北京:人民交通出版社,2002

赵英勋．汽车检测与诊断技术．北京:机械工业出版社,2003

刘仲国．现代汽车检测与诊断．北京:机械工业出版社,2001

陈志恒,胡宁．汽车电控技术．北京:高等教育出版社,2003

李玉柱．汽车检测与故障诊断技术．北京:冶金工业出版社,2009

王盛良．汽车发动机电控技术与检修．北京:机械工业出版社,2009

张葵葵．电控发动机原理与检测技术．北京:机械工业出版社,2007

赵振宁．电控发动机原理与检修．北京:北京理工大学出版社,2008

夏令伟．汽车电控发动机构造与维修．北京:人民交通出版社,2002

梁朝彦,卢浩义．汽车发动机电控系统原理与检修．北京:北京航空航天大学出版社,2009

张家玺．新编汽车电控燃油喷射系统结构与检修．北京:金盾出版社,2006

(美)汤姆森学习公司．发动机高级诊断专家技能训练．北京:机械工业出版社,2005